历史不是僵尸 ◎ 著

从秦朝说起 到清朝结束

楚汉争雄

浙江人民出版社

图书在版编目（CIP）数据

楚汉争雄 / 历史不是僵尸 著. — 杭州：浙江人民
出版社，2022.9（2022.11重印）
（从秦朝说起，到清朝结束）
ISBN 978-7-213-10641-5

Ⅰ.①楚… Ⅱ.①历… Ⅲ.①中国历史—楚汉战争时
代—通俗读物 Ⅳ.①K234.109

中国版本图书馆CIP数据核字（2022）第094816号

从秦朝说起，到清朝结束

楚汉争雄

历史不是僵尸 著

出版发行：浙江人民出版社（杭州市体育场路 347 号 邮编：310006）

市场部电话：（0571）85061682 85176516

责任编辑：方 程 潘海林

特约编辑：魏 力 张丹龙

营销编辑：陈雯怡 赵 娜 陈芊如

责任校对：朱 妍

责任印务：刘彭年

封面设计：人马艺术设计·储平

电脑制版：北京之江文化传媒有限公司

印 刷：杭州丰源印刷有限公司

开 本：710 毫米 × 1000 毫米 1/16 印 张：23

字 数：316 千字 插 页：1

版 次：2022 年 9 月第 1 版 印 次：2022 年 11 月第 2 次印刷

书 号：ISBN 978-7-213-10641-5

定 价：68.00 元

如发现印装质量问题，影响阅读，请与市场部联系调换。

── • 第一章 • ──
巨鹿之战

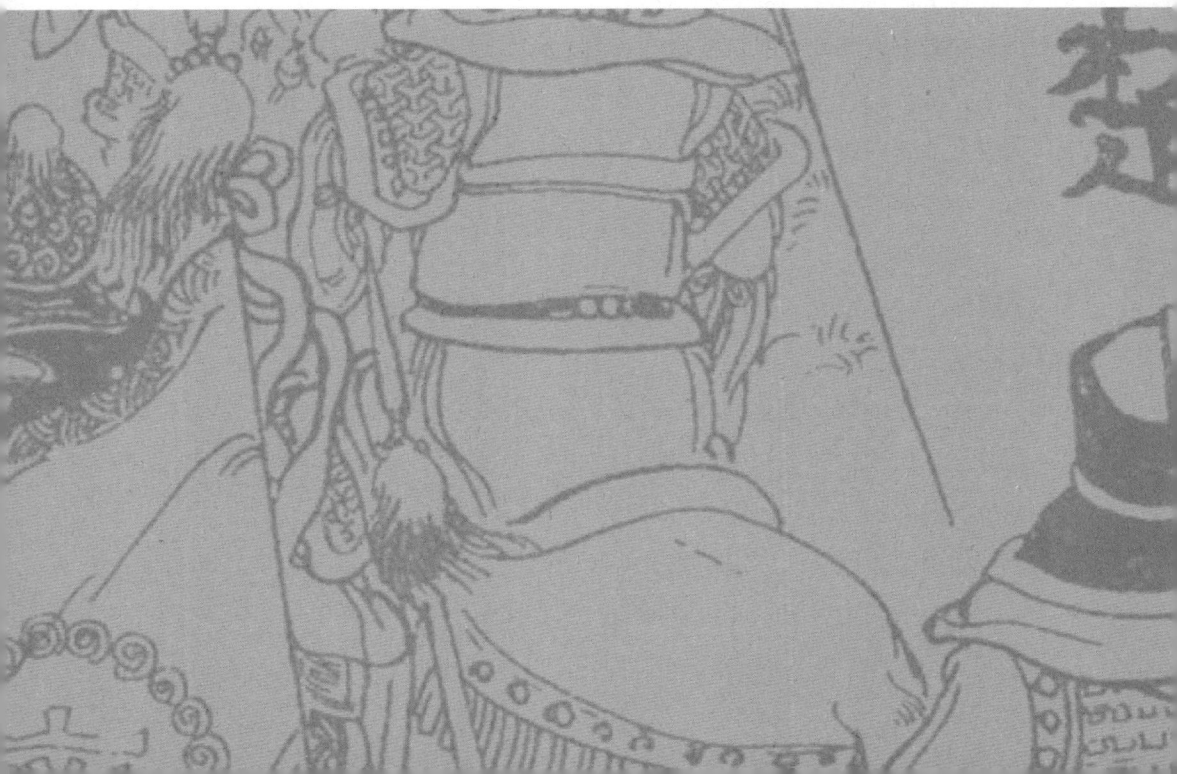

1. 高调做事

项羽杀掉了宋义，提着宋义的人头义正辞严地向将士们大声疾呼："宋义，不仁不义，背信弃义，辜负怀王信任，私通齐国，谋叛楚国，公然派儿子宋襄到齐国做丞相，我已经奉楚王之命将他斩首了，这就是他的狗头！"

将士们对宋义并非真心信服，最近更是对他的所作所为十分不满，现在看到项羽声震如雷、杀气腾腾，都心存忌惮，待在那里，不敢乱说话。这个时候，有几个项梁的老部下站了出来，用不容置疑的口吻说道："楚国原本就是项家拥立复国的，宋义算个什么东西，竟敢假公济私，谋叛楚国。羽将军明察秋毫，诛乱有功，理应做上将军统辖全军！"

看到有人站出来支持，项羽没有更激动，反倒镇定下来。他稍稍舒缓了语气，故作推辞地说道："事关重大，应该先向楚王禀报，大家还是耐心静候王命吧！"

话已经说破，更多的将士开始站出来拥护项羽，最后他们一起上前劝说道："大战在即，军中不可一日无主，羽将军不妨先履行统帅职责，待王命下来后再说。"

项羽微微点头，好像很无奈的样子说道："好吧！"

大家看项羽答应了，纷纷拜倒，称项羽为"假上将军"。

看看，又是"假"的，不过离"真的"已经不太远了。

项羽做了假上将军后，首先想到宋义的儿子宋襄，心想这小子如果知道他老爸宋义被杀了，到了齐国，肯定会怂恿齐王田荣与楚国为敌，不如斩草除根，以绝后患。于是，项羽立刻派心腹快马加鞭追赶上去，结果了宋襄的小命。

宋义和宋襄父子俩，无论如何也想不到，那天晚上热闹排场的欢送晚会，竟然成了他们的生死诀别会。

一切都是过于高调惹的祸啊！所以人们常说："低调做人，高调做事。"我们应该引以为戒。

同时，项羽派将军桓楚回彭城，向楚怀王熊心汇报军中最近发生的变故。

桓楚见到楚怀王，煞有介事地描述了宋义父子如何图谋不轨，又如何被项羽发现后果断诛杀等。楚怀王明知是项羽冤杀宋义夺了兵权，也无可奈何。因为现在项羽将在外，而且手握军权，他只好将错就错，任命项羽为真上将军，英布和蒲将军所部皆归项羽统一领导。

从此，项羽名正言顺掌控军中大权，独当一面，主导自己的命运，开启他的霸王大业，正式走上历史舞台。

俗话说："一朝权在手，便把令来行。"何况是强势无比的项羽呢！

项羽第一件事就是废除宋义制定的作战计划，准备对秦军展开凌厉攻势。但他没有蛮干，而是命令英布和蒲将军领兵两万人先行渡过黄河试探秦军战力。

关于英布，大家已经很熟悉了；关于蒲将军，前面也提到过，他是在项梁刚起事时，率领一两万人来投奔的，现在和英布做了搭档。

英布和蒲将军走后，项羽则带着主力在后面慢慢向前推进。而在此时，赵国内忧外患，差不多快到了崩溃的边缘。

外患不可怕，只要大家同仇敌忾，总有办法坚持下去；最怕内忧，内部如果发生问题，就容易分崩离析。那么，赵国内部出现了什么问题呢？

待我慢慢道来。

前面说到，赵国将军陈馀被章邯率领的秦军打败，退守到巨鹿城北面，赵王歇和丞相张耳逃到巨鹿城内坚守不出。

章邯率领的秦军负责粮草供应，王离率领的北部兵团仗着兵精粮足，在巨鹿城南面持续发动猛攻。赵军日夜坚守，伤亡越来越大，粮草越来越少，赵相张耳在城内急得如热锅上的蚂蚁，无计可施，反复催促驻守巨鹿城北面的陈馀率兵前来救援。但陈馀有畏战情绪，按兵不动，估计和宋义的想法差不多。

宋义是楚国将领，友情赞助，救不救都没有什么道义上的问题；而陈馀就不同了，他是赵国将领，赵国有难，必须舍生取义，义无反顾地去救援。

现在倒好，陈馀也作壁上观。

为此，赵相张耳很是生气，心想还"刎颈之交"呢，关键的时候却作了缩头乌龟。

为了让陈馀尽快参战，张耳派出两员大将冲出重围，去质问陈馀究竟几个意思。这两员大将一位名叫张黡，一位名叫陈泽。张黡和陈泽见到陈馀后，言辞恳切地说道："陈将军啊，你什么情况啊？为什么迟迟不去救援巨鹿城呢？天下人都知道，你与张耳是刎颈之交，誓同生死！现在赵王与丞相张耳都被围困在巨鹿城内，危在旦夕。你拥兵几万人，是有能力去救援的啊！难道你要违背与张耳之间的誓言吗？如果不是，那就赶快派兵迎击秦军，与我们里应外合。只有这样，才有可能绝处逢生啊！请陈将军三思！"

陈馀估计被章邯打怕了，搓着手，叹息着说："此言差矣！我并不是不愿意去救援，只是我这点兵力实在太少了，去了也是有去无回！我陈馀并不是贪生怕死之徒，也想着怎么破秦来解救赵王和张兄，但如果我们只是一味地过去拼命，就好比拿着肥肉去喂饿虎啊，结果肯定是有去无回，有什么意义呢？"

陈馀说的有没有道理呢？当然有道理了，而且还很有道理！但道理归道理，现实归现实，作为小弟不能因为这个所谓的道理而放弃救援两位老大的现实，因为自己的责任就是保护老大，即使赴汤蹈火，也应该在所不辞，否则就是背叛。

现在算什么？由于怕打不过而不去及时救援，那要你这个将军干什么用呢？将军就是在国家危难之时，宁可战死沙场，也不能做缩头乌龟！

显然，陈馀的说辞有搪塞的嫌疑，这让人很难不怀疑他另有私心。所以张黡和陈泽很直接地说道："情况已经万分危急了，陈将军说这些有什么用呢？现在最紧要的是派兵全力救援啊！"

听他俩这么说，陈馀不高兴了，便耍了个小手段，存心刺激道："在我看来，前去送死实在没有必要。二位将军那么有决心，为什么你们不去救援一下试试看呢？"

张黡和陈泽确实不错，不愧为忠义之士，毫不犹豫地齐声应道："如果将军愿意拨给我们一支人马，我们冒死一去！"

陈馀心想，好的，算你们讲义气，想以死尽忠还不容易？那就成全你们。于是，陈馀调拨五千人马，要他们前去进攻秦军。

五千人马实在是太少了，怎么可能战胜四十万秦军呢？还不够秦军塞牙缝的。这不明摆着是让他们两人去送死吗？

那么，张黡和陈泽会接受吗？

2. 破釜沉舟

陈馀只调拨给张黡和陈泽五千人马，令他们前云进攻秦军。五千人马实在太少了，还不够秦军塞牙缝的，明摆着是让他们二人去送死。

张黡和陈泽也不傻，当然明白陈馀的险恶用心，然而他们早把生死置之度外，并无废话，带着这五千人马就出征了。结果可想而知，全军覆没，二人都战死沙场。

这时，燕国和齐国的援军到了，张耳的儿子张敖从代地率领一万多人也赶来救援，但他们都在陈馀军营旁边安营扎寨，同样不敢进攻秦军。这说明当时敌我双方实力的确悬殊，不能单纯地指责陈馀见死不救。

而陈馀看到这个情形，更加不敢轻举妄动了。后来，他听说楚国的援军已经开赴过来，可不知道什么原因迟迟不见动静，便派人去催促，寄希望于楚军能够打破目前的被动局面。

此时，项羽已经杀掉宋义，掌握了楚军领导权，派英布和蒲将军率领两万人马，先行渡过黄河准备进攻秦军。

英布是个英雄式的人物，很能打仗，另外他的搭档蒲将军也是非常厉害的战将。两个人不负所望，渡河后初战告捷，还设法与巨鹿城内的赵国守军取得了联系。

看看，有些事情、有些人就是这样，表面上很强大、很可怕，实际上却不一定。更多的时候，可能是我们放大了困难，自己吓自己。宋义和陈馀这俩小子就是如此，所以他们才踟蹰不前！

项羽收到英布的捷报后信心倍增，坚信自己的判断是对的，心想英布都行，自己肯定更行，立即率领主力部队向北渡过黄河和漳水。刚过了漳水，项羽就下了一道奇怪的军令。

什么军令呢？他命令军队每人只带足三天的口粮，把做饭的锅碗瓢盆全部砸掉，把渡河用的船只全部毁掉，把行军帐篷全部烧掉。对于这道军令，后人总结为一个成语，也就是历史上著名的"破釜沉舟"。

将士们听到这道军令都傻眼了，认为项羽想报仇想疯了，这不是自绝后路吗？项羽却异常坚定地说道："没有锅，我们正好可以轻装前进，快速挽救危在旦夕的巨鹿城！至于吃饭嘛，让我们到章邯军营中取锅做饭吧！这次我们是只能胜不能败，既然如此，还要船只和帐篷干什么？"

将士们知道项羽这是要玩命，搞自杀式袭击。如果打不赢，只有死路一条，所以大家只好怀着必死的信念去战斗。

生生把军队逼成敢死队，估计也只有项羽这种战斗力极强的人能干得出来，而且还能干成功。幸好成功了，否则项羽可能沦为历史笑柄。我们在做此类事情之前还是要自己掂量一下再去干比较好，也就是量力而行。不能只有"破釜沉舟"的精神，而没有"破釜沉舟"的实力。

渡河后，大概过了半天时间，项羽主力与英布的军队会师。英布将最近的战况以及秦军的情况向项羽做了详细汇报，他认为秦军目前气势正盛，要想打败秦军，必须先断其运粮的通道。项羽微微点头，又不以为然地说道："切断秦军粮道固然是好办法，但是粮道那么重要，章邯难道不派重兵防范吗？不如我们直取巨鹿城，干他一下再说！"

项羽分析得不无道理，但是与进攻粮道相比，直面进攻会更容易吗？显然是不一定的。实际上，项羽只是想速战速决而已，因为军队只带了三天口粮，容不得他搞迂回作战。如果要速战速决的话，那就必须直接干掉秦军进攻巨鹿城的主力，而这个主力就是王离率领的北部兵团。

另外，以项羽的性格，也不喜欢干偷袭粮道的迂回打法，太麻烦了，他喜欢一招制敌。

现在项羽已经是军中统帅，无论怎么打，大家都必须听他的。于是，在项羽的带领下，部队急进杀奔巨鹿城。楚军行进在路上，见到秦军就杀，直杀得秦军抱头鼠窜，不久便可以望见巨鹿城了。巨鹿城中虽然还有士兵在坚守，但城墙已残缺不全，估计破城也就是这几天的事了。

再看城下的秦军营帐，星罗棋布，杀气腾腾，严阵以待，气势汹汹。这倒激起了项羽的斗志，只见他精神抖擞，手挥长戟，一马当先，驱兵向前。

秦将王离，也就是王翦的孙子，听说楚军前来救援，也不含糊，让副将苏角看住粮道，自己则带兵亲自阻击项羽，刚出营几里地，便与项羽的楚军遭遇。项羽长戟一挥，楚军便一窝蜂地奋不顾身冲了上去。

前面说过，王离带领的这支队伍是当年蒙恬将军抗击匈奴的北部兵团，作战素养高，战斗力强，面对楚军的奋力进攻毫不退缩，英勇向前。

很快两军便厮杀在了一起。

项羽活像"杀神"下凡一般，骑着高头大马，挥舞着手中长戟，上下翻腾，直杀得秦军人仰马翻，很快便把秦军镇住了。

秦军统帅王离看到项羽的气势，自知不敌，率兵边打边撤。楚军在项羽的带领下，越打越勇，步步紧逼，直到把王离逼回大营。

这一仗非常关键，直接从气势上压制住了秦军。令人不可思议的是，项羽竟然敢用较少的兵力，团团围住具有优势兵力的秦军大营。这在战争史上也是很少见的，堪称奇迹。

兵法有云："用兵之法，十则围之，五则攻之，倍则分之，敌则能战之，少则能逃之，不若则能避之。"这几句源自《孙子兵法·谋攻篇》，意思是说用兵的原则：兵力十倍于敌，采取围困敌人的办法，逼敌屈服投降；兵力五倍于敌，就要积极进攻；兵力两倍于敌，则可以分兵合击；势均力敌时，需要凭勇气和智谋与其作战；兵力少于敌，应设法撤退；综合实力不如敌人时，尽量避免决战。

很显然，项羽此次作战是反其道而行之，以少打多，甚至以少围多，可见项羽个人战斗力要有多强，才敢这样打。

曾有好事者对中国古代战将的个人战斗力进行了对比评估，认为项羽应该排名第一，还是不无道理的。

章邯听说王离战败，亲自带一支军队前来救援，与项羽对垒。这个时候，诸侯国援军也慢慢围了上来，当看到章邯率领的秦军兵强马壮，穿戴整齐，他们无不心生恐惧，生怕被攻击，都作壁上观，不敢向前直接参战援助项羽。再看看项羽率领的楚军，经过连续作战，已经衣衫褴褛，乱七八糟，不成阵法。相比之下，大家都认为项羽必败无疑。

当然，尽管诸侯援军没有直接参战，但不可否认，他们的到来仍然起到了震慑作用，至少在气势上牵制住了章邯和王离，使得秦军不能全力以赴进攻项羽。

面对秩序井然的秦军，项羽镇定自若，毫不畏惧，他命令将士们各自为战，不必相顾，只管冲锋杀敌，否则就地正法。

楚军在项羽的带领下，不顾一切地拼命冲了过去，如饿虎扑食一般。这种不按套路、不循规蹈矩、不要命的打法，让秦军无所适从，无法招架，顶好的阵法被瞬间冲乱。

俗话说："乱拳打死老师傅。"

这次还真让项羽给得逞了。那些作壁上观的诸侯援军看得目瞪口呆，无不被项羽如有神助一般的战斗力所折服。

前面说过，章邯之前和项羽交过手，对项羽本就心存忌惮，看到这架势，忙引兵撤退。项羽并不追赶，让部队抓紧时间就地休息，吃饱喝足。他知道章邯爱用阴招，喜欢半夜偷袭，所以命令楚军晚上严阵以待，和衣而睡。

章邯还真是想着半夜偷袭呢，但看到项羽早有防备，只好作罢。

第二天一早，项羽命令将士们把剩下的食物吃光，他情绪激昂地鼓励道："兄弟们，我们的粮食已经吃完了，今天务必消灭秦军，否则我们全完蛋！成功与否，全在今日！"

众将士齐呼响应，杀声震天，誓与秦军决一死战。

那么，项羽能够取得最后的胜利吗？

3．一战定乾坤

经昨天一战，章邯心有余悸，他知道今天将是一场生死决战，硬着头皮也要上。于是，出战前他也大力激励秦军将士们冲锋向前。但是项羽的军队是抱着必死的决心来战，毫无退路，连吃的都没有了，只有死里求生。而章邯的军队无论再怎么激励，也没有那么大的决心。

两军刚刚接触便鏖战在一起。你进我退，你退我进，势均力敌，不相上下，展开了拉锯战。之后，楚军略胜一筹，一直向前慢慢推进，秦军最终不敌，全线溃败，逃回城南大营。从渡过漳水，到击溃章邯主力，楚军先后有九次大小战役，九战九捷，士气高涨。

打跑章邯后，项羽命令英布和蒲将军迅速去截断秦军粮道，自己则带兵一鼓作气前去进攻王离率领的北部军团大营。

此时，王离的北部军团人心涣散，特别是看到章邯的援军撤退之后，知道这仗没法继续打了，准备突围逃跑，结果被项羽迎面拦住了去路。王离只好提枪来战项羽，他哪里是项羽的对手，只是一下，手中的枪已经被项羽用长戟给挑飞。手中没了武器，王离全无还手之力，楚军一拥而上将他掀翻在地，生擒活拿。

前面说过，秦始皇荡平六国时，项羽的爷爷项燕被王离的爷爷王翦打败战死，今天项羽生擒了王离，大仇得报，项燕在天之灵也该瞑目了。

王离的副将名叫涉间，他眼见王离被楚军活捉，料定自己是逃不出去了，索性放火烧了大营，跳入火海，以身殉职。看到这一幕，项羽不由得心中一惊，忙率兵退出大营。大营很快便化为灰烬，秦军死的死伤的伤，惨不忍睹。

眼看秦军大败，诸侯援军才装模作样地赶到，求见项羽，呼喊着要一起剿灭章邯残余。项羽面色狰狞，神情恐怖，刚杀过人的样子能不恐怖吗？他脸上勉强挤出一丝冷笑说道："哼！你们终于来了啊？到本将军帐前说话！"

说罢，一甩手，飞身上马，走了。

诸侯国将领早已被项羽在战场上神勇无敌的表现所震慑，听到项羽的指令，连忙相互簇拥着，快步赶到项羽营地前。

这时，突然有一彪人马飞驰进入营地，只见为首的两个人从马上一跃而下，其中一人手里还提着一颗血淋淋的人头。这两个人不是别人，正是奉项羽之命前去截断秦军粮道的英布和蒲将军。

原来，他们也胜利完成了任务，已经将把守粮道的秦军守将苏角给斩杀了，那颗人头正是苏角的。

诸侯将领看了不禁心中一颤，浑身发抖，心想项羽手下都是些什么人，怎么个个像野兽一样？他们彻底被慑服了，齐刷刷跪倒在项羽大营帐前等候接见。项羽因为诸侯援军作壁上观，见死不救，还在窝火生气，过了很久才召唤他们进来说话。

这些往日里威风凛凛的诸侯国将领听到召唤，"无不膝行而前，莫敢仰视"，忘记了应有的尊严。

看到这里，可能很多人会认为，描述是不是太过夸张了，堂堂诸侯国的将军怎么会用膝盖跪走来拜见项羽呢？至于吗？

但史书上就是这样记载的，我们这里是原文引用。其实，只要你设身处地把自己放在当时的那个场景中，估计就能理解了。

在巨鹿大战中，项羽以少胜多，可以说是全凭个人超强的战斗力，身先士卒血战的结果。诸侯国将领应该是在现场目睹之后心生震撼、心悦诚服，才会有了这副熊样。

项羽要够了威风，气也差不多消了，这才让诸侯国将领站起来说话。大家谢恩起身，纷纷盛赞项羽道："将军的神勇，亘古未有啊！我等愿意听候将军随时差遣！"

不用说，他们是真的服了，明确表态愿意服从项羽统一指挥。也就是从这个时候起，项羽的权威在诸侯中开始真正树立起来。

大家如此表态，项羽非常高兴，语气也舒缓了很多，但仍然很严肃地说道："承蒙诸位将军抬举，本将军就不客气了，以后再有战时，希望大家同心协力、共同御敌，现在诸位可以先回去休息！"

听项羽这么说，大家心里总算踏实，一一行礼告退。

王离的北部军团被彻底打败了，巨鹿城自然解围，赵王歇和丞相张耳赶快出城到楚军大营，向项羽表示感谢，送去各种军用物资。项羽当然笑纳，命将士们好好饱餐一顿。

　　从楚军大营出来后，赵王歇先回巨鹿城，而张耳则去了巨鹿城北面的陈馀军营。显然，他要向陈馀这个"刎颈之交"兴师问罪！

　　前面说过，张耳曾反复派人催促陈馀出兵救援巨鹿城，但是陈馀始终没有行动，所以现在肯定要去问个明白。

　　见到陈馀，张耳没有客气话，劈头盖脸就是一顿斥责。陈馀并不多做解释，在那里默不作声。张耳发完火，气也消了，才问道："张黡和陈泽二位将军现在何处？"

　　陈馀趁机解释道："他们两位奉丞相之命要我与秦军拼杀，我认为双方兵力悬殊，与其以卵击石，白白送死，不如伺机而动，见机行事。可他们不听我的忠告，死活非要出战。我没办法，只好调拨给他们五千人马进攻秦军，结果全军覆没，两位将军不幸战死，实在是太可惜了！"

　　听到陈馀的解释，张耳会相信吗？

4. 有一好，必有一恼

　　张耳询问陈馀，张黡和陈泽二位将军现在何处。陈馀如实回答，说他们已经战死沙场了。张耳本来发一顿牢骚后，气差不多消了，但一听陈馀说张黡和陈泽已经死了，火气噌地一下子又上来了。他拉下脸责问道："恐怕没这么简单吧？"

　　很明显，张耳在怀疑两人的死因，意有所指。陈馀看张耳信不过他，刚刚又被训斥了一番，感觉很委屈，继续解释道："丞相，您不是在怀疑我吧？我与两位将军无冤无仇，没必要加害他们啊！况且，他们俩是在众目睽睽之下带兵出去的，这事也没法造假啊！"

　　如果说到这里，大家互相体谅一下也就过去了，可能因为张耳年纪大了，也可能之前被围困在巨鹿城太过煎熬，此时，张耳揪住张黡和陈泽的死因不放，非要问清楚怎么战死的，什么时候战死的，谁亲眼看见了，为什么不及时救援等。反正唠唠叨叨，没完没了，终归是不太相信。陈馀被张耳这样不停地发问弄得不耐烦了，不由发怒道："张兄，你有完没完，难道对我的怨恨和误会这么深吗？如果这样的话，我这个将军也不干了，情愿交出将印来表明清白！"

说着，他便将腰间的印绶解了下来，示意交给张耳。

什么是印绶呢？所谓印绶，通俗地说，就是印信上的带子，其质料、色彩和样式都与官印匹配，所以印绶就是古代官员职权的凭证。

陈馀想把这个交出来，那意思就是要辞职撂挑子。当然，这只是个假动作，表明心迹而已。

张耳被陈馀突如其来的举动搞得有点不知所措，他嘴上虽然埋怨陈馀，其实内心还是不想和陈馀决裂的，毕竟那么多年的生死兄弟，于是扭过头没接受。

说来也巧，被张耳纠缠了半天，这么一激动，陈馀突然有了尿意，他就顺手把印绶放到了桌子上，说要去一趟厕所，让张耳稍等片刻。

估计陈馀当时想趁着上厕所的时间，让大家冷静一下，缓解一下气氛，然后一起吃吃饭、喝喝酒，这事也就过去了。但是陈馀刚离开，张耳身边的一个随从跳出来说道："丞相啊，陈将军既然愿意主动交出将印，您为什么不接受呢？古人说的好啊，"天予不取，反受其咎；时至不行，反受其殃"。丞相如果执意不接受，恐怕有违天意啊！"

看看，又是小人出来挑拨是非。这种人隐蔽性强，说的话一般貌似都很有道理，在人的脑子不清醒的时候容易轻信。一旦轻信，再挽回就非常困难了。我们要好好审视一下身边有没有这样的人，如果有的话，还是早点敬而远之比较好，因为他不但在你面前坏别人的事，也会在别人面前坏你的事。

张耳正火大，脑袋处于充血状态，听他这么一怂恿，伸手便把桌子上的印绶给抓了过来，系在了自己腰间。

一会儿，陈馀回来了，路上还想着怎么招待自己的这位张兄，以缓和关系呢。但进了营帐，他一眼看到桌子上的印绶不见了，再看，已经挂在张耳腰上了。陈馀那个气可想而知，招呼都没打，扭头离开了营帐，带着他的亲信随从几百人悻悻离去，过起了不问世事的隐居生活。

从此之后，有"刎颈之交"美誉的张耳陈馀分道扬镳、形同陌路，甚至反目成仇，欲将对方除之而后快。这到后文细说。

俗话说："有一好，必有一恼。"就是提醒朋友之间的关系要保持距离，不能好到没有原则、没有分寸，要"亲密有间"，否则关系看似牢不可破，其实十分脆弱。一方稍微有一点做得不能让对方满意，就可能引起决裂，因为彼此都认为对方辜负了自己。这就是所谓的"刺猬效应"：关系再好的刺猬，取暖时都无法拥抱对方，相反保持一定的距离倒很安全。

陈馀走了，张耳乐得身兼将、相两职，他将赵王歇送回都城信都，也就是今河北省邢台市信都区，自己则带兵跟随项羽一同去攻打秦军。

王离率领的北部兵团虽然被项羽彻底消灭，但是章邯那里还有二十万秦军固守在巨鹿城南面的棘原。项羽本打算一鼓作气发动猛攻，可范增反对这样硬碰硬。

范增认为，与其猛攻，耗费兵力，不如与秦军长期对峙，因为秦军目前已经没有了粮草供应，时间长了，会不战自败。

可能前面的仗打得实在是太辛苦了，项羽也想让军队稍作休整，他觉得范增言之有理，便在棘原对面安营扎寨，与章邯的秦军对峙。章邯已经被项羽打怕了，缩在棘原也不敢主动出来挑战。

仗打成这个样子，进退两难，总要向朝廷汇报啊，掖着藏着也不是个办法，于是章邯派人去咸阳，将战况据实奏报，请秦二世胡亥定夺。

章邯哪里知道，这个时候，赵高已经独揽朝中大权。也不知道赵高是怎么想的，当他看到章邯战场失利的奏报时，竟然无动于衷，也不呈给胡亥看，而是将其束之高阁。

赵高的这种做法很可疑，以至于后来有一种说法比较盛行。这种说法认为，赵高是个高级间谍，因为他的祖国赵国被秦始皇灭了，他的老爸被秦始皇阉了，他自己身体也被废了，所以长期潜伏在秦宫内，忍辱负重，目的是等待时机报仇，灭亡秦朝。有一首诗名叫《咏赵高》，就是表达这个意思：

> 当年举世欲诛秦，
> 哪计为名与杀身。
> 先去扶苏后胡亥，
> 赵高功冠汉诸臣。

从赵高对待章邯的奏报，以及他的所作所为来看，赵高还真有点像是高级间谍。如果当真这样，站在赵高的角度，还是可以理解的。

赵高没有把章邯的奏报主动呈给胡亥，但是前线失利的消息对朝廷震动实在是太大了，到处议论纷纷，不久还是被胡亥知道了。

胡亥便把赵高叫来，诘问事情的真伪，那么赵高究竟会怎么应对呢？

5. 有功亦诛，无功亦诛

秦二世胡亥再犯浑，也不敢大意了，因为前线战况关系到他还能不能继续犯浑下去。于是他把赵高叫来诘问事情的真伪。赵高非常紧张，还以为章邯通过内线与胡亥对接上了，便装作一副很无辜的样子说："陛下，冤枉啊！老臣真的不知情啊！如今朝廷军队全部由章邯一人统领，老臣身在朝内，不可能对前线的情况一清二楚啊！章邯这个人喜欢自作主张，从不呈报战况，总是越过老臣行事。最近有风言风语说，章邯节节失利，损兵折将，究竟是否属实，还需要进一步查证。老臣正要派人去查实，想不到陛下烛照四方，已经全部知晓。老臣实在想不通，章邯手握重兵，为什么连关外的一帮乡野村夫都不能扫平呢？这里面一定有文章，还请陛下尽快降诏责问章邯，以防有变啊！"

赵高的口才确实非同一般，看这套说辞，不得不让人佩服他四两拨千斤的能力。明明是自己玩忽职守，却被他轻而易举地将责任转移到在前线浴血奋战的章邯身上。自古以来，类似赵高这种奸臣小人，都有这个本事，比较擅长嫁祸于人。

胡亥就是被赵高迷失了心智，死到临头还执迷不悟。他认为赵高说得有道理，立刻下诏给章邯施加压力。

我们可以想想，刚刚战败，走投无路的章邯接到胡亥的诏书会是什么状态。那肯定是既悲愤，又恐惧。悲愤的是自己这么拼命还是被责难，得不到朝廷应有的理解和支持；恐惧的是外有强敌、内有奸臣，独木难支、前途未卜。

章邯思虑再三，决定派司马欣再去一趟咸阳，当面向胡亥说明情况，希望获得谅解。

关于司马欣，不知道大家是否还有印象，我们前面提到过两次。他曾经在栎阳做过狱椽，当年项羽的叔叔项梁被人诬告进了监狱，正是由他设法从中斡旋搭救出来的。陈胜吴广起义时，章邯奉命带兵出关平乱，司马欣被胡亥派去跟随在章邯左右。

现在，司马欣在章邯军中担任长史，相当于幕僚军师一样的角色。接到章邯的命令后，司马欣不敢怠慢，星夜兼程赶往都城咸阳。

来到朝门前，司马欣申请面见胡亥，可是胡亥早已不理朝政，殿内只由赵高一人做主。赵高担心事情败露，故意找理由拖延，让司马欣在外面傻等着。

一晃三天过去了，仍不见有消息，司马欣感觉好像哪里有点不对劲，便贿赂宫内一些办事人员，打听朝内究竟是什么情况。这些人便把赵高在背后如何阴谋加害章邯的事和盘托出。

司马欣不听则罢，一听吓出一身冷汗，他担心再逗留咸阳则凶多吉少，于是赶快收拾包袱，飞身上马，快马加鞭，抄小路奔回棘原大营。对司马欣的不辞而别，赵高大怒，立刻派人沿着大道追赶，结果无功而返。

回到军营，见到章邯，司马欣如实汇报道："将军，我们的处境不妙啊！现在朝中大权全部落在赵高手中。据可靠消息，赵高对将军意见很大。与义军作战，如果胜了，赵高肯定忌妒；如果败了，更是难逃一死。总之，将军无论胜败，都可能被严厉追责，还请将军早作打算，另谋出路！"

章邯闻听，忧心忡忡，不知如何是好，天天闷坐在军营中嗟叹不已。正当他焦虑不安时，突然收到了一封书信："白起为秦将，南征鄢郢，北坑马服，攻城略地，不可胜计，而竟赐死。蒙恬为秦将，北逐戎人，开榆中地数千里，竟斩阳周。何者？功多，秦不能尽封，因以法诛之。今将军为秦将三岁矣，所亡失以十万数，而诸侯并起滋益多。彼赵高素谀日久，今事急，亦恐二世诛之，故欲以法诛将军以塞责，使人更代将军以脱其祸。夫将军居外久，多内隙，有功亦诛，无功亦诛。且天之亡秦，无愚智皆知之。今将军内不能直谏，外为亡国将，孤特独立而欲常存，岂不哀哉！将军何不还兵与诸侯为从，约共攻秦，分王其地，南面称孤；此孰与身伏斧质，妻子为戮乎？"

显然，这是封劝降书，写得还是非常精彩的，主要从四个角度对章邯进行劝降。

首先是案例分析，从秦国历史上类似章邯一样的名将结局说起。

秦国历史上的名将很多，比如白起、蒙恬等，功劳都很大，却没有好下场，均遭到了毒手。用这些真实案例来暗示章邯，如果继续为秦朝效力，也不会善终。这些例子很有说服力，因为每个人做事都会从历史经验中汲取教训，总不能重蹈覆辙啊。

紧接着，书信谈到了目前的战局，认为章邯必败无疑。

章邯自从当上平叛将军以来，诸侯军队非但没有被消灭，反而越打越多，越打越强，这说明秦朝气数已尽。而赵高为了逃避责任，势必会对章邯进行追责诛杀，让他为失败背锅。这一点非常厉害，毕竟章邯现在确实被项羽打得无还手之力了。

然后，书信中又点出秦朝内部的问题。

皇帝昏庸，奸臣当道，无论章邯成功与否，都会遭到毒手，也就是"有功亦诛，无功亦诛"。这一点无疑戳中了章邯的死穴，也是章邯对前途悲观，无心再战的根源。试想，谁会傻到明知道会有被诛杀的下场，还要继续做无谓的坚持呢？

最后，书信给章邯指出一条出路，认为现在的局面不是章邯一个人能够左右的，是大势所趋，章邯即便有再大的本事也孤掌难鸣，只有早日投降还可能"分王其地，南面称孤"。这个说辞在很大程度上打消了章邯的思想顾虑，而且给出的诱惑也非常大。

以上四点深深抓住了章邯的内心世界，足以将章邯的心理防线彻底击垮。那么，这封书信究竟是谁写的呢？

据史书记载，是陈馀写的。

大家会很疑惑，陈馀不是被张耳夺取兵权后，一走了之了吗？不是扬言不问世事，隐退了吗？陈馀的隐退是不甘心的，毕竟还那么年轻，怎么可能将青春浪费在山水之间呢？只是没有办法，暂避一时而已。现在陈馀作为一个局外人写这封书信，明显是找存在感，意思是我虽然没有军权了，但是靠一封书信也能解决问题，以此为将来捞取政治资本。

章邯看了陈馀这封书信作何感想呢？又会怎么做呢？

6. 卸甲乞降

赋闲在家的陈馀给章邯写了一封劝降书，章邯深受触动。他看了又看，阅了又阅，越看心里越不是滋味，饭也吃不下，觉也睡不香，前前后后犹豫了一个多月，估计那封书信，他已经倒背如流了。

最终，章邯决定向项羽主动请和。项羽压根没想过握手言和的事，一门心思要为叔父项梁报仇，手刃章邯。看到章邯突然派人请和，项羽拍案而起，勃然大怒道："休想！章邯小儿杀我叔父，不共戴天，大仇一定要报！你给我回去告诉章邯小儿，我要拿他的人头来祭奠叔父。如果章邯小儿主动过来受死，我可赦免他手下的秦军将士，否则一起诛灭！"

说完，命左右将章邯派来的人给赶了回去。项羽拒绝请和，这让章邯更加一筹莫展，不知道何去何从。

一天，有人禀报说，项羽的部下蒲将军率兵过来攻营了，现在已经渡过三户津，也就是今河北省磁县西南古漳水上渡口。章邯不敢怠慢，一面派兵拦截，一面亲自披挂上阵。当走到半路时，已经有败兵逃回请求增援。

章邯认为，只要项羽没来，还是能打退楚军的，于是快马加鞭前去迎敌，不一会儿，便与楚军短兵相接，两军打得难解难分。

正在这时，项羽带领大队人马亲自杀将过来。章邯早已患了"恐羽症"，听到项羽的名字，脑瓜嗡嗡直响，赶快鸣金收兵，逃回大营。项羽没有急于追赶，只是就地安营扎寨以待时机。

经此一战，章邯彻底绝望，但也无计可施，每天长吁短叹。军中都尉董翳（yì）看不下去了，出来劝说章邯向项羽乞降。

都尉是协助部队统帅主管军事的武官，在军营中的地位仅次于统帅，也就是军中老二。老二劝老大乞降，这仗还怎么打？说明军心已经彻底瓦解。章邯紧缩着眉头说道："老弟，说句实话，我也想啊，不过项羽这人记仇，不肯接受，你说怎么办？"

董翳沉吟一会儿回答道："我有个办法不妨一试，如果让司马欣去找项羽谈这事，肯定没问题！司马欣曾有恩于项氏叔侄，将军应该听说过吧？"

章邯眼睛一亮，微微点头，同意派司马欣到项羽那里跑一趟。

于是，司马欣奉命去见项羽，当然无非先说一些客套话，然后劝项羽以大局为重，不计前嫌。

对司马欣，项羽肯定很客气了，毕竟是他叔叔项梁的救命恩人，但即便如此也坚决不肯接受章邯乞降。

这个时候，项羽的亚父范增出来说话了。他告诉项羽，目前楚军的情况也不太乐观，兵多粮少，如果两军再继续耗下去，势必会两败俱伤，还是从大局出发比较好。最终，项羽听从了范增的意见，接受秦军投降，并承诺绝不加害章邯。

既然要受降，那就要举办个受降仪式。受降地点选在了洹水南岸，也就是今河南省的安阳河南岸。

这天，晴空万里，章邯携董翳和司马欣等人穿着普通人的衣服，提前来到受降地点等候。不一会儿，只见项羽甲胄在身，威风凛凛，带着众多将士和诸侯将领，骑着高头大马昂然前来。

章邯等人慌忙从马上跳了下来，长跪在路两边，把头深深埋在地上。项羽传令免礼。章邯等人听到指令，从地上慢慢爬起来，向项羽致敬道："我章邯愿意率军投降项将军！我章邯身为秦臣，本应该效忠秦朝，但是秦朝奸臣当道，赵高专权弄事，二世胡亥昏庸无道，听信谗言，秦朝灭亡只在旦夕。将军攻无不克，战无不胜，除暴安良，理应入关称王。我等仰慕将军神威已久，甘愿为将军效力。之前由于各为其主，冒犯了将军，自知罪孽深重，没有及时来降。现在承蒙将军宽宏大量，不计前嫌，恩同再造。我等誓将知恩图报，为将军效犬马之劳！"

说完，竟然趴在地上呜咽流涕，哭了起来。

常言说："男儿有泪不轻弹，只是未到伤心处。"堂堂秦朝大将军，七尺男儿，把话说到这个份上，还当场痛哭流涕，可以说颜面全无，内心的痛苦估计只有章邯自己知道啊！

项羽是一个吃软不吃硬的人，看到昔日秦朝的中流砥柱、大将军章邯这副样子，顿生怜悯之心，赶快抚慰道："你也不容易啊！既然现在你选择弃暗投明，我也不会因私废公为难你，过去的事就让它过去吧，你不必再放在心上！以后我们合力诛灭暴秦，荣辱与共，同享富贵，决不食言！"

有了项羽这句承诺，章邯那颗受伤的心总算放宽了些，马上又跪倒拜谢。

就这样，二十万秦军全部投降。

之后，项羽重新进行人事安排，任命司马欣为上将军，统领二十万秦军担当前锋；加封章邯为雍王，留在楚军大营。

显然，这种人事安排直接剥夺了章邯的军队领导权，但章邯毫无怨言，对他来说，保住一条命就万事大吉了。

此时，项羽手下的军队，加上诸侯军队，再加上投降的秦军二十万，总计约六十万人，一时威震天下。

虽然加入了诸侯联军，但秦军毕竟是降军，无形中就比诸侯军队的地位低一些。以前秦朝强大的时候，秦军地位高，面子大，想欺负谁就欺负谁，现如今却经常被诸侯军队报复凌辱。时间长了，秦军内部难免产生不满情绪。有人私下议论道："章将军欺骗我们和他一起投降，他自己当了王，可是我们呢？平白无故成了人家的奴隶和炮灰。如果楚军胜利打入关中，我们能与家人骨肉团聚，即便死了也甘心，但是万一失败了呢？我们可就无家可归了，朝廷一定会诛杀我们的家人，到时候可怎么办呢？"

类似这样的牢骚越传越盛，越传越离谱，很快就传到了项羽耳朵里。

那么，项羽又会怎么处理呢？

7. 都不是善类

项羽这个人骨子里杀气很重，又吃软不吃硬，如果像章邯那样老实服软，他可能会放你一条生路，但如果和他逆着来，那他就不客气了，杀无赦。

项羽为什么动不动就屠城呢？就是因为守城的人抵抗太凶，惹怒了他，一旦城破，格杀勿论，以解胸中闷气。

这次，秦军士兵不堪诸侯军的凌辱而心生不满，对投降产生了抵触情绪，其实是人之常情。如果项羽设法加以安抚，不去护短，说不定这二十万秦兵就成了项羽将来征战天下的主力军。但是，项羽不这样认为，竟然把这二十万秦兵当成心腹大患。

为绝后患，他决定采用坑杀的办法来处决这二十万秦兵，于是把英布和蒲将军召过来说道："你们两位最近听说了吗？投降过来的那帮秦兵心怀不轨。私下里串联，胡说八道，扰乱军心，再不解决，恐成大患啊！"

英布和蒲将军对项羽唯命是从，立即点头称是。

项羽继续说道："如果我军到了函谷关，这帮秦兵猝然生变，反戈一击，我们可要吃不了兜着走！为防万一，我们必须先下手为强，今天半夜就对他们搞突然袭击，一网打尽，只留下章邯、司马欣和董翳这三个人就可以了！"

二十万秦兵，说杀光就杀光，这杀气也忒重，难道没有其他更好的办法来处理这件事吗？

肯定有，只是以项羽简单粗暴的性格，不愿意浪费心思而已！

常言说："军人的天职就是服从命令。"一下子坑杀二十万人，还是很残忍的，但英布和蒲将军二话不说，马上领命而去。可见这两人也不是什么善类！

等到后半夜，趁着秦兵还在熟睡，英布指挥军队将秦兵大营三面包围，只留一面山谷方向可以通行。蒲将军负责在山上埋伏，专等秦兵从山谷中逃跑时下手。

当时，秦兵大营驻扎在新安城南，也就是今河南省新安县境内。

待一切布置妥当，英布率军队突然杀进秦兵大营。这些秦兵已经投降了，怎么也不会想到项羽突然来这么一手，毫无防备，从熟睡中惊醒后，四处逃窜。

前面说过，秦军的老大已经换成了司马欣，而司马欣对项羽的图谋毫不知情，正要组织人马反击，英布已经纵马来到他的帐前，大声训斥道："司马欣你知罪吗？上将军信任你，才让你统领全军，现在营中发生兵变，你还在这里睡大觉，多亏我及时发现前来平叛。你不要给我解释了，赶快去上将军营中说明情况，免得受到牵连，这里暂时由我来负责！"

司马欣哪里知道这竟是一场大屠杀，他赶快飞身上马去找项羽，以防事态扩大。

英布将司马欣放出后，命人把营门死死封住，不允许任何人再出来，出来一个便杀一个，出来两个便杀一双。

这些秦兵没有出路，只好向山谷方向逃窜。

蒲将军在山上等候多时，看秦兵已经全部挤进山谷，立刻下令万箭齐发，同时将石头抛下，没多久，二十万秦军就被消灭殆尽。

项羽闻讯才算放心，随即命诸侯联军即日拔营起寨，向函谷关方向挺进。在路上，项羽得知刘邦已经攻入关中占领了咸阳，大为震惊，无论如何他也不敢相信，刘邦凭借那么点兵力竟然如此神速。

那么，刘邦究竟是什么时候入关，又是怎么入关的呢？

前面说过，楚怀王熊心在西进的战前会议上提出"先入定关中者王之"，刘邦率先领命，带着本部人马直接向西挺进。

但这支人马实在是太弱了，又加上路途遥远，城池众多，刘邦尽量选择没有秦军主力的路线前进，仍然举步维艰。开始四五个月，也只能在今山东、河南交界处徘徊游击。经过一番折腾，好不容易才打到昌邑城，也就是今山东省巨野县，刘邦又被挡住了去路。

恰好这个时候，有个昌邑本地人带了一伙人前来投奔刘邦。这个人名气也比较大，名叫彭越，很多人应该都听说过他。

彭越可能在家里排行老二，所以小名叫彭仲，也就是彭老二的意思。

之前，彭越在昌邑县旁边巨野湖中靠打鱼为生，因为年龄稍微大点，又膂力过人，被当地同是打鱼为生的一帮年轻人推举为渔长，相当于当地渔业协会会长。类似这样的组织，一般都带有点黑社会性质，黑白通吃，目的是合伙霸占当地渔业资源，防止外来势力介入。

后来，陈胜吴广起义，海内沸腾，天下英雄豪杰相继反秦，彭越手下这帮小兄弟也蠢蠢欲动，就劝彭越带领大家趁火打劫，搞它一把，分秦朝一杯羹。起初，彭越并不愿意，认为形势还不明朗，谁胜谁负很难说，不如先静观其变。

又过了一段时间，江东项梁那边也起事造反，声势浩大，秦朝统治眼看摇摇欲坠。彭越手下这帮小兄弟憋不住了，整天起哄，嗷嗷直叫，闹着造反。

年轻人嘛，血气方刚，唯恐天下不乱，不搞点事，手痒痒，真搞出事来，又傻眼了。

这天，他们一起来找彭越，非要让他带头起事。彭越没办法，看时机也差不多成熟了，只好同意。

彭越毕竟年纪大几岁，见多识广，头脑清醒，他认为既然要起事造反，就不能像过去混黑社会一样随随便便，有组织无纪律，必须立规矩才行。

这天，彭越和大家约定，第二天开会好好商议造反事宜，同时严肃申明开会纪律，凡是迟到者当即处死。这帮小兄弟散漫惯了，权当开玩笑，嘻嘻哈哈，都说没问题。

到了第二天，彭越早早地在约定地点等着，这帮小兄弟却稀稀拉拉陆续到来，很多都迟到了，甚至有的到了中午才过来。

面对这种情况，彭越会怎么办呢？

第二章

刘邦入关

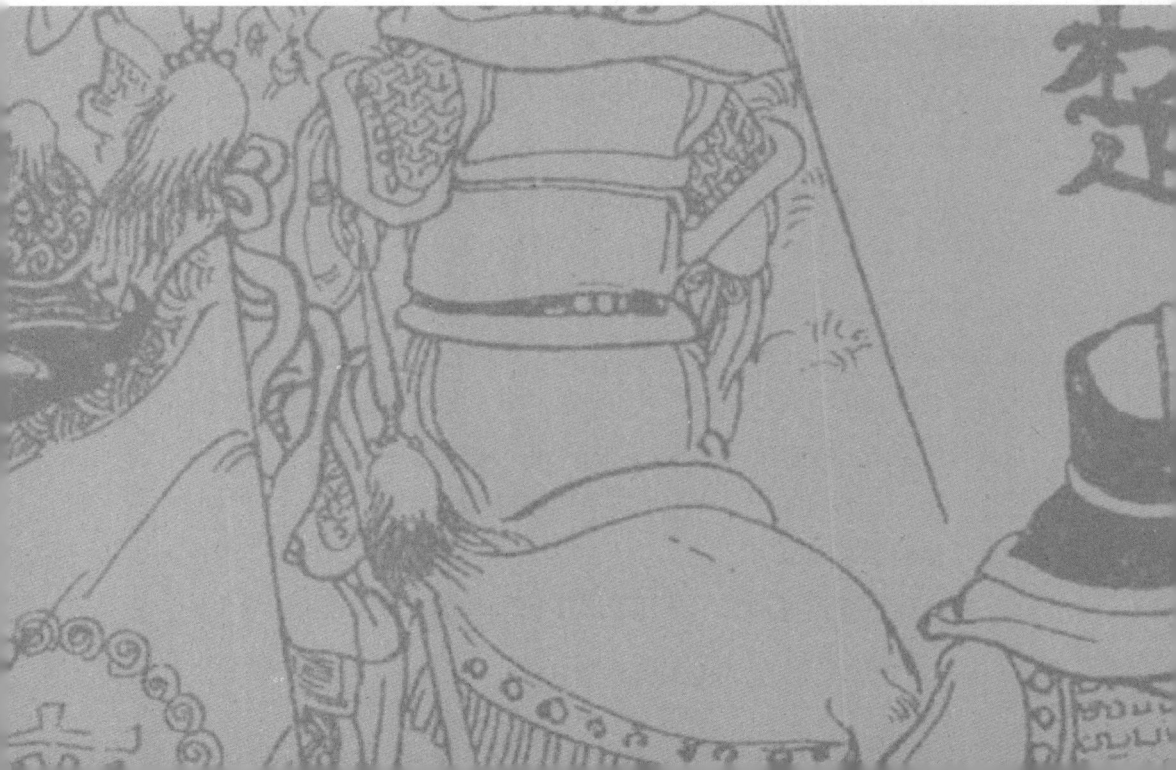

8. 情有独钟

　　彭越和手下一帮小兄弟约定好第二天准时开会，商量造反事宜，可是这帮小兄弟平时散漫惯了，很多人都迟到了，甚至有人到了中午才过来。彭越很是生气，脸拉得老长，严肃地说道："兄弟们啊，我本不愿意做老大造反，是你们觉得我大两岁，有号召力，非要我干，说一定会听我指挥。现在倒好，开个会都不能准时参加！昨天我们约定好的，迟到者处死，我粗算了一下，今天迟到的有十多个人，按道理都应该处死，但人数实在太多，法不责众嘛，只有把那个最晚到的兄弟处死了，就算是为以后立规矩吧！"

　　还没等彭越说完，这帮小兄弟都嬉皮笑脸地起哄道："老大，别太当真啊，第一次就算了，下不为例，下不为例！"

　　彭越坚决不同意，两眼一瞪，大手一挥，立刻让人把那个最后到的小兄弟拉出去砍了，并且悬首示众。

　　这帮小兄弟当时就傻眼了，没想到平日里和蔼可亲、有说有笑的老大哥翻脸如翻书，顿生敬畏之心，以后再也不敢违背彭越的命令了。

　　于是，在彭越的严格管理下，队伍慢慢发展到了上千人马，成为一支不可低估的军事武装。

　　现在，彭越听说刘邦奉楚怀王之命带兵攻打他的老家昌邑城，便主动过来助战。

可是，即便有彭越这帮本地人来助战，刘邦仍然攻不下昌邑城，不得已，只好先转向栗县，也就是今河南省夏邑县。

在那里，刘邦碰到了一支地方武装，大约四千人，刘邦想方设法将其收编，纳入了自己的队伍，然后又联合魏国的一支军队，率领军队再次攻打昌邑城，还是无功而返。

在昌邑城下，刘邦来来回回折腾了很久，他认为，昌邑城实在是太难打了，这样耗下去，即使耗不死，也会耽误入关进程。

从这一点可以看出，刘邦的脑子很活络。他不像项羽那样，喜欢与人争一时高低，比一时高下，只有把对方当场打趴下，哭着喊着求他，才会有满足感。刘邦把目标看得很重，始终把"自己究竟想要什么"放在第一位，只要能达成目标，其他的成败得失都无所谓。做到这点看似容易，其实很难，因为一般人，特别是年轻人，很容易受情绪左右。

虽然有人说："头可杀，血可流，咱的面子决不能丢！"不拼出我高你低，那还是男人吗？实际上，大可不必如此。一旦目标达成，过程中受到的任何挫折，将来都是一种让人称颂的荣耀。

刘邦一大把年纪了，深知这个道理，他决定换条路走，于是便征求彭越这个当地人的意见。彭越建议他，可以放弃昌邑城，从高阳城绕过去。高阳城位于今河南省杞县西南。

刘邦听从这一建议，当即与彭越作别，率军转攻高阳城。彭越则继续留在当地发展，发展得还很不错，以后我们还会详细说到，这里大家先留个印象。

在高阳，有一位老儒生，名叫郦食（yì）其（jī）。这个人除了会读书外，身无长物，穷困潦倒，只好充当"里监门吏"，也就是村中办公室的老保安。前面说过，张耳、陈馀曾经也干过类似差事。

别看郦食其身份地位不高，个性却很强，为人牛气冲天，估计像现在一些比较"犟"的老头。所以，虽然他学问很大，但是县里面一些有头有脸的文化人，都不愿意和他来往，更不愿意重用他，还在背后给他起个外号叫"狂生"。

陈胜、项梁起事时，经过高阳的各路起义军将领不下几十人，很多慕名前来拜访，但郦食其认为这些人不会有什么出息，就深居简出，避免和他们接触。

像郦食其这样的知识分子一般都有这个毛病，狂妄自大、目空一切。如果不认可你，他正眼都不会瞧你；但如果他认定了你，又会死心塌地为你付出一切。这种人需要遇到真正厉害的领导，才会有用武之地，否则往往一辈子郁郁不得志。

也不知道为什么，虽然郦食其从未见过刘邦，但对刘邦特别看好，可以说是情有独钟。当他听说刘邦要来攻打高阳时，很想和刘邦见见面，谋个差事，以发挥毕生所学。

恰好，刘邦身边有一个骑兵卫士，是郦食其同村朋友的儿子。郦食其便找到这个骑兵卫士，打听刘邦的情况："贤侄啊，老朽听说你现在跟着沛公做事，沛公这个人究竟怎么样啊？是不是像传说中的那样性情倨傲，不肯礼贤下士啊？"

那个骑兵卫士挠挠头回答道："大爷啊，这种传说也不能说完全没有根据，但也要看人，如果确实是英雄豪杰，沛公还是会礼贤下士的，特别是那种真正有智慧有本事的人，他更是欢迎，不会轻视的！"

郦食其当然认为自己是个有智慧有本事的人。我们说过，很多知识分子自己无论多么迂腐，他都会认为自己是最棒的、最有文化的。所以听了骑兵卫士的介绍，郦食其很高兴，略带央求地说道："照你这么说，沛公是一个有雄才大略的人喽！如果真是这样，麻烦贤侄帮老朽引荐一下，老朽很愿意为沛公奉献自己的智慧。"

那个骑兵卫士不听则罢，听了直吐舌头，心想就你这样的，老态龙钟、脾气古怪，沛公怎么可能会看上你呢？他不太愿意自找麻烦，但郦食其毕竟是长辈，也不好张口拒绝，只好顾左右而言他，装糊涂。

郦食其性格狂妄，人却很聪明，当然明白骑兵卫士的意思，这要放在平时，肯定骂大街了，但这次不一样，他这把年纪了，很想找位明主施展毕生所学，于是耐心说道："你是不是看我老人家年龄大了，不中用了？你放心，老朽不会丢你的人！你还是帮老朽到沛公那里说说看吧，你就说同门中有个老儒生，六十多岁了，身高八尺，爱吹牛，大家都说他是个狂生，但他自己不以为然，他认为自己书读得多，有学问、有智谋，可以帮助您成就大业！"

那个骑兵卫士听郦食其让他这么去给刘邦传话，头摇得像拨浪鼓一样，说道："千万使不得，千万使不得啊！沛公的脾气我还是很了解的，他最不待见的就是儒生。有一次，一位儒生戴着帽子来求见，他竟然把那位儒生的帽子摘下来当尿壶用，当众侮辱，好不尴尬！平时说话，只要说到儒生，他就会破口大骂，骂儒生是一帮迂腐无用的废物。你老人家为什么非要用这个名义让我对沛公说呢？不是自讨没趣吗？"

郦食其捋着稀疏的胡须，笑呵呵地说道："你只管按照老朽的说法去试试看，沛公一定会接见老朽的。即便不见，老朽也不怪你，总可以了吧？"

那个骑兵卫士看郦食其如此执着，心想不见棺材不落泪的老东西，整天吹牛，这次我究竟要看看你能不能说准。于是抽个空，他就把郦食其的说辞原封不动地转述给了刘邦。

还别说，刘邦的心思当真被郦食其给猜中了，欣然同意召见他。

这天，郦食其应召来到刘邦的住处。刘邦正坐在床上，两只脚耷拉在水桶里，旁边还有两位美女弯腰给他做足底按摩。

见郦食其来了，刘邦头也不抬，只顾在那里挑逗那两位美女玩。

那么，郦食其看到刘邦这副模样，会怎么办呢？

9. 郦食其献计

看刘邦对自己这副不屑一顾的模样，郦食其故意慢吞吞地迈着方步走了过来，表现得从容淡定。待走到刘邦跟前，他并不拜倒，只是双手一抱拳，作了一个长揖说道："足下率兵到此，是来帮助暴秦攻打诸侯国呢，还是帮诸侯国来攻打暴秦呢？"

听郦食其话中带刺，刘邦微微把头扭过来，斜眼瞅了瞅，只见郦食其身穿儒服，头戴儒冠，举止轻慢，顿时心生厌恶，不由得破口大骂道："你这个老家伙，放肆！难道连'天下苦秦久矣'的道理都不懂吗？还问这么白痴的问题！如今诸侯国都在争先恐后合力攻灭暴秦，你哪只狗眼看出来老子有那么傻去帮助暴秦啊？滚，有多远给老子滚多远！"

刘邦"出口成脏"，果然名不虚传。郦食其冷笑一声说道："照足下这么说，足下也要攻灭暴秦喽？但是为什么又这般慢待智慧长者呢？行军打仗靠的是智谋！如果足下连所谓傲气的贤士都看不惯，哪里还会有真正的高人愿意主动来投奔献计呢？"

这话还是有点耿直的，让刘邦内心不禁为之一颤，无疑说到了他的痛处。

郦食其说得很明白，你刘邦要想做大事，那就必须不拘一格用人才，否则，是干不成大事业的。

刘邦悟性多高啊，他马上意识到郦食其这老头不一般，足底按摩也不做了，摆摆手让两个美女先下去，然后把衣服穿戴整齐，席地而坐，与郦食其畅谈起来。

郦食其活了大半辈子，满肚子的学问再不用估计也没机会了，非带到棺材里不可。现在他认定刘邦是位明主，于是口若悬河，滔滔不绝，先把当年山东六国的失败原因讲述了一遍。

刘邦书读得少一些，文化水平不高，哪里听说过这些啊？郦食其相当于给他上了一堂生动的历史课，不由得令刘邦心生敬意。

这堂历史课一定是极为生动且通俗易懂，所以刘邦听得津津有味，大长见识。等郦食其讲完，刘邦让人上了几盘小菜，然后问郦食其当前应该怎么办。

刘邦心想，你口沫横飞地给老子喷了半天，那毕竟都是过去的事了，事后总结，谁不会做啊，你们这帮儒生最喜欢讲案例分析，有什么用，关键还是把当前的问题先给老子解决了。

郦食其当然明白刘邦的意思，他呷了一口茶水，润润嗓子，咳了一口痰说道："据在下所知，沛公手下兵力不满两万，如果直捣关内，犹如羊入虎口，自寻死路。以在下之见，当前不如先占领陈留城。陈留城是个交通枢纽，四通八达，进可攻，退可守，而且城中粮食储存比较多，可以满足军队所需。在下与陈留县令关系不错，由在下前去招安，应该问题不大。如果他不就范，沛公再带兵攻打，在下到时候做内应，肯定能顺利拿下。一旦拿下陈留城，沛公可以在那里招兵买马，壮大队伍，为进攻关中做准备。当务之急，沛公应该马上去这样干！"

刘邦是实用主义者，听郦食其这么说心中大悦。有人主动跑来为自己分忧，能不大悦吗？他当即决定委派郦食其先行一步，自己随后带兵就到。

从这里我们可以看出刘邦的又一个优点，就是能够听得进别人说话。不管你是谁，即便是自己最讨厌的一类人，只要你说得有道理，他都会洗耳恭听，立即行动，而且灵活运用，以免坐失良机。

于是，郦食其来到陈留城，也就是今河南省开封市陈留镇，与他的老朋友陈留县令见了面。

两人太熟悉了，一见面，郦食其便把当前的时局分析给县令听，但县令不为所动，甚至发出豪言壮语，要与陈留城同生死共存亡。

对这个县令的脾气性格，郦食其还是很了解的，所以并没把话说死，看到他这个态度，就马上转过来支持他的决定，并大加赞赏他这种忠诚不渝的精神。

那个县令转怒为喜，还真以为自己的英雄气概感动了郦食其这位不速之客。老朋友很久不见面了，又这么夸他，县令极为感动，当即设宴为郦食其接风洗尘。

两个人喝得很是尽兴，一直喝到晚上，大醉方休。

别看郦食其是个儒生，但他有两个不同于一般儒生的显著特点：一个是狂得很，喜欢吹牛，人称"狂生"，这点之前我们已经领教过了；另一个就是能喝酒，海量，千杯不倒。

当县令已经酩酊大醉，郦食其还没有醉的感觉，只是润了润嗓子而已。看县令已经睡得像死猪一样了，郦食其赶快跑到城门前，冒充县令的名义，打开了城门。

此时，刘邦已经候在城外多时了，早不耐烦了，还以为被郦食其这个老家伙给耍了呢。他眼见城门突然打开，喜出望外，立刻带人冲了进去。

在郦食其的引导下，刘邦带人来到县署。那个县令还在呼呼大睡呢，估计在做他的英雄梦。

刘邦手下一帮士兵不管三七二十一，上前一阵乱砍，可怜县令惨死在睡梦之中，恐怕做梦也想不到是老朋友出卖了他。

其实，在现实生活中，被老朋友出卖的例子是不胜枚举。

所谓老朋友，那是一辈子的朋友，肯定信得过啊。但是有些老朋友，常年不见，各自过着不同的生活，阅历背景与当初大不相同，再见面，可能已经不是原来那个朋友了。如果你仍然像当初那样，完全没有戒心，难免会中招或误会。

这个县令在这种大乱之年，人心难测之时，对郦食其这个多年不见的老朋友完全丧失防备之心，本身就是犯了大忌。试想，如果他少喝点酒，对郦食其这个不速之客提高警惕，可能就不会招致杀身之祸。

郦食其才不管什么老朋友呢，实现人生理想抱负才是他最要紧的事情，把县令好生安葬，已经算是尽心了。

占领陈留后，刘邦首先跑到粮仓视察一番，果然堆满了粮食，对郦食其的神机妙算，更加信服，于是封郦食其为"广野君"，负责外联工作。

郦食其还有个弟弟，名叫郦商，智勇双全，当时手下有一支四千多人的队伍，在郦食其的劝说下，也加入了刘邦的军队，从此跟着刘邦南征北战。

有了郦商的加持，刘邦在陈留城，很快站稳了脚跟，然后他准备进攻西边的开封。

那么，开封会好打吗？

10. 一路曲曲折折

在陈留城站稳脚跟后，刘邦率军进攻西边的开封，开封就没那么好打了，与秦朝守军在那里僵持了很久。

这个时候，秦将杨熊奉朝廷之命带兵前来救援开封。

关于杨熊，史书上记载比较少，我们这里就不详细介绍了。

刘邦闻讯，认为继续攻打开封，搞不好会被里应外合"包了饺子"，于是决定干脆放弃开封不打了，直接前去迎击杨熊的援军。在白马城旁，也就是今河南省滑县东，与杨熊的援军遭遇。

杨熊率领援军正闷头赶路，没想到刘邦竟然迎面而来，被打个措手不及，慌忙撤退到曲遇，也就是今河南省中牟县东。

在这里，杨熊摆兵布阵，拉开架势，准备与刘邦决一死战。不久，刘邦率军追了过来，双方展开了一场势均力敌的厮杀。正杀得难解难分的时候，突然有一支生力军，向杨熊率领的秦军横杀过来，将其分割成两段。

平衡一下子就被打破了，秦军溃败，杨熊带领败兵夺路而逃，逃到了荥阳城。之后没多久，因为这次战斗的失利，杨熊被朝廷追责给杀掉了。

其实，如果没有其他军队突然出现来夹击杨熊的话，这次战斗谁胜谁负还真不好说，最起码会重创刘邦这支本来就兵力不多的军队，甚至可能导致刘邦无法顺利入关。

那么，究竟是谁会如此及时出现协助刘邦呢？

你无论如何都不可能会想到，竟然是张良。

张良怎么会在这里出现呢？

前面我们说过，张良曾奉项梁之命辅佐韩王成去攻略韩地，当时与刘邦依依惜别。

在韩地，几经周折，张良终于拿下了几座城池。但是韩地距离函谷关实在是太近了，秦朝怎么可能会容许有人在眼皮底下复国呢？于是经常派兵过来攻打。好不容易占领的几座城池丢了得，得了丢，打起了拉锯战。

对张良的这点人马来说，拉锯战是消耗不起的。不得已，张良只好率兵退到颍阳附近打游击。此时，听说刘邦率领军队在这边打仗，张良特意过来助战。

故人重聚，特别是在这样的背景下见面，两个人甭提多激动兴奋了。刘邦拉着张良的手大叙相思之苦，兄弟长兄弟短地嘘寒问暖，好像情人见面一般。

当刘邦得知张良现在的处境也很艰难时，拍着胸脯，十分豪气地说道："我的好兄弟啊，来而不往非礼也，你帮我打退了秦军，我也应该帮助你拿下颍阳啊！等拿下颍阳，我再去到荥阳找杨熊那小子算账不迟。"

说罢，立即整顿人马，同张良挥师向颍阳进发。

颍阳守兵根本没把刘邦这帮人放在眼里，高声辱骂。骂得可能太难听了，刘邦大怒，亲自到阵前督战，花了好几天时间，死伤了很多将士，终于把颍阳给攻陷。

估计这次真的把刘邦给气到了，进城后当即屠城。

之前说过，项羽喜欢屠城，实际上刘邦也干过，只是少一些，这是其中一次。

所谓的屠城，一般有两种理解：一种是不分军民全部杀光，血流成河，非常血腥；一种是只把守城军队全部杀光，对百姓进行烧杀抢掠，满足私欲。

无论是哪种，都是很残酷的，所以老百姓常说："宁为太平犬，莫做离乱人。"

至于刘邦的屠城究竟属于哪一种，史书上没有详细记载，我们不得而知，反正颍阳肯定遭殃了。

接着，刘邦便准备去攻打荥阳。

这天，有探子回来报告说，杨熊已经被秦二世胡亥处决了。得到消息，刘邦非常高兴，算是出了口恶气，他对张良说道："杨熊死了，再攻荥阳没有多大意思，我还是先帮兄弟你把韩地夺回来吧，然后再做下一步打算。"

听刘邦这么说，张良很是感动，点头表示同意。

按照张良的指引，刘邦通过镮（huán）辕山进入韩地。

为什么要从镮辕山走呢？

镮辕山位于今河南省偃师市、巩义市和登封市三市交界的地方，山路崎岖，山道盘旋，共有十二曲，被称为镮辕山，山南边就是千古名刹嵩山少林寺。

由于地势险要，秦军一直没有派兵在镮辕山把守，刘邦率军顺利穿过，一口气将韩地十多座城池拿下。

拿下城池之后，刘邦让韩王成留守阳翟，也就是今河南省禹州市，然后率兵继续西进。

因为对张良太赏识了，刘邦向韩王成借走张良，承诺入关后会让张良重新回归韩国。韩王成当然答应了。

这时，刘邦听说，赵国的将领司马卬（áng）准备渡过黄河，率先攻入函谷关。

关于司马卬，大家先认识一下，后面还会说到，项羽分封诸侯时，司马卬还被封为了殷王。

由于担心司马卬率先入关抢了头功，刘邦打起了坏主意，他向北进攻平阴，也就是今河南省洛阳市孟津区北，截断了黄河渡口，阻止司马卬西进。

目的达到后，刘邦又掉头向南进军，与秦军在洛阳东面交战，但战事不利，只得退守阳城，也就是今河南省登封市告成镇。

在那里，刘邦又招募了几千人马充实队伍，然后率兵改道进攻南阳郡。

南阳郡守名叫齮（yǐ），闻讯，提前派兵在犨（chōu）县东，也就是今河南省鲁山县张官营镇西，拦截刘邦，结果被刘邦迎头痛击，只好带兵逃到宛城，也就是今河南省南阳市宛城区，坚守不出。

刘邦认为，攻城略地的打法既伤神又伤兵，一个个打下去，猴年马月也入不了关，太不划算，所以他决定放弃围攻宛城，而是从宛城西边绕了过去。大概前行了约有十里地的样子，张良突然慌慌张张从后面跑过来，对刘邦说道："沛公绕过宛城，是不是打算早点入关啊？"

"是啊，哪里不妥吗？"听张良好像有不同意见，刘邦轻轻点点头问道。

张良平静了一下呼吸，耐心解释道："沛公，着急不得啊！还是拿下宛城为好。从这里到关中还有很多城池，如果我们都绕过去，会进入前有守兵，后有追兵的境地，进退失据，岂不更危险？现在我们不如杀个回马枪，返回宛城，趁其不备，说不定能够攻下，这样才不至于有后顾之忧！"

一心想早点入关的刘邦会听从张良的建议吗？

11. 一顺百顺

刘邦对张良的话向来是非常重视的，听他这么分析，吓了一跳，认为很有道理，当即命令全军更换旗帜，赍夜疾行，绕道返回。

第二天天亮前，军队神不知鬼不觉地又将宛城重新包围了起来。待一切准备就绪，一声鼓号，开始攻城。

南阳郡守齮白天眼看着刘邦带兵走了，庆幸不已，总算安心，放松了警惕。他最近紧张过度，疲惫不堪，天一黑便倒头呼呼大睡，没想到刘邦杀了一个回马枪。他从梦中惊醒，带着宝剑急吼吼地冲上城墙往下一看，黑压压一片全是攻城的军队，将宛城围得水泄不通。齮顿时胆战心惊，心想这次要彻底完了，一时想不开，拔出宝剑就要自行了断，以免受刘邦的羞辱。突然，身后有一个人呼喊道："大人且慢！现在就去死，未免也太早了吧？"

他回过头一看，原来是他的一位门客，这位门客名叫陈恢。

听陈恢这样冲他说话，郡守齮知道还有希望，放下宝剑赶忙问道："你不让我死，难道还有更好的办法解围吗？"

陈恢走上前来，从郡守齮手中将宝剑接了过来，回答道："听说沛公是宽厚仁义之人，您不如主动投诚，我去做说客，晓以利害，说不定，不但可以免死，还能保全爵位呢！"

郡守齮沉思片刻，自知别无他法，于是无可奈何地说道："好吧，言之有理啊！只能如此了，就是要辛苦你一趟！"

陈恢领命去求见刘邦，声称有迅速拿下宛城的锦囊妙计。

能够迅速拿下宛城，刘邦求之不得，他一心想着早点入关，是真心不想在这里耗下去了，浪费时间不说，还损兵折将，所以立刻同意接见陈恢。

见到刘邦就成功了一半，陈恢很高兴，进入大帐，开门见山说道："听说沛公应楚王之约，'先入定关中者王之'，现在停下来攻打宛城，不怕耽误事吗？宛城是南阳郡最大的一座城池，周围相连的城池有数十座，百姓众多，粮草充足。官民上下都认为，投降必遭沛公屠城，都下定决心据城坚守，以死相拼。虽然沛公兵多将广，但也未必能够一口气全部攻下啊！如果拖延了时间，沛公就可能会错过'先入定关中者王之'的约定啊！况且，现在沛公花这么大精力攻城，将士伤亡肯定也在所难免；如果放弃攻打宛城，沛公率军继续西进，宛城的守军一定会尾随而来，到时候，前有秦兵堵截，后有宛城强大的军队追击，沛公势必将处于非常不妙的境地。在下不才，有一个主意可以替沛公解决这些问题！"

陈恢的分析很直白，直戳痛点，刘邦听后禁不住问道："哦，是吗？说来听听！"

看刘邦已经心动，陈恢趁热打铁继续说道："依在下看，沛公不如招降南阳郡守，仍然留他管辖南阳郡。沛公只要把宛城内的士兵一起带走西进就可以了。这样一来，既没了后顾之忧，还扩充了军队。那些还没有降服的城池守军听说后，肯定会争相打开城门欢迎沛公。到时候，沛公就可以畅通无阻地攻入关内，没什么可担心的了，岂不善哉？"

听完陈恢的建议，刘邦连声称好，自己夜不能寐的事，就这样被陈恢轻而易举地解决了。他笑呵呵地对陈恢说道："我这个人从来不反对人家投降，也不搞屠城那一套！如果你家郡守愿意归顺，我不但要让他继续居守南阳郡，而且还会给他加官晋爵！烦请你把我的态度传递回去。"

大功告成，陈恢马上回报郡守齮。

郡守齮闻听，拍手称快，当即打开城门迎接刘邦进城。

进城后，刘邦没有食言，加封南阳郡守齮为殷侯，同时赏陈恢封地千户，让他们继续留守宛城。

当然，宛城的军队按照陈恢之前的承诺，大部分被刘邦带走了。

"榜样的力量是无穷的"，有这么个榜样在那里摆着，向西进军途中，各个城池无不主动开门投降。

在丹水，也就是今河南省淅川西，有两个人投降了刘邦：一个是高武侯鳃；一个是襄侯王陵。

关于高武侯鳃，历史记载比较少，这里就不多做介绍了。

王陵比较有名，后来官居丞相，也是沛县人，与刘邦是老乡，年龄比刘邦稍微大一些，曾经在沛县称霸一方，刘邦年轻时还给他做过小弟，所以尽管投降了，但他不肯屈居刘邦手下，就没有跟着刘邦西进，而是留下来驻守。

后面，我们还会反复提到王陵，大家心里有个数，知道有这个事就可以了。

离开丹水后，刘邦又率军回过头来进攻属于南阳郡的胡阳，这个地方位于今河南省唐河南岸。在那里，刘邦遇到了梅绢率领的一支军队。

梅绢是英布的老丈人、番阳县令吴芮的部将，这个人很厉害，人称"梅王"，是越王勾践的直系后裔，人生经历非常传奇。

现在南方地名中前面一个字凡是带"梅"的，差不多都和他有渊源，如"梅溪""梅州""梅岭"等，我们就不细说了，有兴趣的话可以去查阅一下。

刘邦在梅绢的帮助下，攻破胡阳，接着又迫使析县和郦县的守军投降。

析县位于今河南省西峡县境内；郦县位于今河南省南阳市北。

一路上，刘邦采用怀柔政策，严明军纪，笼络人心，军队不论开赴到哪里，都严禁抢掠，对百姓秋毫无犯，因而受到老百姓的热烈欢迎，也为后来刘邦与项羽争夺天下奠定了人心基础。

经过长途跋涉，这天终于到达了武关。

武关位于今陕西省商洛市丹凤县东武关河的北岸，与函谷关、萧关、大散关并称为"秦之四塞"，是进入秦地的四个必经关隘。

秦朝没有想到刘邦进军如此神速，疏于防范，武关上的守兵，只有几千人，且大部分是一些老弱病残。

面对刘邦的进攻，这些守兵壮起胆子迎战，但是力量悬殊，稍一接触，守将就仓皇逃窜，将武关平白丢给了刘邦。

武关一旦失守，意味着刘邦已经入关，进入秦地。这消息像炸雷一样很快传遍了整个咸阳城，咸阳全城上下人心惶惶，能跑的都跑了，认为秦朝大势已去。

此时的秦二世胡亥被赵高哄骗在宫中，对外面发生的事不管不问，一无所知。

赵高长期把持朝政，将朝廷上下搞得乌烟瘴气。为了防止有大臣私自向胡亥打小报告，他还设了一个局来考验大臣们是否对自己唯命是从，以便为他下一步更大的图谋做预演。

这究竟是一个什么局呢？又会导致什么后果呢？

12. 指鹿为马

为了防止有大臣向胡亥打自己的小报告，另外也是为了实现自己更大的野心，赵高设了一个局，来考验大臣们是否对他唯命是从。

这个局非常著名，后人总结出一个成语叫"指鹿为马"，多用来形容那些明目张胆混淆是非的人。

具体到赵高怎么设的这个局，有两个版本，分别来自司马迁的《史记·秦始皇本纪》和陆贾的《新语·辨惑》，内容大同小异，我们不妨综合起来讲。

话说有一天，赵高以向秦二世胡亥献马为名，牵了一头梅花鹿上朝。

前面说过，胡亥有个爱好，就是喜欢豢养大型宠物，当他听说亲爱的赵高赵老师要送他一匹宝马时，很高兴地说道："丞相送的马肯定是好马，快快牵进来给朕瞧瞧！"

赵高命人将那头梅花鹿牵了进来。

胡亥一看，这哪里是马啊，明明是鹿嘛，就手舞足蹈地嘲笑道："丞相说笑了啊，怎么把鹿说成马了呢？"

但是赵高表情严肃，仍然坚持说是马。

胡亥收起笑容，有点疑惑，开始不相信自己的眼睛了，问左右大臣，这究竟是马还是鹿。

这个时候，在场的大臣分成了三派。

一派说，应该是马。当然，这派肯定是慑于赵高的淫威信口雌黄了，拍赵高马屁而已，人数比较多。

另一派说，自己眼拙，不认识，无法分辨。马和鹿都不认识，怎么可能呢？这显然是在耍滑头，既不敢说实话，也不想违心地瞪眼说瞎话，干脆弃权，不表态，但人数不多。

还有一派说，明明是鹿嘛，肯定不是马。这派是由看不懂赵高伎俩的人和不愿意迁就赵高的人组成，人数非常少。

如此简单的是非判断，竟然出了三个结果，而且大部分都和赵高的看法一致，胡亥一下子就蒙了，他揉了揉眼睛，也不敢相信自己的判断了，还以为自己最近神经衰弱，肾虚眼花了呢。

看目的已经达到，赵高便借故和群臣们离开了。胡亥一个人恍恍惚惚回了后宫，若有所失的样子，精神萎靡不振。

这件事看似稀松平常，像个笑话，很多人只是感觉不可思议，认为胡亥太好骗了，赵高胆子也太大，甚至可能认为赵高试探大臣的手段太过拙劣，太小儿科。其实并没那么简单，这件事一箭双雕，既试探了大臣，又对胡亥的精神刺激特别大，说不定还有示威的意思在里面。

试想，一个整天住在深宫，只知道寻欢作乐、不问世事的人，对自己的判断力会有自信吗？玩的时候可能很尽兴，玩够之后只会剩下漫无边际的空虚无聊！

这和现在一些人沉迷电子游戏或吸毒是一个道理，时间久了，都不一定认识自己了。此时的胡亥差不多已经堕落到这个地步，赵高也才敢这么做，才会这么做。

过了几天，赵高找些理由把那天说是鹿的几个大臣给杀了，杀一儆百。

从此，大臣们更加忌惮赵高，对他唯命是从，再也没人敢背着他在胡亥面前乱说话了。胡亥也感觉耳根子彻底清净，以为天下被赵高打理得太平无事，可以专注享乐了。直到刘邦带兵攻入武关，他还不知道自己已经处于绝境之中。

这个时候，赵高也才知道着急，开始想方设法退敌，但局势已经到了无法收拾的地步，即便秦始皇活过来，恐怕也回天乏术。

赵高没办法，只好赖在家里装病不去见胡亥，坐等时局恶化，有趁乱谋利的打算。

胡亥从小便习惯了依赖赵高，再加上那次"指鹿为马"的事件发生后，对自己更加没有信心，还经常会莫名其妙地彷徨惆怅。现在赵高称病不见自己，胡亥心里空落落的，一种不祥之感在心中悄然升起。

俗话说："日有所思，夜有所梦。"

这天夜里，胡亥做了一个梦，梦见一只白色的老虎不知道从哪里突然跑到他的銮驾前，将左首一匹马给咬死了，而且还跳起来试图攻击他，吓得胡亥从梦中惊醒，大汗淋漓。

第二天早晨起床，胡亥回想起昨晚的梦，心慌不已，又很长时间不见赵高，更是惴惴不安。于是，他把太卜叫过来解梦，占卜吉凶。

太卜神神叨叨折腾半天，最后说是泾水的水神在作祟，必须由胡亥亲自祭祀一下，方能避难。

不知道这位太卜是不是当年给秦始皇占卜出"游徙"卦辞的那位，反正占卜结果都是那么匪夷所思，风马牛不相及。

身边没有了赵高，胡亥只能信这位太卜了。他驱车来到泾水旁边的望夷宫，斋戒三日后，亲自主持祭祀仪式。

左右侍臣看到胡亥还蒙在鼓里，在这里装神弄鬼，被赵高耍弄在股掌之间，实在看不下去了，就鼓足勇气告诉胡亥时局有多么凶险。

胡亥不听则已，一听顿时体如筛糠，哪里还有心情继续祭祀，当即派人去责问赵高，他还寄希望于赵高能够调兵遣将，力挽狂澜呢。

而此时的赵高，正在家中左思右想，想着怎么打胡亥的主意。

赵高认为，秦朝大势已去，灭亡在所难免，不如杀掉胡亥，向刘邦投降讲和，分王关中，于是他把弟弟赵成和女婿阎乐找了过来。

前面我们提过赵高究竟是不是阉人的话题，之所以有这个话题，就是因为这个所谓的女婿阎乐。女婿都有了，赵高阉人的身份自然变得可疑。好了，这个话题就不重复了，点到为止。

赵高为什么会把这两人找来？他们有什么能力完成赵高的任务呢？

13. 胡亥之死

赵高为什么会找弟弟赵成和女婿阎乐去杀胡亥呢？

一方面是自己家里的至亲之人，用着放心；另一方面主要是因为他们的职务比较特殊，方便行事。

赵高的弟弟赵成是郎中令。

郎中令这个职位以前是赵高在干，李斯被整死后，赵高自己做了丞相，就把这个职位让给了弟弟赵成。

我们说过，郎中令是九卿之一，统领御林军，负责宫廷警卫工作。说白了，那是保证皇帝切身安全的人。能保证皇帝的安全，肯定也能保证皇帝不安全。

赵高的女婿阎乐是咸阳令。

咸阳令这个职位，我们从名字就能看出，应该是负责都城咸阳的安全保卫工作。

从郎中令和咸阳令两个职位的人事安排可以看出，赵高是多么老谋深算，而胡亥又是多么幼稚，盲信赵高了。

宫内宫外的安全保卫工作全交给赵高一家子，那还能安全吗？表面上胡亥是皇帝，实际上胡亥自己的小命完全攥在赵高手中！

这种安排，看似可笑，实际上，现实生活中很多人在做类似的事，却浑然不知。

胡亥最后就是死在了这种不合理的人事安排上。

赵高对赵成和阎乐严肃地说道："今天叫你们过来，是要干一件大事，事关我们家族的兴衰存亡，只能成功，不能失败！"

赵成和阎乐听赵高说得这么吓人，顿时紧张万分，也不敢接话，屏住呼吸，竖着耳朵倾听。赵高继续说道："胡亥这小子平日里贪图享乐，不问政务，天下乱成这个样子了，才知道着急。他倒好，不思己过，反倒想加罪于我们家，我们难道要束手待毙，坐等灭门吗？常言说，先下手为强，后下手遭殃，我们现在必须先发制人！我看公子婴这小伙子不错，为人宽厚仁慈，比较受臣民爱戴，如果我们废掉胡亥拥立公子婴，或许能够转危为安。你们认为如何？"

听说要杀秦二世胡亥，赵成和阎乐呼吸急促起来，冷汗一下子冒了出来。

但是面对赵高，即便冷汗冒出来了，他们也不敢反对，本来也涉及到自己的切身利益，只好唯命是从。

赵高扫了他们二人一眼，不容置疑地下令道："好的，既然都同意了，那我布置一下你们的行动计划。赵成，你是郎中令，负责在胡亥身边做内应；阎乐，你负责从外面杀进望夷宫。里应外合，大事肯定能成！"

阎乐听赵高这样安排，心里很不爽，有点迟疑了。心想，我当真是女婿，是个外人啊，让我主动杀进去，为什么不让你老弟赵成在宫里直接把胡亥干掉啊，多直接，搞那么麻烦干什么，无非是让我这个外人出头，落个弑君的恶名嘛。他"嗯"了一声，略带不满地问道："宫中有人把门，怎么进得去啊？"

赵高一眼就看穿了阎乐的小心思，他把脸往下一沉说道："你就说宫中有贼，派兵抓贼，直接闯进去不就可以了？"

看赵高这副嘴脸，阎乐不敢再多废话，只能和赵成领命回去准备。

喜欢阴人的人，一般总是生怕被别人阴。

赵高就是如此，他担心阎乐中途变卦，便派人到阎乐家，将阎乐的老娘骗到自己家，给软禁了起来。那意思很明显，你不杀皇帝，老子杀你老娘。

被赵高这样一逼迫，阎乐不得已，只有死心塌地去干了。

这天，阎乐带了上千人马，手持兵器直达望夷宫。负责把守宫门的守卫长看阎乐无缘无故带这么多人过来，把门口一堵，不让进，非要问清楚什么事，进宫做什么。

阎乐才不要给他解释呢，杀皇帝有什么好解释的，一挥手，一群人上去将那个守卫长给绑了起来，然后大声斥责道："宫中进了贼，你们这些人是吃干饭的吗？"

那个守卫长表示不服，拧着头，瞪着双眼说道："宫内宫外都有卫队驻扎，日夜巡逻，哪里来的贼？你们这是擅闯皇宫，罪该万死！"

阎乐冷笑一声说道："啰嗦！看老子先把你给宰了！"

说完，手起刀落，人头落地，阎乐随即率人冲进宫内，边冲还边射箭。宫内卫兵毕竟太少，寡不敌众，不一会就被收拾光了。

这个时候，赵成从宫里带人冲出来接应阎乐，两支人马会合后，一同向胡亥的卧室杀去。

胡亥正在卧室内抱着几个宠姬玩耍，突然听到外面杀声震天，勃然大怒，命令左右侍从到外面看看。可是身边这些人好像都知道发生了什么事情一样，没人理会胡亥，纷纷逃命去了。

胡亥这才意识到哪里不对劲，回顾左右，只剩下一个小宦官还在跟着自己，就急切地问道："究竟是什么情况？你们事先一定知道，为什么不早点禀报？"

这个小宦官叹了一口气说道："陛下啊，臣是知道，但不敢说啊！如果说了，恐怕早死了，哪里还有机会站在这里啊？"

话还没说完，阎乐已经带人冲了进来，厉声对胡亥说道："足下多行不义，滥杀无辜，天下人无不想杀你而后快，看在足下是皇帝的面上，自行了断吧！"

胡亥气得浑身发抖，指着阎乐说道："是谁派你来的？"

阎乐轻蔑地看了一眼胡亥，咬着牙从嘴里蹦出两个字："丞相！"

胡亥到这个时候还不敢相信自己的耳朵，他双眼发呆，嘴里嘟囔道："我能不能见丞相一面啊？"

阎乐像吃了"摇头丸"一样，连说不行。

胡亥又用商量的口吻说道："我明白了，丞相是想让我退位啊，我答应就是了，让我到一个郡里做个王可以吗？"

阎乐仍然在那里吃"摇头丸"，坚决不同意。胡亥不死心，乞求着说道："既然不同意我做王，那做个万户侯总可以吧？"

阎乐有点不耐烦了，头也不摇了，斩钉截铁地说不行。

胡亥此时精神彻底崩溃了，流着眼泪说道："我真的不想死啊！请求丞相能放我一条生路，我与老婆孩子甘愿像其他公子一样做个普通百姓就行。"

阎乐才没有耐心和他讨价还价呢，怒目而视地大声说道："少废话，别做梦了！臣奉丞相之命为天下人诛杀足下，臣不敢做主！"

一边说，阎乐一边提剑上前，准备结果了胡亥的小命。胡亥知道今天必死无疑，也不多说了，痛哭流涕，拔剑自刎。

有关赵高谋杀胡亥的说法，史书中有两个版本，前面的故事源自《史记·秦始皇本纪》。这个版本流传比较广，普遍认为更靠谱些。另外还有一个版本，源自《史记·李斯列传》。

那么，这个版本又是怎么说的呢？

14. 逼死胡亥，拥立子婴

有关赵高谋杀胡亥的说法，史书中还有一个版本，源自《史记·李斯列传》，我们也不妨简单了解一下。

事情还是要从那次"指鹿为马"说起。由于左右群臣绝大部分都认为赵高敬献的是"马"而不是"鹿"，胡亥内心恍惚，以为自己恶鬼上身，脑子出问题了。于是他就把太卜召来，算了一卦。太卜在那里煞有介事地摆弄了半天，然后冒充上天的旨意说道："陛下春秋两季到郊外祭祀宗庙鬼神时，斋戒不够虔诚，才会导致出现神志不清的情况。所以必须依照圣明君主的样子，再虔诚地斋戒一次。"

太卜哪里是在传达上天的旨意，这明明是赵高的意思，只是合伙蒙骗胡亥出宫，方便下手而已。但胡亥深信不疑，当即决定到上林苑重新斋戒祭祀，搞得虔诚一些。

秦汉时期，上林苑是专门供皇家狩猎的地方，既然来了，胡亥当然要好好玩上几天，搞搞野外拓展训练，开发一下快玩坏的大脑。

这天，胡亥照旧带着左右随从过来打猎。突然有个人鬼鬼祟祟闯进上林苑，估计穿的是皮毛制品，胡亥误以为是猎物，赶快搭弓射箭，结果把那个人当场给射死了。

看来胡亥这小子的箭法，还挺准的！

按说，皇帝杀个人不算什么事，跟踩死一只蚂蚁差不多，何况胡亥也没少滥杀无辜啊。但是这次赵高不干了，他故意让女婿咸阳令阎乐出面弹劾，说不知道谁杀了人，将尸体扔进上林苑中。阎乐做出一副煞有介事的样子，非要抓住凶手不可。

这不是明摆着要给胡亥难堪吗？胡亥只好承认是他误杀的。在朝上，赵高一脸严肃，吓唬胡亥道："陛下滥杀无辜，鬼神会认为陛下祭祀不真诚啊，上天一定会降下灾祸的！依老臣之见，陛下应该远离皇宫去郊外祈祷消灾。"

此时，胡亥已经完全没有主见了，便听从赵高的建议到望夷宫去居住。

到望夷宫的第三天，赵高假托胡亥的意思，诏令宫外卫士都穿上白色的衣服，手持兵器面向宫内，他自己则进宫义正词严地对胡亥说道："陛下，关外各路强盗打进来了，他们已将这里团团围住！"

胡亥在楼台上往外一看，果然看到卫士们穿着白衣拿着兵器朝向宫内，好像都已经投降背叛了自己，顿时吓破了胆。赵高趁机劝胡亥顾全大局，以死来谢天下，就这样，硬是逼迫着胡亥自杀了事。

好了，这个版本也说完了，大家权当一听，不必深究它的逻辑合理性。

总之，两个版本都是赵高逼死了胡亥，区别在于赵高是否在场。

胡亥在位三年，年仅二十三岁，按照现在的人生发展轨迹，大学刚毕业，一切刚开始。但是对于胡亥来说，一切都已经结束了。

胡亥在三年骄奢淫逸的生活中，不但透支了自己的未来，娱乐至死，而且也透支了大秦江山，最终葬送了秦始皇构想中的万世基业。

对于秦二世胡亥，历史上早已盖棺定论，后人的观点大都趋向一致，前面的述说中，也或多或少地进行了穿插评述，我们就不再多说了。

最后只想提醒大家一点，无论多么好的孩子，如果没有得到正确的引导和教育，也可能误入歧途。大学考上了，但是四年放纵的大学生活也有可能毁了孩子一生。不管家庭条件多好，再有资本去挥霍，恐怕也比不上胡亥吧。所以，还是要给孩子树立正确的人生观、世界观和价值观。我们大家都引以为戒吧！

下面我们接着胡亥被杀的第一个版本，继续讲。

阎乐杀死胡亥后，马上派人回报赵高，毕竟老娘还在赵高手里做人质。赵高听说胡亥已经死了，满心欢喜。

赵高的确阴狠，对自己一手调教大的孩子，怎么会一点恻隐之心都没有呢？养个小狗小猫还会有感情呢！

说白了，这都是因为利欲熏心，而且，他还怀着某种更大的野心。

什么野心呢？这个野心就是当皇帝。

赵高立即带人跑到宫中，第一件事就是把传国玉玺从胡亥身上抢下来，系在自己身上，然后直奔龙椅。

那意思很明显，他也想干几天皇帝！

刚坐上龙椅，赵高突然感觉地动山摇，一不小心从上面滑了下来，重重摔在地上。实际上，哪里是地动山摇，是他自己做贼心虚，六神无主罢了。

这一摔不要紧，倒把赵高给摔清醒了。他意识到，自己做皇帝不但上天不会答应，臣民不会臣服，就连自己也不会心安。

赵高认为，自己做皇帝风险太大。目前的局势，一方面大家口服心不服，另一方面皇帝已经徒有虚名，起义军都打到家门口了，还做什么鸟皇帝呢？他不做，那么让谁来做呢？

赵高早有人选，他决定按照当初的设想，将公子婴抬举起来，先稳住大局，以后再做打算。

于是，赵高把一班大臣和宗室公子召集过来开会，等大家到齐了，当众宣布道："二世皇帝胡亥刚愎自用，贪图享受，不纳忠言，恣意妄为，众叛亲离，人神共愤。他深知罪孽深重，今日已经自行了断。公子婴宅心仁厚，深得民心，应该拥立。我们大秦原本就是一个诸侯王国，自从始皇帝统御天下，才称皇帝。现在六国复兴，海内分裂，秦实际管辖的地域已经很小了，不应该再沿用帝号了，还是按照以前的叫法，称王为好！"

大家听了心里当然不痛快，但是赵高手握大权，皇帝都敢杀，谁敢造次？只好勉强同意，任由赵高决断。

接着，赵高让公子婴回去准备一下，择日入祖庙祭奠登基。然后，他派人把胡亥的尸首草草收拾，按照寻常百姓的标准，葬在了杜南宜春苑中，这个地方位于现在的陕西省西安市曲江。

被赵高拥立为秦王，公子婴无论如何高兴不起来。这确实也没什么值得高兴的，国家都这样子了，还称王给谁看呢？

公子婴心想，赵高这老阉人大逆不道，竟敢弑主，如果不早日根除，早晚会杀自己篡位。他左思右想，不知如何是好，本想找些大臣公子商量一下，可是朝中大臣全都被赵高的淫威压制住了，敢于反抗的公子也早被胡亥杀光了，只有把两个儿子叫过来商议。

前面我们说到公子婴身世，曾提到过他有两个儿子，还为此推理说公子婴不可能是秦始皇大公子扶苏的儿子，因为两个儿子的年龄太大，大到可以和老子一起商议国事了，不符合常理。

现在大家没必要再纠结这些，当务之急还是让他们赶快出场挽救危局吧！公子婴不无悲愤地对两个儿子说道："儿啊，我们家要大难临头了！赵高老贼胆敢弑杀二世皇帝，怎么会真心拥立我呢？只是他现在还没准备好，暂时拿我当个幌子而已，慢慢等待机会篡位才是真的！如果我们不早点设法除掉他，他迟早也会来杀我们的！"

两个儿子毕竟太年轻，听老爸这样说，禁不住痛哭起来。

这个时候，突然有一个人慌慌张张跑来求见，说有密报。

那么，这个人会是谁呢？

15.　赵高之死

正当公子婴为如何除掉赵高犯愁的时候，突然有一个人慌慌张张跑来求见。

这个人名叫韩谈，是个宦官。

韩谈虽然是宦官，但是与赵高不是一路人，他对赵高的所作所为极其厌恶，很早就成了公子婴的心腹，被安插在赵高身边。

只见韩谈面色紧张，进来后着急地对公子婴说道："大王，大事不好啊！赵高图谋不轨，已经派人到楚营求和去了，听说一旦谈成，就要杀光大秦宗室，自立为王，与楚军平分关中。"

公子婴本来犹豫不决，听韩谈这么说，倒也不慌了，心一横说道："就知道这老贼没安好心，说什么让我斋戒几天后入祖庙祭拜，无非是想在祖庙内趁机把我杀掉。我才不要上他的当呢！到时候，我托病偏不去，看他能奈我何！"

韩谈摇摇头，不无忧虑地说道："这样恐怕也不妥！躲得过初一，躲不过十五，赵高老贼如果真想加害大王，岂肯善罢甘休！"

公子婴轻轻点点头，走上前压低声音说道："我若不去，赵高势必亲自来请，你和我的两个儿子躲在暗处，看他进来，直接把他砍杀掉。这样一劳永逸，永除后患！"

韩谈也认为只有如此了，便欣然领命，然后又与公子婴的两个儿子认真推演了一番。

赵高本来确实是像韩谈说的那样打算的，但是中间情况发生了变化。

什么变化呢？

原来赵高派人和刘邦商谈平分关中而王的事宜，谈崩了。

刘邦不同意赵高的提议。他认为老子都打到这里了，还和你谈个屁啊，老子要独占关中，于是把赵高派来的人给狠狠地臭骂一顿，赶了回去。

刘邦是个说话粗俗的人，骂赵高的话会好听吗？赵高听到回报，知道自己称王是没戏了，只好诚心诚意拥立公子婴，准备力挽狂澜，挽救现在的局面。但是公子婴和韩谈并不知情，继续按既定计划来干。

这天，到了入祖庙祭祀的时间，赵高早早带着一帮人在祖庙旁边等着，专等公子婴来唱主角。左等右等，不见公子婴踪影，赵高派出几拨人前去催促，得到的回复都是公子婴生病了，说什么不愿意来。

赵高很是生气，心想什么意思，故意给我难堪啊，非要我亲自去请吗？考虑到不能冷场，他犹豫再三，还是决定亲自到公子婴临时居住的斋宫走一趟。

为什么要去斋宫呢？

所谓斋宫，顾名思义，就是皇帝祭祀前斋戒的地方，公子婴临时住在那里。

为了挽回点面子，显示权威，赵高在去斋宫时，愤愤然对左右的人说道："公子婴太不懂规矩了，今天什么日子，有病就能不来吗？看我过去把他揪过来！"

赵高在刘邦那里没办法，吓得像温顺的狗一样，但是对于公子婴，他没放在眼里。

赵高以为自己已经掌控一切，有钱有权有势，没人敢动他一根汗毛，于是大摇大摆来到斋宫，身边一个随从也没带，一副嚣张的嘴脸。当看到公子婴正趴在桌子上睡觉时，他火冒三丈，大声训斥道："太不像话了！什么时候了？还在这里睡觉？公子今天要称王了，快点跟我入庙祭祖！"

赵高话音未落，韩谈和公子婴的两个儿子从两边蹿了出来，各执利刃冲到赵高面前，大声骂道："弑君逆贼，还敢嚣张，拿命来！"

赵高还没反应过来是怎么回事，已经被韩谈一阵乱砍给砍翻在地，接着又被公子婴的两个儿子补了几刀，当场毙命。

被斩杀得如此干净利落，估计不但赵高自己没料到，恐怕所有的人都始料未及。

当时赵高权倾朝野，怎么也不会想到有人胆敢明目张胆地行刺。这是他最大意的时候，遭此意外也就并不奇怪了。

"物极必反"说的就是这个道理。

常言说："善有善报，恶有恶报，不是不报，时辰未到！"

赵高恶贯满盈，死于非命，也是咎由自取，不值得可怜！

看到赵高已死，公子婴也不用趴在桌子上装睡了，当即派人把群臣从祭祖的地方召集过来开会。

这帮大臣还在祖庙那里嘀嘀咕咕、议论纷纷，傻站着等赵高把公子婴揪回来呢，听说要去斋宫，以为赵高把公子婴也杀了，慌慌张张撅着屁股，两步并作一步赶了过去。

来到斋宫，看到地上到处都是血污，有一具熟悉的尸体血肉模糊地趴在地上，群臣都吓得浑身哆嗦。只见公子婴安然无恙，貌似威严地站在旁边，手指着那具死尸说道："大家莫慌，赵高贼臣已经被我诛杀，这就是他的尸首！"

群臣大吃一惊，感觉太意外了，但都认为赵高死有余辜，纷纷跪倒在地表示支持。公子婴历数了赵高的罪行，群臣都咬牙切齿，建议事不宜迟，应该尽快夷灭赵高三族，省得节外生枝。于是，公子婴立刻调兵去抓捕赵高的家人和党羽，当然弑杀秦二世胡亥的赵成和阎乐也一并被拿下，全部处死。

把赵高一帮死党干掉后，公子婴前往祖庙祭祀，王式登大位，不过只是做了秦王。

有人说公子婴是秦三世，那是误解，公子婴压根没有称"帝"，只是称"王"而已，怎么可能是"三世"呢？

以后，我们就称呼他为秦王子婴吧！

秦王子婴深知秦国已经病入膏肓，不可救药了，但他还是要做最后的努力，试图拯救秦国于危机之中。

此时此刻，刘邦已经驻军峣关外，随时可能发动进攻，所以秦王子婴上任后的第一件事，就是调兵遣将充实峣关守军，以图拒刘邦于峣关外。

那么，刘邦能够顺利攻破峣关吗？

16. 出奇制胜，攻取峣关

兵法有云："知己知彼，百战不殆。"

秦廷内发生的一系列变故，早已被刘邦派人打探得一清二楚。

刘邦认为，自己好不容易入关了，应该在秦王子婴羽翼未丰时，尽快引手下两万兵马强攻下峣关，以防夜长梦多。但张良不同意，他对刘邦建议道："沛公，秦军虽然遭受了重创，但是力量仍然不可小觑，强攻不是上策，还是用计比较好！"

刘邦最喜欢听张良说"用计"，用计多省事，省得舞枪弄棒，万一攻不破，可就要前功尽弃了。因此，他洗耳恭听，听张良究竟有何妙计。

张良分析道："属下听说，现在派来驻守峣关的将领是'屠者子'，出身屠户之家，生意人。这种市侩子弟啊，容易见利忘义，可以对他进行威逼利诱。沛公应该暂且留守军营，佯装准备五万兵马的粮草，同时在峣关附近的山上遍插我们的旗帜，搞得声势浩大些，作为疑兵。然后，沛公再派郦食其带着金银珠宝去诱降那个秦将，他收了重金，又看到外面大军压境，定会不战而降！"

刘邦这一路上，大都是"不战而屈人之兵"，已经尝过甜头了，听张良这么说，他自然是欣然应允。

驻守峣关的秦将"屠者子"接受公子婴的任命，也是勉为其难，本就对守关没有信心。最近，他看到周围山上楚军旗帜越来越多，以为刘邦军队在源源不断地补充兵员，难免产生怯战心理，天天发愁到底怎么守关，仗究竟该怎么打。

恰恰在这个时候，郦食其带着重礼来求见。

正如张良所料，看郦食其带来那么多金银珠宝，"屠者子"眼睛都直了，不断地吞咽口水，非常心动，心想我老爸杀一辈子猪，也没见过这么多钱啊。他伸过头，主动询问郦食其究竟是几个意思。

郦食其捋着稀疏的胡须，顺势劝说道："沛公久仰将军大名，不忍刀兵相见，送点薄礼表达敬意。将军远见卓识，应该知道秦朝被推翻是迟早的事。现在将军独守孤城，外无援军，而沛公手下精兵数十万，一路过关斩将杀奔过来，势不可挡，胜负已分啊！沛公知道将军是个聪明人，识时务，顾大局，才先礼后兵，请将军三思啊！"

其实，即便没有郦食其的这套说辞，"屠者子"也早没心思再为秦朝卖命了，所以刚听郦食其说完，他就急不可耐地答应投降，承诺一起进攻咸阳。

从对于守将的选派上可以看出，一方面秦朝的确是气数已尽，人心涣散，无法挽救了；另一方面，说明秦王子婴的用人还是有很大问题的。

这么危急的时候，怎么就用了这么个毫无气节的人呢？要么是真的无人可用，要么是用人不察。总而言之，面对秦朝这个烂摊子，秦王子婴已经无能为力了。

郦食其完成任务后，回来向刘邦汇报，刘邦闻听大喜，可是张良又跳了出来，他认为不应该真的接受那个秦将投降。

刘邦感觉很奇怪，心想招降的主意是你张良出的，现在人家投降了，你又不接受，什么意思？难道是看到"狂生"郦食其顺利完成任务，你羡慕嫉妒恨了？刘邦略微不满地瞅了张良一眼，问他为什么突然改变了当初的想法。

张良多精明啊，当然明白刘邦的意思，便耐心解释道："沛公啊，我当初的计策是为了麻痹秦军。现在秦军只是为首的秦将一人见利忘义，甘心投降而已，其他将士未必真心来降啊！当前是非常关键的时刻，一着不慎，满盘皆输，万一秦军内部生变，对我们搞突然袭击，后果不堪设想。与其接受投降，倒不如趁秦军现在放松警惕的时候来偷袭他们，这样一定会万无一失，大获全胜！"

说句实话，张良这个计策够阴的，人家都投降了，你还来这么一手。后面类似的奇谋诡计还有很多，为此有人说张良是个"伪君子"。

我个人却不这样认为。这要看张良为什么要这样做，以及这样做的目的是什么。

张良对自己的定位很清楚，就是个谋士。作为谋士，最大的工作职责是为老大出谋划策，让老大取得成功，如果不能做到这点，那就是工作失职。至于那些奇谋诡计，老大是否愿意用、怎么用，就要看老大的德行了。

另外，兵法有云："兵不厌诈。"打仗讲的是结果，靠的是谋略，出奇制胜。

所以，我们不能简单地认为张良是个"伪君子"，他这样做不是为了个人得失，而是所在团队的生死存亡。往大了说，他是胸怀远大，思虑缜密；具体来说，他是个尽忠职守的人。

对于刘邦来说，只要能够确保取得胜利，他才懒得管用什么手段呢。张良这样的计策正是他最喜欢用的，省心省力省事，胜算也大。

那么派谁去执行这次偷袭任务呢？

刘邦决定派出得力干将周勃。

周勃和刘邦是老乡，也是沛县人，不过祖籍是卷县，也就是今河南省原阳县，出身于赤贫家庭。

俗话说："穷人的孩子早当家。"周勃年纪很小的时候就出来赚钱养家了。定居沛县后，因为距离集镇比较近，他经常靠帮人家编制养蚕的器具为生。

别看周勃出身不高，但他还有点艺术细胞，擅长吹箫。每逢人家红白喜事，他都会去客串一下吹鼓手的工作，赚点零花钱。

不但懂艺术，周勃还自幼习武，弓马娴熟，孔武有力，成年后长得人高马大，身强体壮，在县里材官中做弓箭手。

所谓材官，是秦汉时期设置的一种地方预备兵种，估计有点像现在的民兵预备役。

周勃为人忠厚质朴，工作干得不错，刘邦起事后，把他叫过来留在身边，担任中涓一职，负责内勤工作。

在战斗中，周勃表现非常勇敢，屡立战功。从而，刘邦发现他还是个将才，做中涓太屈才，就在西进途中提拔他为虎贲令。

这次进攻峣关，刘邦便派周勃率兵从篑山翻过云，绕到峣关后面偷袭秦军大营。

那个秦将"屠者子"认为，自己已经投降了，接下来办个受降仪式，学着章邯的模样哭哭鼻子、抹抹眼泪就可以了，说不定也能混个王干干。于是他放松了警惕，专等郦食其再回来安排后面的投降事宜。哪里想到刘邦耍了手段，会干这么"缺德带冒烟"的事儿。

这天，"屠者子"在军营中喝着小酒，哼着小曲，正在畅想美好未来的时候，周勃突然率兵从军营后面杀了进来。由于事先没有准备，整座军营顿时陷入混乱。

秦将赶快出来查看，还没搞明白什么情况，周勃手提大刀已经来到他面前，二话不说，对着他的面门就是一阵乱砍，直把这位见利忘义的家伙给砍得脑浆迸裂，当场毙命。

秦军看到守将被砍死，顿时闻风丧胆，四散逃窜。刘邦带兵从正面攻入峣关接应周勃。两军会合后，一鼓作气，打到了蓝田县南边。

那么，面对刘邦军队的迅速推进，秦王子婴会怎么办呢?

17. 招降子婴，进入咸阳城

听说刘邦攻破了峣关，秦王子婴惊慌失措，忙派出一支军队在蓝田县附近进行拦截。可是兵败如山倒，哪里还能拦截得住？一番激战后，秦军大败逃回咸阳城，刘邦率军直达灞上。

灞上这个地方，大家应该比较熟悉了。当年秦国灭楚国，秦始皇给老将王翦送行时，就送到了这里，距离咸阳城非常近，也就是今西安市东边的白鹿原。

常言说："十年河东，十年河西。"秦始皇怎么也不会想到，十多年后，楚军竟然打到了灞上，眼看就要灭掉他一手打造的万世基业。

秦王子婴看到刘邦这么快就打到咸阳城下，顿时六神无主，急忙召集大臣过来开会，讨论何去何从。可是等了很久，才有几位大臣摇头晃脑地过来参加会议。

此时，谁还会过来呢？臣子们大都自寻生路去了，这就是所谓的"树倒猢狲散"啊！

来开会的几位大臣大眼瞪小眼，唉声叹气，站在那里都不说话。

还能说什么呢？

秦王子婴知道大势已去，即便始皇再世也无力回天了。正当他焦灼不安，不知如何是好时，刘邦的招降书到了。

看看，又是招降，刘邦用这招，屡试不爽，分寸火候把握得也越来越精准。

收到招降书，秦王子婴心中五味杂陈，当即和来开会的几位大臣商量如何回复。大家都认为，打也打不过，守也肯定守不住，不如趁早投降，说不定还能为秦国王室留点香火。

大秦江山走到这一步，主要责任不在秦王子婴，但毕竟要从他手上丢掉了，所以秦王子婴的伤感可想而知，如百爪挠心一般。他不由得泪流满面，泣不成声，但也无可奈何，只好同意投降。

按照投降约定日期，秦王子婴"素车白马，系颈以组，封皇帝玺符节，降轵道旁"。

这一投降仪式属于秦王子婴首创，为后来的投降者创立了一个投降模板和标准。从此，投降仪式就标准化、模式化操作了。

什么标准模式呢？就是引号内的那段话。

所谓"素车白马"，就是驾着没有任何装饰的车，由白马拉着，意思是真诚投降，没有二心了；所谓"系颈以组"，就是用绳子套着脖子，意思是心甘情愿给人家做牛做马，甚至做狗；所谓"封皇帝玺符节"，就是双手呈献封好的传国玉玺和兵符，意思是权力移交；所谓"降轵道旁"，就是在轵道亭旁边等着投降。这个轵道亭现在位于陕西省西安市东北，由于这次投降仪式太著名了，后人就把"轵道"这个词当作典故来用，借指国破家亡，不得不投降。

根据描述，我们可以想象出当时场景，一定令人感到特别压抑，比章邯投降时还要悲凉。

一会儿，刘邦率领大军雄赳赳、气昂昂，摆着胜利者的姿态过来了。秦王子婴带领群臣齐刷刷跪倒在地，双手将"玺符节"呈献给刘邦。

自此，秦王朝正式宣告灭亡，这一刻定格在公元前207年11月，史称汉元年十月。

粗算一下，从秦始皇于公元前221年荡平六国建立秦朝，至此才不过十五年而已。

我们无法想象，刘邦在接过玉玺的那一刻究竟是什么样的心境，但可以肯定，他一定感慨万千，当年不经意的誓言终于梦想成真了。

军队开进咸阳城后，所有的人都要求杀掉子婴，既是为了报仇雪恨，也是为了斩草除根。但刘邦认为不妥，这个时候就体现出了刘邦的智慧和胸怀。他语重心长地向大家解释道："怀王之所以派我来攻秦，就是考虑到我这个人比较宽容大度，不滥杀无辜。况且人家已经主动投降，失去了反抗能力，为什么还要杀他呢？如果杀了，不吉利啊！大家不要再说了，就这样定了！"

既然刘邦拍板了，也言之有理，众人都无话可说。于是，刘邦派人将子婴好生看管了起来。

子婴做秦王总共才不过四十六天，他为大秦江山做了最后的努力，巧杀赵高，力阻刘邦，但是仍然徒劳无益。这并非子婴无能，实在是胡亥造孽深重，秦朝气数已尽，要怪只能怪他命运不济、生不逢时吧。

处理了子婴，刘邦给军队放了几天假，算是变相犒赏三军将士。

俗话说："自古兵匪一家。"刘邦手下的这帮将士打了那么久的仗，早都按捺不住骨子里的匪性。一旦放假，士兵们在咸阳城里到处乱窜，偷鸡摸狗，侵扰百姓。将官们则争先恐后跑到秦王朝的府库里抢夺金银财宝。

强盗的本性暴露无遗！

但有一个人例外，他没有见财起意，胡作非为，而是去了丞相府和御史大夫那里，带人把有关法律、地理、户籍等各种治国理政的图书文献都给收集了起来。

这个人是谁呢？

萧何。

萧何判断，仗早晚有一天会打完，乱世终归要结束，当国家重新建立起来的时候，这些资料和文献是不可或缺的。

看看，萧何不一般吧，眼光长远，有大格局，所以能跻身"汉初三杰"的行列，过去在沛县做个小吏，真是委屈他的大才了。

其实，当年萧何在秦朝官场是有机会高升的。

有一次，他配合一位下来考察的秦朝御史工作，做得非常出色，在同行考核中排名第一。御史认为，萧何是不可多得的人才，就向朝廷大力推荐提拔，但是不知道为什么，萧何死活不愿意离开沛县，升迁提拔的事只好作罢。

像萧何这样的人才，没有背景的话，在和平年代是很难得到真正重用的，除非有特别好的机缘。因为和平年代的选拔升迁机制不灵活，条条框框比较多，很容易埋没特殊人才。

也可能正是这个原因，萧何一直在等待乱世到来，结果就等到了刘邦起事，在刘邦身边负责后勤和行政管理工作。

总之，刘邦宣布军队放假后，大家各取所需，丑态百出，当然刘邦也没闲着。

那么，他又去哪儿了呢？

18. 财物无所取，妇女无所幸

刘邦宣布军队放假后，他又去哪儿了呢？

刘邦是老大，眼睛肯定盯着秦始皇煞费苦心营造的皇宫。

这是可以理解的，哪个人对神秘的皇家宫殿不向往呢？直到现在，北京故宫都人满为患，说白了，就是为了满足那点好奇心。

刘邦也是这样，曾经是乡村大老粗，有了今天的成就和地位，急着到皇宫转悠转悠也是人之常情！

刘邦缓步走在大殿内，东瞧瞧，西望望，这里摸摸，那里抠抠。

一步步引人入胜，一层层花样百出，五颜六色的帏帐，稀奇古怪的珍玩，让人目不暇接。

刘邦陶醉其中，一时不能自拔。走了很久，才走到后宫，一群美人娇娃早已分列两旁，跪倒在地，准备迎接他们的新主人。

只见这些美人，有的是愁眉蹙额，有的是粉脸笑迎，有的是领口低垂，有的是摇曳多姿。

刘邦本就生性好色，看到这些美人，他的口水都快要流出来了。刘邦上前用手捏捏这个美人的鼻子，托托那个美人的下巴，一脸坏笑。最后干脆直接走到一张大床上坐下，那意思就是老子今天不走了，要像秦始皇一样做回神仙。

正当刘邦沉浸在美色之中时，突然有一个人大步流星从外面闯了进来。这个人不是旁人，正是刘邦的连襟樊哙。

刘邦进宫很久不出来，樊哙还以为遇到什么不测了呢，进来一看，原来是被一帮美人娇娃给搞昏了头，就有点不爽。

樊哙是刘邦老婆吕雉的妹夫，说不定私下里没少被吕雉叮嘱，把好色的姐夫刘邦给看紧点。他来到刘邦跟前，略微不满地说道："沛公想要天下呢，还是想要做个暴发户就心满意足了？"

刘邦正在兴头上，被樊哙这么一冲撞，很扫兴，一百个不痛快，但又不好发火，便绷着脸坐在那里不吭声。樊哙仗着和刘邦关系不一般，不管三七二十一，继续瓮声瓮气地说道："沛公怎么能这样呢？刚进秦宫就迷了心窍吗？暴秦为什么会灭亡？我是个粗人，我认为正是这些女人和这里的奢华才导致了暴秦灭亡的！沛公您不能待在这里了，请尽快撤军灞上！"

如此直截了当的劝谏，可能也只有樊哙敢，毕竟关系在那里摆着的。但刘邦这次好像王八吃秤砣——铁了心要在宫中过夜，哼哧了半天，才不紧不慢地应道："今天太累了，容我今晚在这里休息一夜！"

刘邦此时已经五十一岁了，芳华不再，面对唾手可得的荣华富贵怎么忍心轻易放手呢？面对这般诱惑，换了哪个男人又能够把持住呢？

樊哙是个烈性子，看刘邦露出本性开始耍无赖了，气哼哼地想要再说几句，又怕出言唐突，激怒了刘邦，一甩手转身走了。

　　刚出门口，碰巧张良正往这边走过来，樊哙便把刚才的事小声给张良说了一遍，让张良去劝劝刘邦。张良点点头，拍拍樊哙的肩膀，径直走进后宫，去见刘邦。

　　见张良进来了，刘邦有点不好意思，摆手让美人们散开，从床上站了起来，稍微整理了一下衣服，面带微笑地问张良有什么急事。张良口才了得，肯定比樊哙那家伙讲话中听，他毕恭毕敬地说道："最近打仗太紧张，沛公肯定很累了！"

　　刘邦点头连连应道："是啊！是啊！"

　　张良表情严肃地继续说道："不过，沛公在这里休息可能不太妥啊！沛公之所以今天有机会能来到这里，是因为暴秦无道，二世胡亥贪图享乐所致。沛公如果想为天下百姓除暴安良，就应该除旧布新，摒弃秦朝的弊政，以清廉朴素示人。如今，我们刚进入咸阳城就想着安享太平，和人们常说的'助纣为虐'有什么分别呢？恐怕一不小心就会步暴秦后尘啊！沛公何苦为了一时高兴而导致功败垂成呢？樊哙为人耿直，说话不太中听，但是常言说得好啊，'忠言逆耳利于行，良药苦口利于病'，还是恳请沛公能够接受樊哙的建议，这样才能免遭祸端啊！"

　　其实，张良这番话和樊哙说的是同一个意思，只是换了说话的人和说话的方式而已。

　　生活中，特别是工作中，有太多类似的情况。同样一条建议，领导却可能对不同的人持有不同的态度。

　　为什么？

　　主要因为提建议的人平时在领导心目中的地位不同。

　　听到张良的劝说，刘邦心里就特别舒服，一拍脑门，装作恍然大悟的样子，起身便和张良一起有说有笑，离开了宫殿。

　　紧接着，刘邦就下令封存国库，封闭宫殿，封锁城门，率军撤离咸阳城，重新驻扎在灞上。

　　由此我们可以看出，刘邦的自控力是很强的！

刘邦的本性是出了名的"贪于财色，好美姬"，但是听了张良和樊哙的劝谏，马上能够做到"财物无所取，妇女无所幸"，实属不易，因为当时没有人能够约束他的行为，全凭他个人自觉。

那么，刘邦撤军灞上后，又会出台哪些举措来笼络民心呢？

19. 约法三章

刘邦撤军回到灞上，召集咸阳当地的父老豪杰过来开会。在会上，他不无感慨地说道："天下苦秦久矣，最苦莫过于秦法，什么诽谤者灭族，什么说闲话者就要杀头，简直没有人性！让天下百姓生活在惶惶不可终日之中，这样还有什么幸福感可言呢？我奉怀王之命，来诛灭暴秦，当初与诸侯约定，'先入关者王之'，今天大家有目共睹，是我刘邦先入关的，理应为秦王。身为秦王，我与诸位父老约法三章：杀人者死，伤人及偷盗者抵罪。其他乱七八糟的秦法一概废除。我向大家再重申一点，我来这里是为百姓除害谋福利的，大家不要紧张，更不用害怕，请各级官员各就各位，照常办公。而我现在驻军灞上，是在等诸侯联军到了之后，共商未来！"

秦地父老豪杰最近担心得要死，担心打破过去的平衡，损害到自己的利益。刘邦主动把自己的底牌翻开，他们总算放宽了心，都喜笑颜开，纷纷拜谢。

刘邦的"约法三章"看似简单，实际上是非常明智的做法，充分体现了刘邦的智慧。

史书上没有具体交代究竟是谁给刘邦出的这个主意。

我个人判断，应该是刘邦自己想出来的，因为这样的约定和措词比较符合刘邦的个性和生活背景。只有出身基层的人，才能真正理解老百姓最需要什么、最欢迎什么，怎么措词能让老百姓一听就懂、一看就明白，这就是我们经常说的"接地气"。

"约法三章"至少有以下三点重要意义：

首先，化繁为简，深得民心。众所周知，秦法繁琐苛刻，让老百姓深受其害，深恶痛绝。

其次，普遍适用，公平公正。约法三章不仅是针对秦地老百姓，而且对刘邦的军队也是一种制约。

最后，废止连坐，不搞株连。这让老百姓如释重负，不再担心因为别人犯罪而受到无缘无故的惩罚。

但是，约法三章毕竟太简单了，操作性也比较差，只能作为非常时期的权宜之计。在汉朝建立后，刘邦就觉得"三章之法，不足以御奸"，于是又命萧何重新制定完善法律法规，这就是后话了，将来还会详细说到。

送走秦地父老豪杰，刘邦又下令三军必须严格遵守军纪，不得侵扰秦地百姓，否则一律军法处置。随后，他又派出很多人协同地方官，到周围郡县做安抚宣传工作，说明自己的主张。

宣传是必须的，再好的政策不宣传谁知道啊？所以宣传工具自古都很重要。

两千年前，出身平民的刘邦已经把这招玩得得心应手了，可见刘邦的政治智慧确实非同一般。

秦地百姓虽然深受秦朝的残暴统治，但毕竟成了亡国奴，对刘邦原本也是怀有很大的敌对情绪，现在看到刘邦如此体恤民情，都欢欣鼓舞，争先恐后箪食壶浆，犒劳刘邦的军队。

刘邦坚辞不受，声称粮草充足，决不拿群众一针一线。因此，秦地百姓更加感动，认为刘邦是位明主，唯恐刘邦不在关中称王。

刘邦的这些举措，可以说是相当有先见之明的，为后来顺利重返关中打下了坚实的群众基础。

　　一切看似非常完美，但是这个时候有人给刘邦出了个馊主意，为此，差点要了刘邦的老命。这究竟是一条什么主意呢？

　　刘邦出身于社会底层，社会经验丰富，深知百姓疾苦，实行的办法既简单明了，又实用有效，只是书读得还是太少了，文化程度不高，最多也就小学肄业，容易轻信一些迂腐读书人的愚蠢建议。刚还军灞上不久，就有一个貌似很有水平的读书人给他出了一条馊主意："恭喜沛公占领关中！这关中地区实在太富有了，估计相当于天下其他地方资产总和的十倍，而且这里地势险要，易守难攻。但是，最近听说秦将章邯已经率军投降了项羽，项羽封他为雍王，准备支持他在关中称王，可能用不多久，他们就要到了，到时候，恐怕沛公就不能安心在这里待了。如果沛公想长居关中，应该赶紧派兵把守函谷关，不要再让其他诸侯军队擅自入关了，同时从关中各地招兵买马，充实军队，以防万一！"

　　这条意见听起来还是相当有道理的，自己打下的地盘怎么能轻易拱手让人呢？何况，"先入关者王之"，也是当年约定好的。

　　既然关中已经名正言顺属于自己的地盘了，肯定不能让诸侯军队随便再入驻。用现在的话来说："主权问题是不容谈判的！"

　　所以，刘邦认为这条建议靠谱，就采纳了。但他不知道主权问题是靠实力说话的，实力不强，谈什么主权？

　　显然，当时项羽的拳头是最硬的，实力是最强的，刘邦拒敌于关外的政策无疑是愚蠢的。

　　前面说到，项羽降服章邯后，在赶往函谷关的途中，获知刘邦已经率先入关。以项羽的个性，听到这条消息肯定是嘴上无所谓，心里很不爽，甚至说不定已经在骂娘了。

　　为了尽早入关，一路上，项羽率领诸侯联军马不停蹄向函谷关挺进。这天到了函谷关口，只见关门紧闭，关口之上并排站着的士兵虎视眈眈注视着下面。最刺眼的还是那一面面绣着"刘"字的大旗，正迎风飘扬。

　　那么，项羽能够顺利入关吗？

第三章

项羽分封

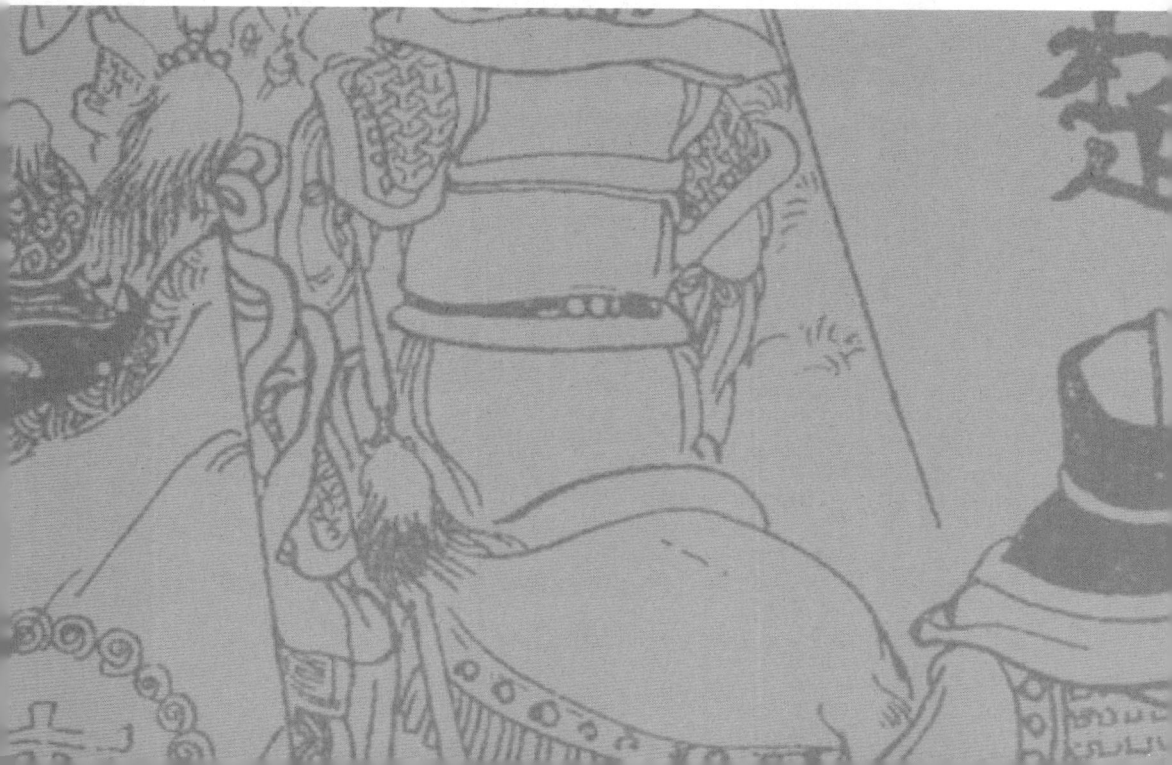

20. 项羽攻入函谷关

项羽率领诸侯联军到了函谷关口，只见关门紧闭，关口之上并排站着的士兵虎视眈眈注视着下面。最刺眼的还是那一面面绣着"刘"字的大旗，正迎风飘扬。

项羽的醋坛子不经意间被打翻了，他仰起头，勒紧缰绳，手持马鞭向关上一指，没好气地喝问道："你等为何人守关？"

这不是明知故问吗？为首的士兵骄傲地回应道："奉我家沛公之命在此守关！"

项羽的心不禁紧了一下，又大声问道："沛公已经进入咸阳城了吗？"

那个士兵又无比自豪地回答道："我家沛公早已攻破咸阳城，现在灞上驻扎！"

听到刘邦已经攻破咸阳城，项羽心烦气躁起来，有点急眼了。

咸阳城是秦朝的都城，是心脏，那里不但富甲天下，而且有某种政治意义，意味着秦朝是刘邦给灭掉的，和他项羽无关了，能不急眼吗？

于是，项羽恶狠狠地命令道："本将军项羽率诸侯联军前来，你等快快把关门打开，我要召见你家沛公！"

俗话说："阎王好见，小鬼难缠。"

那个士兵看到项羽不可一世的态度，倒也干脆，直接回绝道："不行！我家沛公有令，无论任何军队都不得擅自放入！"

项羽本来心里就不爽，又听到这个话，顿时火冒三丈，大怒道："什么狗屁沛公！刘季老小子这般无礼，竟敢拦阻我诸侯联军入关，岂有此理！"说完，当即命令英布强攻函谷关。

刘邦的军队原本就不多，派往守关的军队更是少之又少，不过几千人，怎么可能阻挡住骁勇善战的英布进攻呢？

英布只用了不到一天的时间就攻破函谷关，杀入关中，进军到戏地。

关于戏地，想必大家应该不陌生了，当年陈胜的部将周文就是率军打到这里而止步。

诸侯联军到达戏地时，天色已晚，项羽下令在戏地西边一个叫鸿门的地方安营扎寨。

鸿门位于今陕西省西安市临潼区城东约五公里处的新丰街道鸿门堡村，该地由于常年被从骊山流下来的雨水冲刷，北端出口处状如门道，形似鸿沟，所以得名。

在这里，项羽摆酒设宴，犒赏三军，顺便开个小会，会上主要讨论如何处置刘邦。诸侯将领分成两派，一派认为刘邦太不识相了，竟然敢封锁关口，拒绝诸侯联军入关，应该决裂，马上消灭；一派认为还是应该从长计议，都是自己人，有话好好说，可能是误会。

项羽号称"万人敌"，打仗干净利落，从不拖泥带水，但是对于这种政治问题，就完全没有方向了，一时举棋不定。

这时，突然有一个人求见项羽，此人自称是奉刘邦军中左司马曹无伤之命前来。既然是刘邦军中的人，项羽肯定要接见，正好借此了解一下刘邦那里的情况。

这个人进来后对项羽说："将军，我家主人曹无伤让我给您传递一条重要讯息。"

一听是重要讯息，项羽双目瞪圆，马上问道："哦，什么讯息？快快说来！"

那人继续说道："沛公这个人太不像话了，他认为是自己先入关，不等诸侯联军到来就要自称秦王，而且计划重用子婴为丞相，还准备将秦朝国库中的珍宝占为己有，成何体统！我家主人派我过来，就是提醒将军要早做防范啊！"

项羽不听则罢，听完怒发冲冠，一拍桌子站了起来，大骂道："刘季老小子算什么东西，竟然目中无人，本将军定要灭了他！"

项羽为什么反应如此激烈呢？

按道理，即便曹无伤传递的这些讯息是真实的，对刘邦来说，也是理所当然的，当初楚怀王就是这样约定的。但是，如果我们站在项羽的角度来考虑问题，情况就不一样了。

项羽率领诸侯联军浴血奋战，好不容易在黄河以北消灭了秦军主力，为灭秦立下了盖世奇功。可以毫不夸张地说，没有项羽在北方战场的胜利，刘邦不可能入关，最起码不会那么顺利入关。所以，刘邦不等诸侯联军到来，就准备自称秦王，在项羽及诸侯将领看来，有独吞胜利果实的嫌疑，特别是还要将秦朝的珍宝占为己有，这换了谁，都会急红眼跳起来。

另外，项氏家族与秦朝王室是世仇，有国仇家恨。在项羽的人生规划中，将秦朝王室斩尽杀绝是终极目标，怎么可能同意让子婴独活呢？可是，如今刘邦不但不杀子婴，反而要重用子婴为丞相。

我们不知道这条讯息是否准确，史书上也没说明，但是身为刘邦手下重要官员的曹无伤，他提供的讯息应该不会是空穴来风。

因此，项羽怒火中烧是可以理解的。

在对待如何处置刘邦的问题上，诸侯将领原本是有分歧的，两派意见不相上下。现在曹无伤突然派人传递过来这么一条讯息，让大家的意见趋向统一，那就是必须对刘邦兴师问罪。

此时，范增站了出来，他不无忧虑地对项羽说道："据老朽所知，刘季是出了名的贪财好色之徒，可是自从入了秦关，他既不贪财，也不好色，先后判若两人。可见此人野心勃勃，不可等闲视之啊！老朽对刘季军营认真观望了一番，发现他的军营之上有龙虎之形，叠成五彩，这就是传说中的天子气啊！此人不除，必成大患！请将军号令三军，即刻就去剿灭他！"

关于范增，前面反复提及过，是一个很厉害的老头，深受项羽的叔叔项梁推崇，项梁死后，项羽尊称他为亚父，说话的分量非同一般。

但项羽向来狂妄自大，听范增这么夸赞刘邦，"哼"了一声，轻蔑地说道："我灭一刘季，易如反掌！今天大家喝得尽兴，天也快黑了，暂且让刘季这老小子多活一夜，明天一早再去灭他不迟！"

说完，项羽又对曹无伤派来的人进行特别叮嘱，叮嘱他让曹无伤明天做好内应。

其实，项羽所在的鸿门和刘邦驻军的灞上，仅相距四十余里。项羽率领的诸侯联军总兵力约四十万，号称百万，而刘邦的军队约十万，号称二十万。双方军力悬殊，如果项羽当时率领诸侯联军一鼓作气，突袭刘邦军营，肯定是一击必中，可是狂妄自大的项羽没有这样做，无疑错失良机。

俗话说："敌中有我，我中亦有敌。"

既然刘邦阵营中有人到项羽那里挑拨离间，就保不准项羽阵营中也会有人到刘邦那里通风报信。

那么，谁会走漏项羽准备进攻刘邦军营的消息呢？

21. 项伯夜访张良

项羽准备第二天率领诸侯联军攻灭刘邦，可是，有一个人提前走漏了消息。这个人是项羽叔叔，名缠，字伯，人称项伯。

项伯和刘邦军营中的张良关系很好，张良曾经救过他的命。这又是怎么回事呢?

原来,项伯年轻的时候,一时兴起杀过人。

项伯杀人那会儿已经是秦朝的天下,项家早已落魄。为躲避官府抓捕,项伯逃到了下邳。

在下邳,项伯遇到了同为逃犯的张良,不过张良当时已经度过了危险期。两人同病相怜,于是,项伯藏匿到了张良的家中,才躲过一劫。可以毫不夸张地说,张良对项伯有救命之恩。

项氏家族是贵族,讲究知恩图报,项伯为人又非常厚道,一直想报恩,只是苦于没有机会。这次,他听说侄子项羽在范增等人的鼓动下,准备对刘邦军营搞突然袭击,自然为身在刘邦军营的恩人张良担忧了。

项伯暗忖,刀枪无情,这仗一旦打起来,可不分人啊,张良一文弱书生很可能会死于乱军之中,刘季和自己没什么交情,他是死是活无所谓,但对恩人张良,不能坐视不管。想到这里,他心里"咯噔"一下,决定亲自到刘邦军营中走一趟,目的是把张良带出是非之地。

当时天已经黑了,项伯偷偷一个人快马加鞭赶到刘邦军营中来见张良。刘邦军营戒备森严,全军上下都因项羽不请自来破关而入而担忧不已。张良还没休息,正在秉烛夜读。

一听老朋友项伯来了,张良心中大喜,预感到这可能是一根救命稻草,当即把项伯迎接进来。

项伯是真心诚意来救张良的,来不及寒暄,上前拉着张良的手小声说道:"老弟啊,大祸临头了,快跟哥哥我走!"

张良委实吃惊不小,心想虽然项羽来者不善,但也不至于这般危急吧,就佯装惊奇地问道:"老兄,别急,别急!有什么话慢慢说,究竟祸从何来啊?"

项伯知道,不把话说清楚,这位张良兄弟是不会跟自己走的,于是他快速将事情的来龙去脉讲了一遍。张良听后,顿时紧张起来,背上直冒冷汗。他深知项羽打仗有多厉害,又正是势力最大的时候,如果明天一早真的打过来，刘邦这帮人肯定是一败涂地。

张良略微沉吟一会儿，貌似坚定地说道："老兄，你的好意，小弟心领了，但小弟无论如何不能就这样跟你走！"

"为什么？难道要给刘季陪葬吗？你今天必须跟哥哥我离开这里！"说着，项伯拉着张良又要往外走。

张良使劲挣脱项伯的手，略带埋怨地说道："老兄，你这是要陷小弟于不仁不义啊！韩王成之所以派小弟跟随沛公入关，是为了报沛公帮助我们夺回韩地之恩。如今沛公有难，小弟却私自逃命，这样做，妥当么？在老兄眼中，我张良是这样的人吗？即使走，也要光明正大地走啊！这样好了，你先在这里休息一会儿，待小弟见过沛公后再定去留。"

说完，不容项伯再说，张良抽身大步走出营帐，找刘邦去了。

项伯一时没有阻拦住张良，他知道想要轻易自顾脱身离开刘邦军营，也不大可能，只好在那里走来走去，焦灼地搓着手，等张良回来。

张良匆匆忙忙来到刘邦的营帐，恰好刘邦也没有休息，正为项羽大军的到来忧心伤神。刘邦多聪明啊，见张良这么晚过来，知道肯定有大事相商，赶快请张良坐下说话。

张良没有废话，还没坐下，便直截了当地说道："沛公，大事不好啊！明天一早项羽就要率领诸侯联军来进攻我们了！"

听到张良这么说，刘邦大吃一惊，他知道张良不是一个随便乱说话的人，忙问道："什么情况？我与那项羽是结拜兄弟，素来无冤无仇，为什么突然要来进攻我呢？"

张良没有正面回答刘邦的问题，而是反问道："沛公，听说您派兵把函谷关给封锁起来了，这是谁给您出的主意啊？"

刘邦满脸疑惑地回答道："是鲰生那小子。他说按照怀王之约，我理应做秦王，那么就应该派兵守住函谷关，不能随便让诸侯军队进入我的领地。我认为有道理，便依计行事了，难道是我误听误信了吗？"

关于刘邦提到的鲰生，就是前面出馊主意的那位，史书上没有详细交代这个人的来历，有人说是姓鲰的儒生，有人说"鲰生"就是"小子，小家伙"的意思。这里我们就不深究了，知道他水平不高就行了。

张良轻轻点点头，耐心解释道："是啊，沛公不该轻信啊！我们现在的兵力能够抵挡住项羽率领的诸侯联军吗？"

刘邦若有所悟地说道："恐怕够呛啊！"

张良看刘邦好像仍有侥幸心理，继续分析道："我军只有十万人马，而项羽有四十万大军，如何能敌？"

被张良这么一逼问，刘邦彻底醒悟了，他倒吸一口凉气，马上站了起来，拍着脑门，跺着脚说道："哎呀……那个臭小子害了我啊！为之奈何？为之奈何？"

有人说，刘邦在困难的时候总是问属下四个字"为之奈何"，确实如此！

做领导的一定要会用"为之奈何"。试想，领导要那么多下属干吗？不仅仅是用来耍威风的，更是为了解决问题。如果什么事都是领导自己绞尽脑汁想办法，早晚累死。这真不是危言耸听！

刘邦无疑是一位高明的领导，特别会说"为之奈何"，喜欢做"选择题"，不喜欢做"填空题"。而张良这种谋士型的人才，恰恰比较喜欢做"填空题"。

那么，张良究竟怎么为刘邦解决当前遇到的危机呢？

22. 成功拉拢腐蚀项伯

看刘邦焦灼地在眼前晃来晃去，张良也跟着站起来说道："看来现在只有恳求项伯从中斡旋了，让他转告项羽，就说沛公从来没有打算要阻挡诸侯联军入关，派兵守关只是防范盗贼而已，不要误会。这项伯是项羽的叔父，一定能阻止项羽此次军事行动！"

刘邦两眼望着张良问道："你与项伯什么时候认识的啊？"

刘邦老到吧！情况危急万分，他仍然不忘记先确认一下消息来源的可靠性。

张良如实回答道："项伯曾经杀人犯了罪，我救过他，现在有难，他特地过来提前告知我！他人还在我的营房中。"

刘邦悟性多高啊，一听便明白了张良的意思，这是要打"人情牌"。演"苦情戏"，正是他最擅长的，处理人际关系他是行家里手，于是问道："你和项伯年龄谁大啊？"

"项伯稍微大一些。"

"好的，你快快帮我把他请过来，我要像你一样对他以兄礼相待，如果他能帮我度过这一关，定当厚报！"

通过刘邦和张良的这番对话可以看出，刘邦的情商确实非常高。这些话表面上是让张良对项伯说的，其实也是说给张良听的。

有的领导就不一定会如此，相反还在那里死要面子活受罪，摆谱装大头鬼呢。虽然我们不知道张良当时的真实感受，但是张良那么睿智的人能够跟着刘邦这个大老粗死心塌地干一辈子，也足以说明刘邦有非常高明的驭人之术。

领导水平的高低，通过他下属的能力是可以看出来的。

看刘邦态度诚恳，张良立刻去请项伯过来。项伯早已等得不耐烦了，两军剑拔弩张之时，他深夜造访刘邦军营算怎么回事啊？现在张良又让他去面见刘邦，难免埋怨道："老弟啊，哥哥我这次过来是个人行为啊！主要是为了报答你当年的救命之恩，怎么好去见沛公呢？"

显然，项伯和他侄子项羽一样，也是个在政治方面幼稚的人，他这样的身份，公私能分得开吗？

很多人在工作的时候，与客户往来打交道，最喜欢说类似的话，做类似的事。说得好听，你可能是一片好心；说得不好听，你就是出卖公司利益。一旦被人录音录像，就会引火烧身，类似这样的事情现在不是天天在发生吗？所以，最好还是要公事公办，不要动不动拿个人感情为自己开脱，除非你真有某种不可告人的目的。

项伯的动机肯定很单纯，就是为了一个"义"字。张良当然知道项伯的好意，但他是政治家，便充分利用了这一点，于是佯装急切地说道："项兄所言差矣！救沛公应该比救我张良更重要啊！如今天下未定，刘项两家决不能因为误会再起刀兵，自相残杀了！如果真打起来，恐怕会两败俱伤，对你我又有什么好处呢？不如我们和沛公一起商量，怎么才能避免这场毫无意义的战事吧！"

寥寥数语，再加上现场的肢体表演配合，很有说服力和感染力。项伯一下子就被张良说动心了，但毕竟是私自过来，传出去，总是好说不听，他在那里扭扭捏捏，仍然不太情愿去见刘邦。最后架不住张良苦劝，还是跟着张良进入刘邦的营帐内。

此时，刘邦已经穿戴整齐，安排好美酒佳肴，专等项伯过来。看项伯果然来了，刘邦忙起身将项伯引到上座，并亲自为他把盏敬酒。

不管怎么说，刘邦也是军中老大，比项伯的地位要高不少，这么盛情款待，项伯肯定是非常满意，而且还不好意思了。其实，刘邦要的就是这个效果。

刘邦没有一上来就求人办事，而是酒过三巡，待气氛比较融洽，不再尴尬后，才说道："足下应该知道我刘季的为人吧，绝不是那种见利忘义的小人啊！我虽然先入关，但秋毫无犯，登记好百姓的户口，封存好大大小小的府库，关闭所有宫殿，全军驻扎在灞上，就是一心等着项羽将军和诸侯将军们到来啊！如今天下兵荒马乱，盗贼四起，我只是派人守住各个关卡，目的无非是保地方平安。也怪我考虑不周，竟然冒犯了项羽将军，真是天大的误会啊！我对项羽将军是日夜盼望，始终如一，绝无二心啊！希望足下能够向项羽将军说明一下我的心意，别被小人挑拨离间了我们兄弟的感情。"

项伯肯定不好直接拒绝了，也不敢拒绝啊，毕竟身在人家军营，又喝着人家的美酒，吃着人家的好菜，但他也不想自找麻烦，就打哈哈说道："原来是误会啊！沛公都这样讲了，如果有机会的话，兄弟我肯定代为转达。"

张良多细心啊，什么叫有机会？哪里会有机会？明明是托词嘛。张良知道这事还需要再加一把火，便转换话题问项伯有几个子女。

项伯一时没搞明白张良什么意思，还以为他在替自己打圆场，帮自己蒙混过关呢，就如实做了回答。

张良顺势说道："好巧啊，沛公正好有孩子同项兄的孩子年纪相仿，趁此机会，你们两家不如结为儿女亲家！"

这就是要搞政治联姻啊！

显然，张良此时提出婚姻诉求主要是出于政治需要，目的是拉拢项伯，搞出利益相关的假象。刘邦当然清楚张良的意思了，当即表示非常乐意。

项伯那也是老江湖，对张良的套路还是心知肚明的。如果放在平时，能和刘邦攀上亲家肯定没话说，现在他不免有点迟疑，双手直摇，直呼不敢高攀。

张良把项伯的手轻轻按下，笑呵呵地说道："刘项两家原本就情同手足，之前约定共同讨伐暴秦，如今终于得偿所愿，大局已定，理应亲上加亲，哪里有那么多讲究啊！"

实际上，刘邦和项伯结为亲家，从辈分上就有问题。刘邦和项羽曾经结拜为兄弟，那是同辈，如果刘邦和项伯成了亲家，将来辈分就乱了。

刘邦可不管那么多，现在最要紧的是同项伯搞好关系，于是站了起来，一脸真诚，双手捧着酒杯郑重其事地向项伯敬酒，意思是自己真心诚意想结这门亲事。

项伯没法当面驳刘邦的面子，赶快站起身来，接过酒杯一饮而尽，然后自己也双手捧起一杯酒回敬刘邦。等刘邦也把酒喝下，张良双手一拍，笑着说道："恭喜两位！将来你们两家大喜之日，千万别忘记让我这个媒人作陪啊！"

事实上，从后面刘邦子女的婚配情况来看，张良只是哄骗项伯而已，因为刘邦和项伯的儿女亲家从来也没有做成过。

谁愿意和这么缺心眼的人做亲家啊？把自己家亲侄子都给出卖了！

但是，这酒一喝，别管真假，已经成自己人了，下面的气氛更加融洽。

项伯完全丧失了警惕性，将很多项羽那边的军事内情都直言相告。

就这样，不经意间，项伯成了一个卧底，玩起了"无间道"，以后还要继续为刘邦做很多工作。

又畅饮了一会儿，看时间不早了，项伯起身提出告辞。刘邦和张良也不再挽留，估计早想让他尽快回去劝说项羽了，所以只是把前面委托的事情又重复了一遍，生怕项伯老酒喝多了，忘记了正事。

项伯反过来也叮嘱刘邦，明天一早最好到项羽军营去一趟，赔个不是，这样才能万事大吉。刘邦自然千恩万谢，亲自把项伯送出大营，并承诺明天一定过去。

那么，项伯回到军营后，又是怎么劝说侄子项羽的呢？

23. 鸿门赴宴（一）

项伯回到军营时已经很晚了，项羽一个人待在营帐内还没休息，可能因为太兴奋，抑或还在为明天是否进攻刘邦的事犹豫不决。

项伯心想，别等到明天了，到那时人多嘴杂，说不清楚，不如今晚就来劝说项羽。于是他径直走进了项羽的营帐。

看叔父这么晚过来，还一身酒气，项羽很纳闷地问道："叔父怎么还没休息啊，有事吗？"

项伯身为项羽的叔父，没把自己当外人，毫不客气，走过来一屁股坐下直接说道："我有一位老朋友，名叫张良，你应该听说过吧？他救过我的命，现在刘邦帐下效力，我担心明天打起来可能会误伤到他，今天晚上，我特意跑过去一趟，想说服他加入我们。"

项羽久仰张良大名，急切地问道："张良人在哪里？来了吗？"

项伯叹了一口气，继续说道："张良并非不愿意来，只是他认为，刘季入关以来，从来没有做过对不住你的事，你这边莫名其妙要攻打人家，有点不符合情理，他不敢轻易过来投奔，怕人家说闲话，失掉人心！"

项羽那火暴性子，听项伯这样讲，一下子就怒了，拍着桌子说道："刘季派人守住函谷关，阻挡我大军入关，难道应该吗？"

项伯对项羽太了解了，知道这孩子脾气不好，但刀子嘴豆腐心，忙劝说道："你先别急嘛！无论怎么说，人家刘季先入的关，否则我们会那么顺利过来吗？现在人家有大功，你却要搞突然袭击，难道就有道理了？据我所知，刘季派人守关主要是为了防备盗贼而已。你看看，如今天下兵荒马乱，盗贼四起，不防范能行吗？另外，刘季自入关以来，不贪财，不好色，什么府库宫室，全部封存了起来，专等你过来收编处置。还有那个子婴，他也没敢擅自发落。人家都做成这个样子了，结果因为有人从中挑拨，就要被你不分青红皂白地加罪攻打，能不让人寒心吗？"

这番话句句都戳在痛点上，项羽意会了半天，最后好像想通了一样，说道："那照叔父意见，我们明天不应该去攻打刘季了？"

项伯使劲点头说道："还打什么啊？都是自家兄弟！刘季说了，他明天亲自过来，当面向你赔礼道歉。我们借这个机会，也正好可以笼络一下人心嘛！"

项羽若有所思地点点头，算是答应了。

第二天一早，营中将士都早早起来，吃饱喝足，专等项羽发出号令，进攻刘邦大营。范增也跑到项羽营帐内，督促发兵。但项羽刚刚起床，他告诉范增不用打了，刘邦今天会亲自过来谢罪。

听说刘邦自投罗网，范增心想，这样更省事，来个"斩首行动"，省得损兵折将，就对项羽建议道："刘季这小子来了，决不能让他活着回去，到时候埋伏好刀斧手，以摔碎玉玦为号，斩杀之！"

项羽顿时感觉范增这老头够阴的，不过也不好说什么，既没肯定，也没否定，估计也是见机行事，到时候再说。范增还以为项羽默认了呢，马上亲自去做安排。

没过多久，刘邦带着张良，还有樊哙等约几百名骑士，如约而至。项羽军营此时已经严阵以待，戒备森严，杀气腾腾。

刘邦等人下车后，感觉周围杀机四伏，心中不由得忐忑起来。不过毕竟都是战场上下来的人，死人堆里爬出来的，大家还能强装镇定，在专人的引导下缓步来到项羽的中军帐前。樊哙等人被要求留守在帐外，只有刘邦和张良被引进中军帐内。

中军帐内，只见项羽正高高端坐在上座，威风凛凛，身后站着两人，左边是项伯，右边是范增。

看到刘邦来了，项羽怒目而视，并不搭话，只是微微欠了一下身子，算是打招呼了。刘邦虽然好歹也是一军之主，但在人家一亩三分地上，他不敢造次，规规矩矩拱手下拜，并主动承认错误道："不知道将军什么时候入关，没有能够及时前来迎接，今天刘季特来登门谢罪啊！"

项羽这才冷笑着说道："是吗？沛公真的是来谢罪的吗？何罪之有啊？"

刘邦是演技派，而且是老戏骨，貌似非常动情地说道："我与将军是生死兄弟啊！想当年，我们一起跟随武信君项公征战沙场，真是畅快淋漓！后来，我们应怀王之约，攻伐暴秦，将军战河北，我战河南。说起来是兵分两路，其实我压根没想过能够率先入关。我心里非常清楚，现在的情势全遥仗将军的虎威。我入关后，考虑到秦法太过严苛，百姓怨声载道，所以只是废除了秦法，与民约法三章，而其他毫无更改，就是一心等着将军过来主持大局。因为不知道将军什么时候入关，正在非常时期，我就先派人守住了关口，目的仅仅是为了严防盗贼而已，却不想冒犯了将军，今天我来拜见将军，就是把这事说清楚。听说有小人趁机进谗言，挑拨我们兄弟感情，真是太让人意外了，还请将军明察啊！"

刘邦的这番话非常诚恳，很对项羽的那个臭脾气，肯定是在家演练无数遍了，估计编剧、导演都是张良。

项羽太年轻，胸无城府，喜怒无常，好勇斗狠，但对这种玩心眼的事一窍不通。听刘邦言辞恳切，而且与叔父项伯说的情况差不多，自然深信不疑了，反而突然觉得自己太小家子气，错怪了刘邦，于是站起身来，走到刘邦面前，扶着刘邦的肩膀，握着刘邦的手，不好意思地说道："我对沛公本来也是没想法的，只是你手下那个左司马曹无伤派人到我这里胡说八道，否则何至于此啊！"

好嘛，一激动，项羽竟然把自己的卧底给出卖了。这已经不是幼稚了，显然是被胜利冲昏了头脑！

刘邦趁机又倒了一肚子苦水，估计当时把项羽的眼泪都差点给糊弄出来。一番兄弟长兄弟短后，两个人很快和好如初。

既然话说透了，双方重归于好，项羽便大摆酒宴，招待刘邦。

由于这次酒宴是在鸿门举行，后人称之为"鸿门宴"。因为宴席上暗伏杀机，后人也常用"鸿门宴"的典故来形容居心叵测、图谋不轨的宴会。

其实，在鸿门宴上包藏杀心的并不是项羽。项羽主要是叙旧，最多是要耍威风，显摆一下，而真正想杀刘邦的是范增等人。

我们既不能为胜利者唱肉麻的赞歌，也没必要为失败者寻找无聊的理由。只有这样，我们后人才能从前人的经验教训中汲取养分，来指导现实。

"鸿门宴"的故事家喻户晓，《史记》中的"鸿门宴"一节，还作为范文出现在中学课本上，不过是文言文。我们这里不妨用现代语言来述说一下整个过程，尽量让故事情节更丰满一些。

那么，酒宴上究竟会发生些什么事情呢？

24. 鸿门赴宴（二）

好的，酒宴现在宣布开始。

参加过酒席的人应该都知道，在酒桌上首先是座位的安排问题，也就是每个人坐在哪里比较合适。

这个是有"潜规则"的！

如果坐错了，接下来的酒喝着基本就没什么"味道"了，建议大家还是多少了解一下，但也不能太讲究，太讲究就显得矫情，自然而然最好。

项羽是贵族出身，他的宴席肯定也有座位讲究，而且是明规则，也就是提前安排好的。

在宴席上，项羽与叔父项伯并排向东而坐，正对着门口。这个位置一般是主人来坐，或者是留给贵客，现在也是如此。下面依次是范增向南，刘邦向北，张良向西。

一般情况下，面向南而坐比面向北而坐，要尊贵些。这里，项羽把刘邦安排在老三的位置，可见他有多傲慢，可以说根本没把刘邦放在眼里。

刘邦那么老到，对这个细节，应该看得很清楚，但是他不敢有意见，有地方坐，估计就很满意了。

大家落座后，先客气一番，然后边聊边喝。

刘邦平时最喜欢喝酒，但这个时候，他无论如何也不敢放开喝，满脑子都在想着怎么讨项羽开心，好过关脱身。

看刘邦这副熊样，项羽既得意又满意，还有点于心不忍，毕竟这样喝酒确实没什么意思。于是，他不由得真情流露，安抚相劝，故意与刘邦行酒令，活跃气氛。

你一杯，我一杯，气氛总算热烈起来了，喝得好不高兴。

刘邦和项羽高兴了，项羽的亚父范增却不高兴了，开始坐不住了，焦躁不安起来，心想，说好的要趁此宴席杀掉刘邦。可项羽这小子真动了兄弟情。他屡次从身上拿出玉玦，用眼示意项羽，那意思是让项羽赶快下决心。

项羽这时已经完全入戏，对范增的示意视而不见，只顾与刘邦叙旧、吹牛、饮酒，说到高兴的地方，还一起哈哈大笑。

范增在那里吹胡子瞪眼，气得实在没办法，一甩袖起身出去了。在外面，范增找到项羽一个堂兄弟，名叫项庄，他对项庄极其严肃地说道："我们家主公外表刚强，内心善良啊！刘季这家伙过来送死，可是他不忍心下手。如果失去这次机会，如同放虎归山，后患无穷！现在你进去假装敬酒，借舞剑助兴为名，务必杀掉刘季。只有这样，我们以后的日子才会过得安稳，否则，将来我们这些人都要成为刘季的俘虏。这事无论导致什么严重后果，全由我一个人担着，你尽管放心大胆去干！"

范增说话还是很管用的，项庄听罢，马上收拾一下装束，大踏步迈进营帐内。他先是向刘邦敬酒，然后说道："这么干喝没意思，军营中也没什么好玩的，属下愿意舞剑为大家助兴！"

军人都喜欢舞枪弄棒，项羽并没阻止，算是默许了。

项庄从旁边挑了一把宝剑，来到宴席中央，开始舞起来。一把宝剑在他手里舞得呼呼生风。项羽非常高兴，酒席气氛更加热烈。项庄是带着刺杀刘邦的任务进来的，哪里是真舞剑。"项庄舞剑，意在沛公"，说的就是这件事。

项庄总是在刘邦面前挥来舞去的，吓得刘邦左躲右闪，惊慌失措。项羽还以为是在闹着玩呢，看到刘邦的狼狈相，不禁开怀大笑，估计他当时也有趁机出气的妇人心理。

张良在旁边洞若观火，料定项庄要以误伤的名义来刺杀刘邦，但他一时也没好办法，就一个劲儿地给项伯递眼色，让项伯救场。项伯当然明白了，知道这是范增安排的局，心想别把我亲家给伤了，以后亲家不成，成仇家了。于是他站起身来，指着项庄说道："项庄，你小子一个人在那里瞎舞啥，没意思，叔叔我陪你走几圈！"

项伯一边说着，一边拔剑跳了过去。

这下子好看了，一个要刺杀刘邦，一个要保护刘邦，搞得现场紧张万分。只有项羽在那里傻乎乎地喝酒取笑，嘴里还不时叫好。

项庄毕竟是年轻小伙子，动作麻利点，好多次都是险些得手。刘邦吓得脸上红一阵白一阵，心都提到了嗓子眼。张良看在眼里，急在心里，担心这样下去难免会有闪失伤到刘邦，便偷偷溜了出去。

那么，他干吗去了呢？也去找人了！

在外面，张良找到了樊哙。樊哙看张良从营帐内急匆匆出来，迎上前问道："里面什么情况？"

"不妙啊！项庄在里面舞剑助兴，我看用心不良啊！"

樊哙一听，瞪着牛铃般的眼睛说道："照你这么说，情况已经万分危急了！你说，要我做什么？要不要我杀进去救出沛公？"

"不必，你进去之后见机行事，设法打破现在的局面，让他们停止舞剑即可！"

樊哙虽然是个粗人，但江湖上混久了，这种场合见多了，对张良的意思心领神会。当即，他右手拿着盾牌，左手握紧宝剑，就往营帐内直冲。

帐前卫士怎么可能放他进去呢？看他这副好像被狗咬到的模样，纷纷上前阻挡。樊哙膀大腰圆，力大无穷，用盾牌一下子就把那几个卫士给撞翻在地，然后一侧身猛地冲了进去，掀开帷帐，正面对着项羽。

见有人突然闯进来，在场的人委实吓了一大跳，还以为是刺客呢。正在舞剑的项伯和项庄赶快停了下来，注目观看。

项羽也吃了一惊，心想这谁啊，怒发冲冠、瞋目欲裂，长得像妖怪一样。他一手抓住旁边的长剑，一手按住桌子，腰杆挺直，脚尖用力，脚后跟离地，一副随时进入战斗的样子，厉声问道："来者何人？胆子不小，想干吗？"

这个时候，张良从外面跑了进来，赶快替樊哙圆场道："将军见谅，这是沛公的参乘樊哙，想进来给诸位敬酒，不懂规矩！"

项羽是一位粗犷的武将，最喜欢樊哙这个粗犷样，当即转怒为喜，随口赞赏道："好一位壮士！赐给他一杯酒。"

旁边左右都是一帮看热闹不怕事大的人，明明项羽说的是一杯酒，却偏偏送过来一大斗酒，显然是要给樊哙难堪。樊哙毫不推辞，俯身叩谢后，站起来接过酒一饮而尽，一句废话都没有。

樊哙如此豪气，项羽非常欣赏。这种人在他眼里才是真英雄，比刘邦有出息多了，于是项羽接着又说道："给他再来条猪腿！"

这次，旁边左右的人更坏了，故意送上来一只带血的生猪腿。

看看，无论到哪里，都是阎王好见，小鬼难缠啊！这不是成心为难樊哙，想看笑话吗？

幸好樊哙是杀狗的出身，估计平时也没少生吃狗肉，现在只不过生吃猪肉而已，并不拒绝。他把盾牌反扣在地上，接过猪腿放在上面，一手按着，一手持剑，边切边吃，吃得好像很香的样子。

生吃猪肉不知道是否有人体验过，一般人恐怕连心理这关都很难过，估计只有从小培养才行。现在我们知道，生猪肉里有大量寄生虫，所以还是提醒大家，特别是小朋友，千万不要傻乎乎地去尝试。

那么，项羽看到这个情景，会是什么态度呢？

25. 鸿门赴宴（三）

项羽虽然野蛮生猛，但生吃猪肉这事可能从来没干过，看到樊哙生吃猪肉的情景还是有点震惊的，不由赞赏道："真壮士啊！还能再喝酒吗？"

樊哙来劲了，朗声回答道："我连死都不怕，难道还推辞一杯酒吗？"

感觉樊哙话里有话，项羽好奇地问道："此话怎讲？你这是准备要为谁而死啊？"

刚刚喝的酒伴随着生猪肉，差不多在肚子里开始起作用，樊哙扑棱一下脑袋，慷慨激昂地说道："想当初，秦王够凶残吧，像虎狼一样，想杀谁就杀谁，杀人唯恐杀不尽，用刑唯恐刑不重，结果怎么样？还不是弄得天下人都造反了。一年前，怀王当众约定，谁最先破秦入咸阳，谁就当关中王。大家有目共睹，是沛公率先攻入咸阳的！进入咸阳城后，沛公对城内的一草一木都没敢动，封存好了宫室府库，退兵驻扎到灞上，风餐露宿，专心等候将军到来。沛公都做成这样了，还是有小人从中挑拨，说沛公守住函谷关是为了阻挡将军入关，真昧良心！沛公之所以派人守住函谷关，那是为了防范盗贼出没，避免有突发事件发生，这个道理谁不明白？可就有人装糊涂，视而不见！沛公劳苦功高，如今不仅没有得到应有的封赏，将军反而听信小人的谗言，要杀害有功之臣。我是个大老粗，不懂什么大道理，说句将军不爱听的话，将军这完全走的是暴秦的老路，我奉劝将军万万不可如此啊！为这事，我已经把生死置之度外了，不惜冒犯将军神威，请将军明察！"

项羽听完樊哙这番长篇大论，自觉理亏，无言以对，只好客气地说道："壮士，别着急嘛，请先坐下说话！"

于是，樊哙站起来，走到张良身边挨着坐了下来。

此时，项羽已经喝得晕晕忽忽，有几分醉意了。看火候差不多了，张良给刘邦使了个眼色，催促刘邦趁机闪人。刘邦心领神会，慢慢站了起来，先是对樊哙训斥了一番，骂他不懂规矩，把他赶了出去，然后借故上厕所也到了帐外。

随后，张良也跟了出来，劝刘邦事不宜迟赶快回去。刘邦略显忧虑地问道："刚才我们出来并没有向项羽告辞啊，这样走合适吗？为之奈何？"

樊哙在旁边听刘邦这么问，有点不耐烦地说道："要干大事就不要管别人挑剔细节，要行大礼就不要怕别人指责小节。如今人家是菜刀砧板，我们是受人家宰割的鱼肉，还告什么辞！"

别看樊哙没文化，这两句话说得还是很有水平的，流传至今脍炙人口，仍然被人广泛引用，也就是"大行不顾细谨，大礼不辞小让"和"人为刀俎，我为鱼肉"两个典故。

话虽然有道理，但从樊哙嘴里吐出来，刘邦还是不踏实，在那里犹豫不决。张良也上前劝慰说："沛公不用担心，那项羽已经有几分醉意了，不会想那么多，此时不走，更待何时啊？万一范增这帮人胡来，恐怕要吃不了兜着走了。沛公只管安心回去，我在这里善后就是了！"

张良发话了，刘邦总算心里有底，决定先行离开，同意让张良留下来代为辞谢。既然代为辞谢，张良便问道："沛公来的时候不是带有礼物吗？"

刘邦一拍脑门说道："哎呀，差点忘了！我带了一对白璧和玉斗，是要送给项羽和范增的。刚才气氛不好，没敢献给他们，你就代劳吧！"

说着，他从怀中将这两件赠品取出，交给了张良，临走时不忘叮嘱道："我从小道回军营，不过二十里路，差不多等我已经到了驻地的时候，你再进去见项羽！"

项羽的大营在鸿门，刘邦的大营在灞上，如果走大路，中间相隔也仅四十里。刘邦把来时的车马随从都扔下不管了，独自骑着一匹马快速行进，让樊哙、夏侯婴、靳强、纪信四人手持剑盾在后面步行跟着，从骊山下去，经芷阳，抄小路回军营去了。

从这个细节我们可以看出，刘邦是多么狡猾老到，逃跑都那么有章法！

按照刘邦的叮嘱，张良在帐外徘徊计算刘邦的时间。

大家一起喝酒吃饭，结果客人都跑光了，这酒还怎么喝？

项羽虽然喝得醉眼蒙眬，但这点意识还是有的，看刘邦迟迟没有回来，就让身边的陈平出去找。

陈平也是位非常著名的人物，其本事可以说不亚于"汉初三杰"。当时他在项羽军营中担任都尉，差不多是军队里的中高层，后来投奔了刘邦，将来会重点说到，这里大家先留个印象。

陈平奉命来到帐外，看到张良和刘邦的车队都在，却唯独不见刘邦，就上前问张良什么情况，刘邦去哪儿了。张良没有正面回答，顾左右而言他，拉着陈平东拉西扯，看时间差不多了，才一起回营帐。

只有张良一个人回来，项羽不免有点疑惑，大声问道："沛公人呢？"

张良上前作了一个长揖，略带歉意地回答道："回将军，沛公年纪大了，不胜酒力，喝醉了，吐得一塌糊涂，不能亲自前来向将军告辞，特委托我代他向将军辞别。沛公来时专门带有礼物，白璧一对，敬献大将军，还有玉斗一对，敬献将军范增。"

说着，他把白璧、玉斗从怀中取出，分头献上。

只见这一对白璧晶莹剔透，光彩照人，项羽非常喜欢，不由得把玩端详了一小会儿，然后放在桌子上，得意地问道："沛公现在哪里休息啊？"

张良叹了一口气说道："哎，不瞒大将军，沛公担心因为之前的事会受到责罚，就先回去了，估计现在已经回到军营了吧！"

项羽听闻，哈哈大笑着说道："哦，怎么会呢？沛公多虑了！"

张良突然有点激动地说道："大将军和沛公情同手足，肯定不会加害沛公，但是有些小人就不一定了！大将军有所不知啊，这营中有人和沛公曾经有过节，难免会借机谋害沛公，然后嫁祸于大将军。大将军刚刚入关，若沛公被人加害了，天下人肯定会在背后议论大将军，让大将军坐收恶名啊！沛公恐怕小人得逞，又不方便直言相告，只好先脱身自保。他认为，大将军英明神武，会理解的！"

张良的这番话实在是太高明了，既为刘邦开脱，还给项羽面子，另外顺便挑拨了项羽和范增的关系。项羽哪里懂得张良的谋略，他还当真有了疑心，转头扫了范增一眼，那意思好像在说，你就是那个小人！

范增这老头脾气犟得很，本来为刘邦逃脱的事，肺都快气炸了，现在项羽这小子又那么容易就被张良给忽悠了，他不由得大怒，气愤地把玉斗扔到地上，拔出宝剑将玉斗砍得粉碎，然后瞪着项羽说了一句著名的预言："唉！竖子不足与谋！夺项王天下者必沛公也！我们这些人将来全都要成为他的俘虏啦！"

看来范增真是气坏了，明显在骂项羽。但项羽并没有与他太计较，知道这老头脾气犟，也是为自己好，便一甩手走了。

范增顿感胸中像堵了块大石头一样，无比愤懑，一甩手也走了。帐内只剩下张良和项伯，两人相视而笑，拱手告别。

智囊再好，情报再准确，老大糊涂也没辙！

俗话说："良禽择木而栖，贤臣择主而事。"

谁愿意跟着不识货的人混啊？项羽就是个不识货的人，是个糊涂老大，轻易忽视了曹无伤的情报，又对范增的忠告听不进去，结果放跑了刘邦，养虎为患。

那么，跑回去的刘邦会怎么做呢？

26. 烧秦宫室，火三月不灭

刘邦是个政治精明的人，不像项羽那样不明是非。刘邦回到军营后做的第一件事，就是把左司马曹无伤给宰了，以解心头之恨。不一会儿，张良也回来了。刘邦那颗悬着的心总算放了下来，对他来说，张良太重要了。

几天后，项羽率兵进入咸阳城。

项羽从骨子里对秦朝充满了仇恨，从年少时，身体里就流淌着由项梁灌输进去仇恨的血液。

流着仇恨血液长大的孩子，性格中往往带有某种偏执，对世界和他人容易充满敌意或不友好，从而也会影响孩子情商的培养。

我们从项羽的性格中，隐隐约约可以窥测出这一点。

项羽进入咸阳城后，不是像刘邦那样安抚百姓，而是想着怎么报仇雪恨才过瘾。在他眼里，咸阳城内的一草一木都充满了罪恶，都应该消失或被毁掉。在这种复仇情绪下，咸阳城变成了屠宰场，老百姓不分男女老幼都被任意抢劫屠戮。

项羽还派人将秦王子婴以及秦朝王室宗族抓过来全部杀掉，然后冲进府库和宫殿，将里面的金银财宝和美女洗劫一空。最后，已经杀红眼的项羽又放了一把火，将秦朝的宫室付之一炬。这把火烧了三个月，方才烧完。

关于这把火，是否真正烧过，历史上分歧不大，但究竟烧了哪里，分歧还是比较大的。有的说只烧了咸阳城内的宫殿，而阿房宫没有烧；有的说全烧了，包括阿房宫。

司马迁所著的《史记》中也没说清楚，只说"烧秦宫室，火三月不灭"。而唐朝诗人杜牧在《阿房宫赋》中写道："戍卒叫，函谷举，楚人一炬，可怜焦土!"

这让不少人以为项羽烧了阿房宫。两千多年来，大家也始终这么认为。但近代以来，考古工作者在对阿房宫遗址前殿的发掘中，始终没有发现红烧土。这说明，阿房宫从来没有被焚烧过。而在秦咸阳宫，也就是前面我们说过的，秦始皇仿造的六国宫殿的发掘中，发现了大量红烧土，说明这里确实被火焚烧过。

因此，司马迁所说的项羽焚烧"秦宫室"，应该是专指秦咸阳宫，而非阿房宫。

不管怎样，项羽在咸阳城内放了一把火，这是没有异议的。正是这把火，不但把关中人心给烧掉了，还让项羽从此恶名远扬，成了他人生中最大的污点。

甚至很多人认为，项羽把中华民族的文化都给烧断代了。因为当年秦始皇焚书时，没有真正烧书，吓唬人而已，实际是把书收集起来，存入了国家藏书馆。萧何来到咸阳城时，仅仅把有关户籍、法律、地理等与国家治理密切相关的书籍给整理走了，那些承载民族文化的诸子百家书籍，全在项羽的纵火中化为乌有。

焚烧了秦朝宫室，项羽还不解气，又派三十万大军去盗挖秦始皇的骊山陵墓，将墓葬中的宝藏足足搬了一个月，搬不走就用火就地焚烧。

三十万大军搬了一个月，这是什么概念？

里面的财物恐怕是天文数字，想都不敢想！而且还放火烧了陵墓地宫，也太过分了!

我虽然不是"项羽粉"，但是对项羽的英雄气概，特别是他的那种有情有义，还是怀着某种深深的敬意，每每想起，都扼腕叹息。为了公平起见，还是把这事说清楚为好。

项羽究竟有没有盗挖，甚至焚烧过骊山陵墓呢？说法比较多，我们不妨分析一番。

"项羽粉"认为没有盗挖过，更谈不上焚烧。原因很简单，就是《史记》中对这件事压根没有明确记载，是后来文人造谣杜撰的。

不错，在《史记·秦始皇本纪》和《史记·项羽本纪》两篇重要史料中，的确找不到关于项羽盗挖陵墓的只言片语。只是在《史记·高祖本纪》中提到过一次，而且是借用刘邦的话，轻描淡写地一笔带过："项羽烧秦宫室，掘始皇帝冢，私收其财物，罪四。"就这么一句，其中真正涉及盗挖陵墓的内容，只有五个字"掘始皇帝冢"。这是楚汉战争期间，刘邦和项羽双方在鸿沟对峙时，刘邦列举项羽十宗罪的第四条。

对一位被公认为能秉笔直书的史学家司马迁来说，选在这里说这件事，确实让人感觉很奇怪。这只能说明项羽盗挖骊山陵墓在当时不一定是共识，最起码有一些传闻并没有得到证实。

到了班固书写《汉书》时，仍然没有详细提及项羽盗挖骊山陵墓的事。直到六百年后，郦道元在《水经注》中才明确写道："项羽入关发之，以三十万人，三十日运物不能穷。"

前面的述说就是引用了这条史料。

那么，这条史料是否可靠呢？

我们先从情理上来分析。

前面说过，秦始皇灭了楚国，项羽的爷爷项燕和叔父项梁均死于秦军之手，可以说，项羽与秦始皇有国仇家恨。

项羽进入咸阳城后，杀掉了已经投降的秦王子婴，焚烧了咸阳宫殿，不差再盗挖骊山陵墓这一步，而盗挖骊山陵墓应该是最痛快、最直接的报复途径。

春秋末期，有一位著名将领，名叫伍子胥，因为父亲伍奢和兄长伍尚被楚平王杀害，他从楚国逃到吴国，成为吴王重臣，然后率领吴国军队，攻破楚国都城。而楚平王此时已经死了，伍子胥就挖了楚平王的墓，并"鞭尸三百"，以报父兄之仇。

从这个角度来看，项羽必定不会放过秦始皇的骊山陵墓。何况，天下皆知，骊山陵墓就是一个大宝藏，藏满了金银珠宝。

因此，两千多年来，绝大部分史学家都认为，项羽不但盗挖了骊山陵墓，而且还焚烧了陵墓地宫。若真是这样，那么骊山陵墓就是一座空墓，而且还是座被烧毁的空墓，地宫中的物品早已荡然无存了！

事情到这里好像已经很清楚了，肯定有很多人认为司马迁粗心，漏掉了这一重大历史事件的记载。然而，随着科学技术的发展，近代的考古发现改变了这一流传已久的说法。考古勘探显示，骊山陵墓的封土层并没有被挖掘破坏的迹象。这一发现无疑否定了项羽大规模盗挖骊山陵墓的可能性。

此外，在封土中，考古学家还发现了大面积的强汞异常区。有点化学常识的人都知道，汞也叫作水银，具有极强的挥发性。如果陵墓内确实遭到了项羽大军的劫掠和焚烧，那么墓内的水银早已挥发干净，根本不会形成今天封土内的仍有规律分布的汞异常区。

这样看来，关于项羽盗挖焚烧骊山陵墓的事，就变得很可疑了。后世的研究，不但为项羽平了反，还为司马迁正了名，说明太史公司马迁不是粗心，而是太严谨了。

《史记》的记载应该是比较公允的，司马迁只是在《高祖本纪》中借用刘邦的话来说项羽盗挖了陵墓。刘邦的话是史料，不能篡改，即便是不实之词，但出于客观公正的态度，并没有被司马迁采信到《秦始皇本纪》和《项羽本纪》中。至于《水经注》中的记载，应该是从原来的记载中演化而来，有些是以讹传讹。

好了，关于项羽是否盗挖焚烧了骊山陵墓，我们先说到这里。

27. 沐猴而冠

　　咸阳是秦朝都城，经过秦国历代苦心经营，本来繁华富庶，但由于项羽这次破坏，变得满目疮痍、荒秽盈途，让人不忍直视。估计连项羽自己也看不下去了，不知他当时有没有后悔，反正他不愿意再在咸阳待下去了，打算把美女财物打包一下，然后率军东归，回老家。

　　这个时候，有个姓韩的儒生听说了，认为项羽不应该放弃关中建都，跑过来劝说道："将军千万不能放弃这里啊！关中是个绝好的地方，四面有高山大河作为屏障，土地肥沃，百姓富饶，如果建都在这里，霸业可成！"

　　项羽却不以为然，心想，关中那么好，怎么被老子干掉了？当即反驳道："哼，真有那么好吗？我看不一定吧！人富贵了如果不回故乡，如衣锦夜行，谁知道啊？你不要废话了，本将军已经决计要回去了！"

　　显然，项羽想衣锦还乡。他认为，人如果发达了不回老家显摆一下，那就如同穿着华丽的衣服在半夜瞎逛。

　　项羽有这种想法并不奇怪，绝大部分人都有，至今都是如此。试问，我们哪个人身上没有这种心结。逢年过节，回乡稍微显摆一下，那是在外面取得一点小成就的人最幸福的事，不过显摆得过分，就令人反感了。项羽取得那么大的成就，当然想回去光宗耀祖了。

　　韩生碰了一鼻子灰，灰溜溜地走了。

　　个别知识分子有个毛病，如果他的主张得不到领导重视，就会在背后发牢骚、说怪话。韩生也是如此，他的意见被项羽当面否决后，心里不痛快，于是私下里到处散布道："以前我听说过一句谚语，形容楚人沐猴而冠，如今我算领教了，当真如此啊！"

韩生说这样的话太阴损了，骂人不带脏字。

"沐猴而冠"是什么意思呢？字面意义很清楚，就是说猴子戴上帽子，装扮成人的样子。

这明显在讽刺项羽徒有其表，缺乏内涵。说句实话，无论谁听到这样的话，都会被气得七窍生烟，更何况自尊心超强，又自视为盖世英雄的项羽呢。

韩生说的话很快就传到了项羽那里，项羽听闻，肺都要气炸了，他下令把韩生抓过来，衣服剥掉，直接扔进油锅给烹了。

如此处理，手段实在是太简单粗暴了，显得项羽既没雅量，又很残暴。但是那个儒生就不应该反思吗？

领导一旦没有重视你的意见，你就这样到处谩骂诋毁，那你干脆自己做老大算了，因为你的意见即便是正确的，也不可能每次都被采纳。

所以，这件事不能完全责怪项羽，韩生的言行也是值得商榷的。

虽然项羽否定了韩生的提议，一心想着回老家光宗耀祖，但是他也不傻，当然知道关中是个好地方，平白无故送给刘邦，肯定也不舍得，只是当年楚怀王熊心约定过，"先破秦入咸阳者王之"，按照这个约定，刘邦就是秦王，理所应当。

那么，怎么才能把刘邦赶走呢？

常言道："解铃还须系铃人。"于是，项羽派人给楚怀王熊心送去一封书信。这封书信洋洋洒洒，其实主要就表达了两个意思：一个是，我项羽在灭秦的过程中，功劳是最大的，你要尊重我的意见；另一个是，请求变更当年的约定，让刘邦不要在关中称王。

前面说过，楚怀王熊心天生很有领导力，有主见，不肯被人随意摆弄，认为自己才是真正的老大，金口玉言，如果轻易改变当初的约定，那么自己算什么，难道成了项羽的傀儡？因此他装糊涂，死活不买项羽的账，只回了两个字："如约！"

　　楚怀王熊心虽然聪明伶俐，但是毕竟太年轻，对当时的形势看得不够清楚，对项羽的个性估计不足。此时的项羽今非昔比，远不是一年前那个刚刚死了叔父，无所适从，只有复仇心的项羽。经过巨鹿之战的洗礼，他已经成长为一个拥有霸王心的项羽。

　　看到楚怀王熊心的回复，项羽大怒，心想那就直接撕破脸，老子自己来搞分封。于是立即把诸侯将军召集过来开会。在会上，他慷慨陈词道："暴秦如今已经被攻灭，但真正灭掉暴秦的人是谁呢？是在座的诸位将军和我项羽！我们浴血奋战，出生入死，鏖战三年，才有了今天的局面。那么我们图什么？我们现在应该论功行赏，裂土分封！"

　　别以为项羽只会打仗，收买人心还是有一套的，只是不愿意或者认为没必要去做而已，另外也怕丢了他贵族的面子。

　　听完项羽的陈词，大家无不欢欣鼓舞，纷纷响应。能做王谁不响应啊？

　　项羽继续说道："当初大家起事的时候，曾拥立过去六国诸侯的王室后裔。楚国是我项家叔侄复国的，那个所谓的楚怀王熊心，以前就是放羊娃而已，由我叔父项梁拥立，毫无功业可言！但不管怎样，他也是我们的盟主，我们就尊他为义帝吧，分他一块土地就好了。这样以后，我们大家就可以名正言顺地称王封侯了。大家认为这样办可以吗？"

　　不用说，项羽在玩"明捧暗压，明升暗降"那一套，目的是要架空楚怀王熊心。

　　什么叫义帝？众所周知，凡是关系前面加个"义"字，那都不是真关系，而是尊称。比如，"义父""义母"和"父亲""母亲"还是有很大区别的。称为"义帝"，说着好听，实际上就是个称号而已，没有实际意义。

　　大家都认为项羽说得有道理，办法也好，争先恐后站起来表态拥护，并一致推举项羽来搞分封，生怕落后得罪了项羽，影响自己加封。

　　项羽欣然接受了大家的推举，但是分封这事看起来体面，做起来可就真心不容易了，一不小心就会成为众矢之的。

这就像做蛋糕一样，做的时候目标明确，大家都一门心思想着怎么把蛋糕做大做好。真到了分蛋糕的时候，往往会离心离德、各怀鬼胎，因为每个人都认为自己当年做蛋糕的时候功劳最大、流汗最多，难免会明争暗斗。所以，自古以来都是做蛋糕容易，分蛋糕难！

在灭秦的战争中，诸侯联军各自为战，各色人等都有，怎么分封呢？

这个问题无疑更加难以平衡处理！

对项羽来说，头号功臣刘邦就是最大的难题。如果按照当初怀王的约定，封他为秦王，项羽肯定心有不甘，因为刘邦这老家伙还是有点厉害的，把关中分给他，无异于如虎添翼。但是，如果不把刘邦封在秦地，又该封在哪里呢？

项羽的脑子明显不够用了。

这种平衡各方政治利益的事情，项羽本来也不擅长，思前想后，犹豫不决，只好找他的亚父范增来商议。

那么，范增会出什么主意呢？

28. 委曲求全，受封汉王

前面说过，在鸿门宴上，范增对项羽放走刘邦的做法很生气，最近两个人互动减少了很多，正好趁此机会，项羽也想缓和一下同范增的关系。

这天，他派人去请范增过来。

范增对项羽这孩子是真心喜欢，听闻项羽主动召唤，也就不计较了，应召而来。见范增拄着拐杖来了，项羽表现得很亲切，嘘寒问暖，两个人的关系一下子就又亲密起来。客套话说完，项羽挠着头对范增说道："现在大家都推举我来搞分封，我打算论功行赏，按功分封。其他人都比较好办，唯独刘季这家伙不知道封到哪里比较合适，我想听听亚父您的意见！"

范增对鸿门宴的事情还耿耿于怀，听到又要分封刘邦，便没好气地说道："不是老朽说你啊，在鸿门宴的时候，你真不应该放跑刘季啊！如今又要加封他，无疑是养虎为患！"

项羽仍然执迷不悟，做出一副很无奈的样子说道："不是我不想杀他，只是没有充分的理由啊！如果我执意杀了他，天下人会不服的，会引起公愤的！况且，怀王有约在先，我也很为难，并非我不听您老的话，这事您老一定要理解我的苦衷。最近，怀王来信了，还是坚持要把刘季加封在秦地，您看如何是好？"

范增摇摇头，轻轻叹了一口气说道："好吧，既然如此，那就把他加封到巴蜀之地吧。巴蜀这个地方，地势险要，进去难，出来也难。过去啊，朝廷都是把犯人发配到那边。另外，巴蜀本来就属于秦地管辖，让他做蜀王，也不算违约，名正言顺！"

项羽一听，眼前一亮，拍手叫好，心想这老头名不虚传，确实厉害，轻而易举地解决了自己心中的难题。接着，他又问道："那秦地关中封给谁好呢？"

范增捋了捋胡须，继续说道："章邯、司马欣、董翳三人本为秦将，是秦人，让他们平分关中比较好。他们受到将军如此大的恩遇，一定会全力阻断从巴蜀出来的道路，堵截刘季。到时候，即便将军东归故里，也不用操刘季的心了！"

显然，范增的谋划仍然是围绕着刘邦做文章，他对刘邦看得太准了，始终不放心。

范增口中的巴蜀之地就是巴郡和蜀郡两个地方。巴郡位于四川盆地东部，郡治在江州，也就是今重庆市；蜀郡位于四川盆地西部，郡治在成都，也就是今成都市。

很早以前，两地由巴国和蜀国分别统治，拥有独特的异族文化。公元前316年，秦国灭掉了两国，从此巴蜀就成了秦国领地。这里气候温和，河川纵横，物产丰富，自然条件非常优越。秦国占领后，构筑城镇，颁布制度，经过一百多年的精心开发，特别是在李冰父子修筑了著名的水利设施都江堰后，已经成为秦朝的后院，富庶程度仅次于关中，号称"天府之国"。

但巴蜀地理位置特殊，山地较多，地势险要，交通很不方便。

常言道："蜀道难，难于上青天。"

即使在今天，去过四川和重庆的朋友都知道，那里的公路很多都建在半山腰上，透过车窗往下看，如果不习惯，会让人一阵眩晕。正是这一天然因素，让巴蜀易于割据自守，却难于扩张进取。另外，由于自然条件优越，物产丰富，环境闭塞，交通不便，让长期生活在那里的人们很容易安于现状。

今天的成都，到处都是茶馆、酒吧，人们三五成群"摆龙门阵"，以生活安逸闻名全国，其实是有其历史和地理的原因。

范增有一肚子的学问，肯定深知这一点。鸿门宴上，项羽因妇人之仁，没有杀掉刘邦，这次分封，范增怎么可能再放过对刘邦的打压呢？

听完范增的分析，项羽大喜，乱成一团的脑子一下子就清爽了，当即拍板道："太好了，就按亚父说的办！"

接下来，两个人又一起研究了其他诸侯将领如何分封。

不久，这个还没有最终定稿的秘密分封方案，被张良提前获悉了。

张良是怎么获悉的呢？还要从那次鸿门宴说起。

鸿门宴之后，刘邦对张良非常感激，认为多亏张良才躲过了灭顶之灾，于是"赐良金百镒，珠二斗"。

张良出身相门，志向远大，向来对钱财看得不重，拿到刘邦的奖赏，转手全部赠送给了项伯。而项伯是个爱财之人，不管三七二十一，欣然接受。

用今天的话来说，这就是感情投资，将来会有用的！

说有用，还真有用，刘邦被项羽暗箱操作准备分封到巴蜀之地，项伯便第一时间将这个重大消息透露给了张良。

张良多精明啊，知道这种分封就是为了把刘邦软禁在巴蜀之地，在与世隔绝的封闭状态下，将刘邦的野心和意志消磨在歌舞升平之中。当时他就请求项伯，想办法劝说项羽将刘邦改封到其他地方。但是项伯认为不可能，因为范增这关很难通过。张良只好退而求其次，恳求项伯说服项羽将巴蜀与关中之间的汉中封给刘邦。项伯觉得这个要求符合情理，可以尝试一下。

从项伯那儿回来，张良赶快把分封的消息汇报给刘邦。刘邦不听则已，一听气得血都要吐出来了，拍着桌子骂道："项羽这小子太不像话了，太欺负人了，竟敢违背约定，把老子赶到鸟不拉屎的巴蜀之地？老子情愿和他决一死战也不去巴蜀，我就不信干不过这臭小子！"

樊哙、周勃和灌婴等武将听刘邦这么说，也都摩拳擦掌，嗷嗷直叫。萧何却在旁边不以为然地皱着眉头说道："沛公，可不能意气用事啊！巴蜀之地虽然地势险要，地处偏远，但还是能生存的，不至于招致速死啊！"

听萧何说如此丧气的话，刘邦更加恼火，又骂道："难道去干项羽就会招致速死吗？老子就不信邪了！"

萧何对刘邦的脾气太了解了，骂人也是一种沟通方式，便反驳道："敌强我弱，敌众我寡，必败无疑，怎么会不速死呢？当年商汤推翻夏桀、周武王推翻商纣王的事，沛公总听说过吧？他们在时机不成熟的时候，也是要委曲求全的！现在对我们来说，情况差不多，必须先忍着，小不忍则乱大谋！《周书》曰'天予不取，反受其咎'，项羽既然把巴蜀之地分封给沛公，那就应该先接受，然后再作打算。正如子房所言，沛公如果能在汉中称王是最好不过，在那里好好经营，养精蓄锐，将来伺机打回关中，再谋天下，也未尝不可！"

我们反复说过，刘邦这家伙悟性奇高，别看文化水平不高，但能听懂文化人说的话。被萧何这么一坚持，他立刻明白过来，心情稍微平复了一些，转过头又问张良"为之奈何"。

　　张良点头表示同意萧何的观点，进一步解释道："汉中这个地方距离关中非常近，将来进取关中会相对方便很多。沛公赏赐我的财物，我都转赠给了项伯，请求他从中斡旋，争取将汉中要过来。沛公现在应该趁热打铁，再多给项伯赠送点礼物，让他务必说服项羽！"

　　刘邦连连说好，对张良的大公无私，眼中充满了感激，接着派张良带着重礼，再去贿赂项伯。

　　项伯曾经暗地里帮过刘邦一次，还约定了儿女亲家，这次又看到刘邦拿重礼过来，自然乐意再到项羽那里说情了。对他来说，也就是张张嘴的事。

　　就这样，项伯从项羽的叔父嫡系，一不小心成了卧底，现在又堕落成了内奸。

　　项羽本来就没有太把刘邦当回事，只是亚父范增总拿刘邦来说事吓唬人，既然叔父项伯苦苦央求，他便同意将汉中也加封给刘邦，而且改封为"汉王"。

　　汉中位于巴蜀和关中之间，与关中仅仅隔着秦岭，距离非常之近。另外，这"汉王"也比"蜀王"要好听得多，刘邦总算勉强接受。

　　最头疼的刘邦都搞定了，其他人自然不在话下，于是项羽将分封诸侯的方案公布天下。

　　那么，项羽具体是怎么分封的呢？又会导致什么后果呢？

29.　项羽分封

　　经过私下里一番斗智斗勇的博弈，最难分封的刘邦终于被搞定了，而其他人，项羽没放在眼里。不久，分封诸侯的方案公布天下。

这次分封非常重要，是天下再次陷入大乱的根源。我们只有把这次分封的思路真正读懂了，下面楚汉相争的历史，才会自然而然地清晰明了起来。

那么，项羽究竟是怎么分封诸侯的呢？

除了自己外，项羽分封了十八路诸侯，也就是说，分封天下后，总共有十九个王。我们不妨按照诸侯王的地理位置，分别加以说明。

第一，巴蜀和汉中，分封一个王，也就是汉王刘邦。

封地是秦岭以南的巴郡、蜀郡和汉中郡三个郡，都城设置在南郑，也就是今陕西省汉中市南郑区东北。

刘邦是除项羽外，诸侯联军中势力最大的一位，原为楚将，根据怀王之约，本应分封到秦岭北面的秦地，也就是关中。但因为他势力太大，能力太强，让项羽爱恨交加，所以被分封到秦岭以南形似囚笼的巴蜀和汉中。这里难进难出，容易消磨人的斗志。

很明显，刘邦受到了不平等待遇，属于委屈分封，这也促使他将来成为反对项羽的坚定派。

对项羽来说，在不忍心干掉刘邦，又不放心刘邦的情况下，将刘邦分封在这里，应该还是比较明智的。我们不能因为刘邦最终胜出了，就非要说项羽的分封思路完全错误，这是不客观的！

俗话说："天时不如地利，地利不如人和。"

刘邦的胜出，主要靠"人和"破了项羽的"天时地利"，这是后话，将来还会详细说到。

第二，秦岭以北的故秦地，也就是关中，分封了三个王，分别是雍王章邯、塞王司马欣和翟王董翳。后来这里也被称为"三秦大地"。

其中雍王章邯，封地在咸阳以西，都城废丘，也就是今陕西省兴平市南。

章邯杀了项羽的叔父项梁，理论上和项羽有不共戴天之仇。但是巨鹿之战后，他能够主动乞降，将功补过，最终赢得了项羽的那颗"妇人心"，属于有功分封。

这次分封让章邯与项羽由血仇变成血亲，成为项羽在关中的一支重要支持力量。他的一个重要任务就是将刘邦锁死在秦岭以南的囚笼里。

后来章邯对刘邦的拼命拦截，说明项羽的分封思路是对头的，只是章邯技不如人，疏忽大意才招致失败。

塞王司马欣的封地在咸阳以东，都城栎阳，也就是今陕西省富平县东南。

司马欣有恩于项羽的叔父项梁，与项羽的关系不言而喻，是项羽非常信任的人，属于有恩分封。

分封他在关中，一方面是为了牵制和监督章邯，另一方面是为了协助章邯防范刘邦。项羽对司马欣的分封逻辑也不能说有错，只是司马欣能力实在有限，没有起到应有的作用。

翟王董翳的封地在上郡，关中最北边，都城高奴，也就是今陕西省延安市北。

董翳只因劝降章邯而被分封，属于无功分封或者小功分封。

分封董翳在关中，主要是为了三分秦地，形成势力均衡，避免一家或两家独大。只是董翳的能力也是很差，和司马欣不相上下，最后面对刘邦时不战而降。

总的来看，项羽在秦地的分封还是比较妥当的。既可以"秦人治秦"，又可以避免有人在秦地独自做大，滋生太大的野心，更重要的是，让他们成掎角之势，看住刘邦。

但是，"不怕神一样的对手，就怕猪一样的队友"，这三位除了章邯有点本事外，另外两位基本是酒囊饭袋，因此大大弱化了项羽的战略布局。

第三，位于出函谷关位置的韩地和魏地，分封了四个王，分别是西魏王魏豹、河南王申阳、韩王韩成和殷王司马卬。

西魏王魏豹，封地河东，都城平阳，也就是今天山西省临汾市西。

关于魏豹，不知道大家是否还有印象，前面我们提到过，他的哥哥魏王咎在阻击章邯时，为了保全城中百姓免受战祸，自杀了。在项梁的帮助下，魏豹做了魏王。

魏地地盘本来比较大，但是被项羽生生分成东西两块，东边又切分成两部分，一部分自己吃掉了，一部分封给了司马卬。只剩下西面留给了魏豹，相当于把魏豹谪贬为西魏王。

由小变大，肯定满心欢喜；由大变小，就会心怀不满。自此，魏豹对项羽耿耿于怀。后来刘邦东进时，他主动让路，并跟着去进攻项羽，将来还会说到。

河南王申阳，封地是从韩地划分出来的，都城洛阳，也就是今河南省洛阳市东。

关于申阳，大家可能不太熟悉，史书上记载也不多，他原是张耳的心腹之臣，巨鹿之战后，因攻下河南洛阳有战功，被项羽赏识而封王。

韩王韩成，封地在故韩地，都城阳翟，也就是今河南省禹州市境内。

韩地原本就不大，地盘又被项羽划走一部分，给了河南王申阳，就更小了。韩成是韩国王室后裔，受张良拥立，成为韩王。因为项羽特别欣赏张良，想让张良为己所用，为了拉拢张良才勉强分封韩成，而且还只是名义上的分封。后来，项羽拉拢张良不成功，韩成也就再没机会回到封地了。

殷王司马卬，封地河内，这块地方主要是从魏地划分出来的，地盘最小，都城朝歌，也就是今河南省淇县。

司马卬是赵国将军，作战勇猛，立有战功，因为受项羽赏识而封王。前面提及过，他曾想率先入关，结果被刘邦阻挡在黄河渡口，从此结仇。后面刘邦东进时，司马卬对刘邦也进行了拦截，不过没成功。

韩地和魏地原本就不大，一下子分封了四个王，对原有势力进行了大洗牌，搞得关系非常复杂，没有主导力量。估计项羽的目的就是分散力量，便于控制。同时，这也给刘邦东进带来了方便。

第四，赵地分封了两个王，即代王赵歇和常山王张耳。代王赵歇的封地在代地，都城代县，也就是今河北省蔚县东北。

赵歇原为赵王，本来没有什么实力，因为是赵国王室后裔，被张耳和陈馀拥立为王。项羽将他从赵地迁封到代地，做了代王。为此，赵歇也很不爽，一旦有人反对项羽，他肯定积极拥护。

常山王张耳，封地在原来赵地，都城襄国，也就是今河北省邢台市。张耳原为赵相，他那个"刎颈之交"陈馀负气出走后，张耳也就在事实上掌握了赵国军权，并跟随项羽入关。因为能力比较强，年龄比较大，张耳深受项羽赏识和敬重，从而得到分封，完全接手了原来的赵地。陈馀和张耳决裂后，带着一帮人在南皮县隐居，没能跟随项羽入关。考虑到曾经劝降章邯，还担任过赵国将军，项羽将南皮及周围三个县，封给了他，但没有封王。为此，陈馀很不满意，后来成为赵地的一个极不安定因素。

第五，燕地分封了两个王，即辽东王韩广和燕王臧荼。

辽东王韩广，封地辽东，都城无终，也就是今天津市蓟州区。

前面说到大泽乡起义时，我们曾经说到过韩广，可能有人不太有印象了，我们简单回顾一下。

陈胜手下有个大将名叫武臣，带领张耳和陈馀打下了赵地，自称赵王，背叛了陈胜。韩广是武臣手下的一个将领，奉武臣之命去攻打燕地。燕地拿下后，韩广又自称燕王，背叛了武臣，还把武臣给扣押了起来。最后是一个厨子说服韩广，释放了武臣。就是这个韩广，他与项羽关系不太融洽，被项羽从原来的地方迁封到北边辽东做王。韩广不像赵歇那样没有实力，他是靠自己本事打下的地盘，所以坚决不同意项羽的分封。

燕王臧荼，封地是韩广的地盘，都城蓟，也就是今北京市房山区琉璃河镇附近。

臧荼原为韩广部将，奉了韩广之命，跟随项羽入关，因战功显赫，被项羽赏识封王。

项羽让臧荼接管韩广原来的地盘，就是要打压韩广的势力。臧荼一旦封王，还会把韩广这个老领导放在眼里吗？肯定不会。道理很简单，从武臣到韩广，都是从背叛过去的老领导起家，臧荼看在眼里，记在心里，搞起背叛也就心情舒畅，毫无负罪感了。

项羽在燕地的分封，无疑是埋下了一颗炸弹，这颗炸弹应该是项羽有意为之。结果也正如他所料，臧荼和韩广打得死去活来，直到把韩广干死为止。

第六，齐地分封了三个王，分别是胶东王田市、齐王田都和济北王田安。

胶东王田市，封地胶东，都城即墨，也就是今山东省平度市东南。关于田市，前面我们也说到过，是被章邯干掉的齐王田儋的儿子，由田儋的弟弟田荣拥立为齐王，没有什么实力，全倚仗着叔叔田荣撑住局面。所以，无论分封到哪里，田市都不会有太大意见，但田荣就不一定了，因为自己没有得到分封，对项羽表示强烈不满。

齐王田都，封地齐地，也就是田荣和田市叔侄之前的地盘，都城临淄，也就是今山东省淄博市临淄区。田都原为田荣麾下的将领，巨鹿之战时，田都违抗田荣命令，私自率兵援助项羽，立下战功，因此深受项羽的赏识和信赖而封王。项羽让田都去接管田荣和田市叔侄的地盘，跟让臧荼去接管韩广的地盘一样，打的是同一个算盘，这样分封，只可能兵戎相见，绝不可能平稳交接。

济北王田安，封地济北，都城博阳，也就是今山东省泰安市东南。田安是齐王建的孙子。关于齐王建，大家应该很熟悉了，就是秦始皇荡平六国时，被活活饿死的那位。巨鹿之战时，田安趁机攻下济北城，投降项羽，因此封王。

对于齐地分封的这三个王，细心的读者一看，就会感觉不对劲，哪里不对劲呢？原来齐地的实权派人物田荣什么都没封，给晾到了一边，而且还要从原来的地盘被赶走。

为什么会这样呢？因为田荣和项羽有严重过节。

我们前面说过，项羽的叔父项梁曾经在东阿城打跑章邯，救过田荣，但是田荣因为争夺齐地的王位，没有跟着项梁去攻打章邯，间接导致了项梁战死。为此，项羽记恨田荣，没有分封他。

田荣可不是个省油的灯，从此他与项羽对着干，使齐地成了项羽深陷其中、不能自拔的沼泽地，从而让刘邦钻了空子。后面会详细说到。

第七，其他的地方一共分封了三个王，分别是九江王英布、衡山王吴芮和临江王共敖。九江王英布，封地包括九江和庐江二郡，都城六县，也就是今安徽省六安市北，距离项羽的封地最近。英布是项羽手下最能打的一位战将，能力最强，理应分封，但是这小子一旦做了王，就不太听话了，后来在刘邦挑唆下，公然反叛。

衡山王吴芮，我们前面在说到英布时，简单介绍过。此人通晓政略，曾"率百越佐诸侯"，人称番君，是英布的老丈人。因为和女婿英布一起跟着项羽入关而被封王，都城邾县，也就是今湖北省黄冈市西北。

临江王共敖，原为楚怀王熊心的上柱国，因攻取南郡有功而封王，都城江陵，也就是今湖北省江陵县。

以上就是项羽分封的十八路诸侯，建议大家多看几遍，会有助于后面的阅读。

那么，项羽又是怎么安置楚怀王熊心和分封自己的呢？

30.　被迫赶赴封地

十八路诸侯的分封思路，我们已经大致了解，那么项羽又是怎么安置楚怀王熊心和分封自己的呢？

之前出于分封的需要，项羽已经将楚怀王熊心尊称为义帝，实际上是明捧暗压、明升暗降。但还是要给义帝熊心一个地方，总不能让他和自己待在一起，大眼瞪小眼，多碍眼啊。于是他派人对义帝熊心传话道："古之帝者地方千里，必居上游。"

什么意思呢？就是说，自古以来，帝王拥有的土地都是纵横几千里，只有居住在河流上游才有居高临下的感觉，才显得尊贵。

很明显，这是要把义帝熊心从位于下游的彭城赶走，那样他才好过来定都。

赶到那里去呢？

经商议，项羽决定把义帝熊心从彭城赶到长江上游长沙，定都郴县，也就是今湖南省郴州市境内，他则自称为西楚霸王，都城设置在彭城，也就是今江苏省徐州市，共占据周围达九个郡。

有人可能会问，为什么叫"西楚"，而不是叫"东楚"呢？

这还要从原来的楚国说起。楚国曾经包括三部分：湖南、湖北两湖地带是楚国早期地盘，被称为南楚；江东，也叫江南，位于长江以东，是原来的吴越地区，被称为东楚；长江和淮河之间的江淮地区，被称为西楚。

项羽建都在彭城，彭城属于西楚地区，所以号"西楚"。

可能还会有人会问，为什么叫"霸王"呢？这称呼像个大恶霸，跟"南霸天"有一拼，项羽也太没品位了。其实那个时候，"霸王"这个称呼还没有现在那么多负面含义，主要象征势力范围，是尊称。

项羽和秦始皇有国仇家恨，否定秦始皇的一切，包括"帝业"制度，又加上当时的社会氛围，还是比较留恋春秋战国时的状态。

过去不是有"春秋五霸"吗？项羽便想成就"霸业"，算是顺势而为吧，"霸王"也比较符合项羽的气质。

这样一组合，就有了"西楚霸王"的称号，也就是在原来楚国西部称王称霸，简称"西楚霸王"。

除了"帝业"和"霸业"外，实际上，项羽还有另外一种选择，也就是"王业"。所谓"王业"，是周朝时采用的制度安排，大家应该比较熟悉了。

估计项羽看到周王在春秋战国时的处境太过尴尬，感觉没什么意思，抑或时机不太成熟，就暂时放弃了这个选项。

好了，诸侯王总算分封完了，不管是否满意，大家必须先按照这个分封方案各回各家。

当然，项羽最放心不下的还是刘邦，担心刘邦中途反悔，杀个回马枪，在回彭城前，他要先目送刘邦上路才安心，于是"使卒三万人从"。

很多人认为，所谓"使卒三万人从"，是指项羽夺走了刘邦十万大军中的七万人马，只让刘邦带走了三万人马。

我个人不这样理解，怎么可能呢？

不符合基本逻辑！

刘邦肯定不会答应自己的军队被项羽夺走。军队意味着政治生命，宁可不要地盘，也绝不会放弃军队。所以项羽是派了三万军队去给刘邦"送行"，而不是只让刘邦带走了三万军队。

这里的送行要加引号，因为与其说是送行，不如说是押送。由于"送行"的规模太隆重，刘邦只好赶快上路，奔赴偏远的封地汉中。

刘邦平时口碑不错，有"宽厚长者"的美誉，虽然去的地方是偏远的汉中，但是诸侯联军内，有不得志的能人志士也跟着一起走了。

这说明刘邦相当有号召力，都被项羽欺负成这样了，还有人主动跟随。而作为领导，号召力是非常重要的，往往是由与生俱来的亲和力衍生而来，靠后天培养比较难。

自此，刘邦正式从"沛公"升级为"汉王"，这实际上已经远远超出他早期只是想做个"沛公"的理想了。

刘邦上路时，本来还想带走一个人，也就是张良，但项羽死活不同意。前面说过，项羽也非常欣赏张良，但因为张良不愿意跟着自己干，所以项羽也最忌讳张良。

但腿长在张良身上，只要脑子不出毛病，他爱跟谁就跟谁，项羽不同意又有什么用呢?

项羽自有办法!

俗话说:"是人,就有弱点!"

有的人贪财,有的人好色,有的人求名,有的人图利。总之,只要对症下药,总有办法让一个人屈服。

张良也不例外,他也有弱点!

什么弱点呢?忠诚!

前面说过,张良真正的老大并不是刘邦,而是韩王成。刘邦在西进时,曾帮助韩王成夺回韩地。韩王成出于感激,暂时把张良借调给刘邦,自己则留守韩地阳翟。当然,张良自己也确实愿意跟着刘邦干,因为刘邦最懂他,跟着干比较有成就感。

项羽分封诸侯的时候,韩王成生怕被遗忘,也赶到关中,妄想分一杯羹。项羽开始真没有考虑韩王成,既然韩王成已经来了,也不好不封,毕竟人家血统正宗,没有功劳和苦劳,也有"血劳"嘛。于是同意将韩王成原封不动,但有一个条件,就是张良必须离开刘邦回到韩地。

张良当时最大的人生理想就是恢复韩国,既然项羽这么要求,他便爽快答应。刘邦不好强人所难,只好放手。

就这样,项羽硬是把刘邦和张良给拆散了。

虽然同意离开刘邦回到韩地,但是张良要求送刘邦一程。大家是朋友,还是战友,韩王成认为人之常情,没有提前跟项羽说,就批准了。

项羽听说后,不放心,他担心张良这样一送,会把自己给送出去了,就把韩王成扣押了下来,说是张良什么时候回来,什么时候才让韩王成回韩地。

张良这次送别刘邦,送了很长时间,差不多送到刘邦的新家汉中。

哪有这么送别朋友的?又不是喝醉酒了!其实,张良送刘邦是假动作,真正目的是要为刘邦再出一个奇谋妙计。

什么奇谋妙计呢?

—— • 第四章 • ——

重返关中

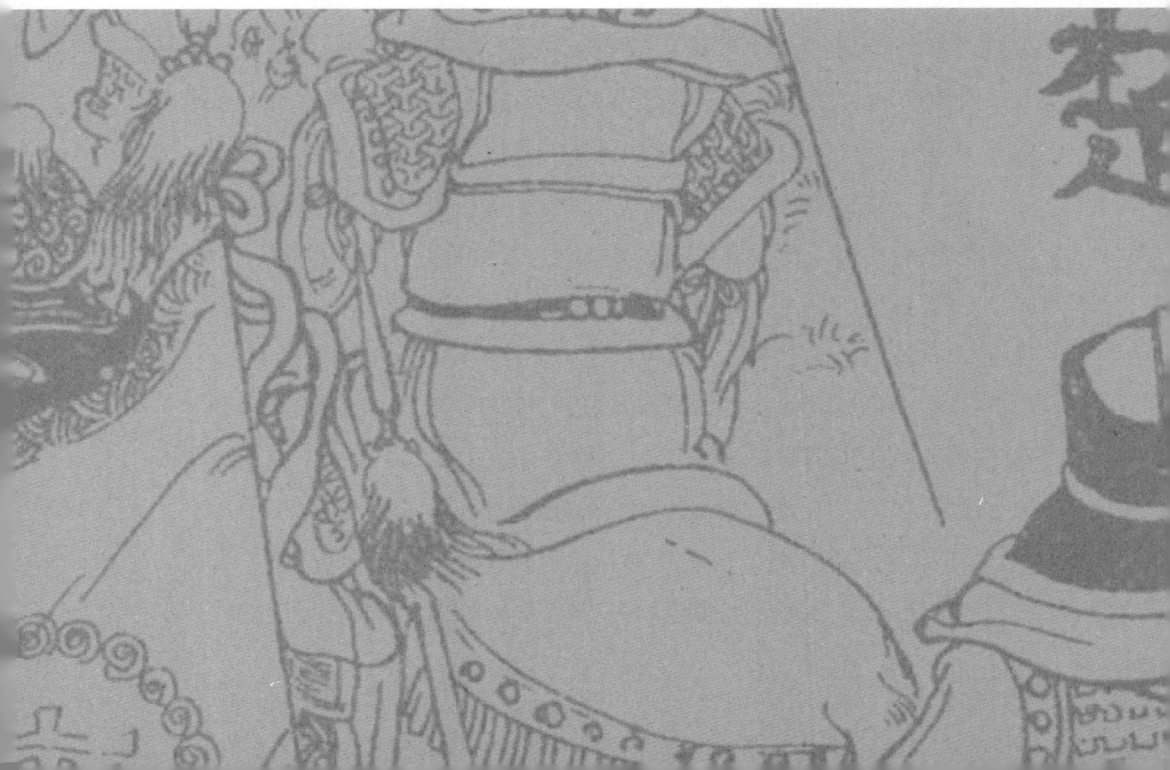

31. 不满分封，再起刀兵

张良为刘邦送行，一直送到褒中，也就是今陕西省汉中市勉县褒城镇以东。在这里，张良提出要回去了，不能再送了，再送就真送到家了。两个人在那里依依不舍，互诉衷情。

此时，张良才把他送别刘邦的真实用意说出来："大王啊，到此为止，不能再送了！临走之前，我给大王一条建议，建议大王应该把汉中通往关中的栈道烧掉，以向天下人表明，大王没有再东进的意思了，从而消除项羽的顾虑，另外也可以防范章邯偷袭。这样一来，大王可以在汉中专心养精蓄锐，等待时机，将来好出奇兵再展宏图！"

原来，张良一路上通过观察地势发现，从关中到汉中翻越秦岭时，必须经过一条栈道。这条栈道南起褒谷口，北至斜谷口，人称褒斜栈道。

所谓栈道，就是在悬崖峭壁的险要地方凿孔支架，铺上木板而建成的通道，既可以用来行军，运输粮草辎重，又可供马帮商旅通行。

栈道一旦烧毁，就会形成外面进不来，里面出不去的局面。

项羽不是想把刘邦关进汉中囚笼吗？

张良认为，不如干脆直接把囚笼的门也封掉，省得项羽胡思乱想。

刘邦对张良一直是言听计从，这次也不例外，当即同意了张良的建议。于是，张良从褒斜栈道返回关中的时候，边走边烧，把整条栈道烧为灰烬，只留下悬崖陡壁上的一些石桩和石窟窿。

烧毁栈道确实对项羽及其所依赖的雍王章邯，起到了麻痹作用，为后来韩信布下"明修栈道，暗度陈仓"的疑兵之计，做了很好的铺垫。

由于这条计策太过含蓄，刘邦手下很多人不能理解，听说是张良走的时候把栈道烧掉了，都大骂张良太阴损，断绝了他们的后路。试想，刘邦手下的人都这样认为，何况是项羽和章邯呢？

烧毁了栈道，张良急匆匆赶了回来。但是因为韩王成擅自同意他去送别刘邦，项羽非常生气，以韩王成没有战功，又违反了之前的约定为由，非要把韩王成带回彭城。

张良找到项羽，请求道："项王，在下这不是回来了，而且顺手还把汉中通往关中的栈道给烧掉了，汉王待在汉中不可能再出来了，项王大可放心！"

但项羽不听，因为他的真实目的是想通过带走韩王成，迫使张良跟着自己去彭城。张良没有办法，只好同意。

正像一句歌词所唱："得到你的人，却得不到你的心！"

项羽始终也没有俘获张良的那颗心，相反后来吃了张良很多阴招，后面我们还会详细说到。

东归时，项羽将咸阳城内的美女珍宝一股脑儿装上车全拉走了。回到彭城后，他随便找个理由，把韩王成的王爵贬成了侯爵。十八路诸侯自然削去一路，还剩下十七路。只是可怜了韩王成，连自己的国家都没机会回去，做了个名义上的诸侯王，还没做几天。

韩王成刚刚被废掉王爵后，又一路诸侯王被铲平，这路诸侯王就是辽东王韩广。

这又是怎么回事呢？

前面在介绍项羽分封诸侯时，我们说过，燕地分封了两个王：一个是韩广，一个是臧荼。

臧荼曾经是韩广的部将，奉韩广之命跟随项羽入关。

韩广本来是燕王，但是项羽偏偏把他迁封到辽东做辽东王，而让臧荼接管燕地做了燕王。这种既丢面子又丢领地的安排，韩广无论如何也无法接受，心想："老子背负着不忠不义的骂名，好不容易搞来的地盘，怎么可能拱手相让呢？而且还是让给自己昔日的下属，情何以堪！"于是赖在燕地不走。

臧荼以前是韩广的部将，但今非昔比，入关后高攀上项羽这个霸王，已经开始对韩广不屑一顾了。

韩广的燕王原本也来路不正，是靠背信弃义取得，当年为了当上燕王，还把老大武臣都给扣押了起来，简直是大逆不道。

俗话说："现世报来得快！"

韩广也不例外。

他赖在燕地不走，臧荼就带兵过来驱赶。

有许多当领导的，别看平时眼高于顶，真出了事反而干不过下属，因为领导做久了，各种能力都在退化。而下属不一样，始终征战在一线，不断磨练，了解情况，不干则已，一干成名。

臧荼就是如此，从前线战场上刚下来，入过关，见过大世面，又有霸王项羽撑腰，三下五除二就把韩广给干掉了。

项羽和韩广关系向来不好，燕地的分封办法本来就是给韩广量身定制的。现在听说臧荼把韩广给杀了，项羽能不高兴吗？马上下令将辽东也加封给燕王臧荼。

就这样，十八路诸侯又去一路，还剩下十六路。

差不多与此同时，齐地也乱成了一锅粥。

齐地如果不乱，那才是出乎意料呢！

前面说过，项羽当初对齐地的分封，已经埋下了祸根。

齐地实权派人物是田荣，因为间接导致了项羽叔父项梁战死，遭到项羽嫉恨而没有被分封。田荣个性非常强，他不管那么多，没有分封就是不行，咽不下这口气，于是他把侄子田市羁留在临淄，不让去做什么胶东王，并拒绝以前的部将田都来临淄做齐王。

田都和燕王臧荼情况差不多，也带兵过来驱赶田荣和田市叔侄。只是田荣比韩广要厉害得多，没等田都驱赶的军队过来，他已经主动提前发兵，中途阻击，一战就把田都给打趴下了。田都打不过，只好逃到彭城项羽那里去了。

田荣的侄子田市，从内心深处是想让田都打败他叔叔田荣，来接管齐地的，因为这样，他就可以摆脱叔叔田荣的束缚，名正言顺地去做胶东王了，但偏偏叔叔田荣打赢了。

田市担心项羽会率兵过来报复，到时叔叔田荣肯定完蛋，自己也会跟着完蛋，所以他偷偷带人跑了，准备直奔胶东，去做他的胶东王。

田荣闻报大怒，他认为，现在的局面都是因侄子田市所引起，否则怎么会得罪项羽呢？现在倒好，他关键时候竟然把自己给甩了。田荣当即亲自带兵追了过去，把侄子田市给杀了。

杀了田市，田荣还不解恨，又向西进攻项羽分封的另外一个诸侯王，也就是济北王田安。前面说过，田安是齐王建的孙子，这孙子和他爷爷水平差不太多，没什么大本事，很快也被田荣给干掉了。

一番征战下来，齐地被田荣全部收入囊中。

既然项羽不给自己封王，田荣就自封为齐王。当然，他这个王是靠自己打出来的，不能算在项羽分封的那十八路诸侯王里面。

至此，项羽分封的十八路诸侯王，又去三路，还剩下十三路。

在齐地巨野，还有一支军队，领头人名叫彭越，发展得很不错。

关于彭越，我们前面说到过，他曾经帮助刘邦攻打昌邑城，但没有成功。之后，刘邦与他分手绕路西进，让他留在巨野自谋发展。

这个时候，彭越手下已经发展到了几万人，相当有势力，但因为没有机会跟随项羽入关，就没能被分封。

对彭越的情况，田荣比较了解，有意拉拢，便给他写了一封长信，承诺加封彭越为将军，而且还真把将军印给送了过来。

俗话说："背靠大树好乘凉。"彭越一直想找棵大树依附，项羽看不上他，现在既然田荣势力一下子发展得那么大，又主动邀请入伙，便欣然接受。

田荣给彭越一个任务，命他去攻打梁地。

梁地与项羽的西楚国接壤，显然田荣是要利用彭越，给项羽制造麻烦。

就这样，在齐地折腾了几个月，田荣成了当时反对项羽最大的一股势力，声名远扬。

这天，突然有个人慕名过来找田荣借兵，说是要攻打常山王张耳。

那么，这个人又会是谁呢？

32. 故交新宠，何去何从

田荣在齐地做大，自封齐王，威名远扬，这天突然有个人慕名过来找田荣借兵，说是要攻打常山王张耳。

这个人是谁呢？

他是陈馀的谋士，名叫夏说（yuè）。

关于陈馀，我们太熟悉了，曾经与张耳是"刎颈之交"，因为巨鹿之战翻脸了，一气之下跑去了南皮，也就是今河北省沧州市南皮县，过起了隐居的生活，中间还给章邯写了封劝降信，也算灭秦有功吧。

在分封诸侯的时候，陈馀曾经多次派人到项羽那里游说："项王，我家陈将军和张耳功劳差不多，在恢复赵国这件事上功不可没，而且还给章邯写过劝降信，您在分封的时候一定要多考虑考虑！"

但项羽认为，陈馀没有随军入关，功劳太小，不愿意分封为诸侯王，只封给他南皮附近三个县。

为此，陈馀恼羞成怒，发誓道："老子与张耳功劳相当，项羽加封张耳为常山王，却给老子封一个芝麻大的地方，最多算个侯，太不公平了。

要这三个县有什么用？老子绝对不会善罢甘休！"

当他听说田荣在齐地做大了，还带头公开反对项羽分封，欣喜万分，认为机会来了，便派身边谋士夏说过来借兵，目的是攻打他的刎颈之交张耳，把赵地给拿下。

夏说劝说田荣道："项羽这小子年纪轻轻，做事没分寸，私心太重，这次分封没有什么公道可言！他将一些原来的部将都封王封侯，分到了好地盘，而把原来的诸侯王谪封到偏僻的小地方，如此有失公道，怎能服众？如今大王英明神武，统一了齐地。大王这种敢于率先挑战项羽权威的做法，名震天下，深得民心。赵地和齐地一样，自古都是大国，现在却被项羽这小子给封没了。赵王歇封到了代地，做了所谓的代王，而把那个人臣张耳封到赵地做了什么常山王，简直是乱了章法，成何体统！我家陈馀原本是赵将，实在看不下去了，特派我来向大王借兵去灭掉张耳。如果成功，迎回赵王歇恢复赵国，我们赵国愿意世代给齐国做藩属国，永不背叛！"

夏说这么一大堆埋怨项羽分封不公的话，田荣感同身受，因为他与陈馀差不多遭遇相同，同病相怜，于是当即同意借兵。

在封地南皮三个县，陈馀已经招募了一批人马，再会同田荣的援兵，便给常山王张耳搞了次突然袭击。张耳没有防备，仓促应战，结果被打得落荒而逃，险些老命不保。

果然是"刎颈之交"啊，是要抹掉对方脖子而后快的交情！

陈馀占领赵地后，将被迁封到代地的赵歇迎了回来，继续拥立他为赵王，然后遣返了田荣的援兵。

赵歇当然还是很想做赵王的，所以非常感谢陈馀，尊称陈馀为成安君，把项羽分封给自己的代地，加封给了陈馀，让他去做代王。因为赵国刚复国，还不稳定，陈馀先留了下来，只是任命他那个谋士夏说去代地做丞相居守。

再说张耳。

张耳被陈馀打跑后，无处可去，跟身边的亲信商议道："汉王刘季与我有老交情，但是项羽现在的势力最强大，而且又是项羽加封我为常山王，我打算还是投奔项羽，大家意下如何？”

有人可能会很奇怪，张耳怎么会与刘邦有交情呢？

一个是魏国人，一个是楚国人，国籍不同，按道理来说八竿子打不着啊！

究竟是怎么回事呢？

这还要从两人年轻的时候说起。

刘邦年轻时不务正业，喜欢到处跑着玩，交朋友，像游侠一样生活。有一段时间，他跑到魏国外黄县游荡。

前面我们说过，张耳自从娶了一个二婚的“白富美”后，鸿运当头，在外黄县做起了县令。

刘邦亲和力超强，又善于交际，别看那会儿还一文不名，是个穷光蛋，竟然和张耳张县令混得很熟，而且还在张耳那里一住就是好几个月。

正因为有这段渊源，张耳才说自己与刘邦是老交情。

俗话说：“多个朋友多条路。”这条路就是为自己落难时提前铺设的后路。

现在真的有难了，张耳自然会想到发展得很不错的刘邦了。当时，项羽也很看重张耳。这样一来，张耳就有两条路可供选择：一条路通向故交刘邦那里，一条路通向新宠项羽那里。

人生就是在不停地选择，选择对错，直接关系到人生是否能够取得辉煌，因此，每个人都会在选择面前犹豫不决。

张耳也是如此。

既然有两条路可走，他也想选择一条最有前途的路来走。

从当时的形势来看，跟着项羽干，肯定最有前途，但张耳手下有一个谋士不这样认为。这个谋士，史书上称其为“甘公”。甘公给张耳分析道：“汉王之入关，五星聚东井。东井者，秦分也。先至必霸。楚虽强，后必属汉。”

什么意思呢？

　　甘公认为，他通过观察天象发现，刘邦入关的时候，金木水火土五星在井宿天区汇聚，预示着刘邦将来一定能够成就霸业，别看现在楚国强大，今后也肯定会归属于汉，所以不如趁早投奔刘邦为好。

　　看来甘公也是个喜欢"仰望星空"的人。

　　当然，张耳也深信不疑。

　　常言说："人算不如天算！"

　　另外，从脾性和年龄来说，张耳也更喜欢和刘邦共事，于是临时决定改投刘邦。

　　此时，刘邦已经平定秦地，重返关中了。

　　说到这里，大家可能感觉不可思议，刘邦不是被项羽赶到汉中去了么？怎么又突然回到秦地关中了呢？

　　也太快了吧！

　　是的，刘邦确实很快就打了回来！

　　那么，他究竟是怎么打回来的呢？

33. 此韩信非彼韩信

　　我们接下来就说说，刘邦究竟是如何打回来的。

　　前面说到，刘邦听从张良的建议，烧毁褒斜栈道使项羽丧失了警惕，然后赶赴都城南郑。到了南郑后，刘邦首先下令招兵买马，休养生息，积聚实力。

　　但是只过了不到两个月的时间，兵没招到多少，原来的很多将士因不适应汉中环境，天天想着东归回老家，甚至还有人偷偷跑掉了。

　　正当刘邦为此头疼不已的时候，这天，有一个名叫韩信的人来找刘邦。

看到韩信这个名字，大家是不是眼前一亮，以为"汉初三杰"之一的战神韩信即将粉墨登场了。

很遗憾，此韩信非彼韩信也！

这个韩信在当时也比较著名，甚至司马迁在《史记》中还专门为他立了传，也就是《韩信卢绾列传》。

很多人都把两个韩信的事迹给搞混了，这里特别给大家澄清一下。

这个韩信是韩国王室后裔，准确地说是原来韩襄王的庶孙，身高八尺五寸，以前在韩王成手下干事。刘邦西进时，曾帮韩王成收复了韩地，出于报恩，韩信奉韩王成之命和张良一起，跟随刘邦入关，现在又跟着刘邦来到了汉中。

因为这个韩信以后做了韩王，为了和"汉初三杰"的韩信相区别，不至于混淆，以后再出现的时候，我们就称呼他"韩王信"。

韩王信来找刘邦，主要是商量东归事宜。他看到人心思归，不无忧虑地对刘邦建议道："大王，今天过来，我要跟您发发牢骚了！项王分封那么多王，都是封在内地，却唯独把大王搞到这里，这与谪迁发配有什么区别啊？我们军队中大部分人来自内地，现在都想回去啊！建议大王，应该借着大家的这种情绪，尽快杀回去，与项羽一决雌雄，争夺天下！否则，等天下安定了，大家都适应了这里的生活，再想打回去就难了，到时只好老死在这里喽！"

刘邦本来就郁闷着呢，听韩王信这么说，更加心烦，回应道："哎……你这不是废话吗？寡人何尝不想东归啊，但是现在我们这点实力能行吗？"

两个人正长吁短叹地闲聊着，突然有人进来报告，说丞相萧何今天出去之后一直没回来，不知道去哪里了，可能也逃跑了。

这消息像一声炸雷，把刘邦给震得脑子一片空白，险些晕过去，半天才大惊失色地骂道："胡说八道！怎么可能呢？本来说好的，今天寡人要与他商议大事，怎么会无缘无故逃走了呢？肯定有什么事暂时走开了！"

嘴上这么说，刘邦心里却像十五个吊桶打水——七上八下，他立刻派人去寻找萧何。连续寻找了两天，还是没见到萧何的影子，刘邦急得坐立不安，像丢了魂魄一般。当他正准备再加派人手去寻找时，这天，萧何从外面踉踉跄跄地小跑进来。

看到萧何，刘邦心中五味杂陈，又喜又恼，眼泪都快掉下来了，但是佯装生气地骂道："你这个老家伙，竟然敢背着老子跑了！难道你也要把老子甩掉吗？"

萧何定了一下神，喘了一口气说道："大王想到哪里去了，臣怎么会逃走呢？臣是去追一个逃兵了！"

刘邦半信半疑，心想你这个萧何什么时候学会说谎了，军营中哪个人跑了还值得你这个丞相大人亲自去追啊。心里这么想，但他也不好当面揭穿，就哼了一声说道："是吗？追的是哪位高人啊？"

萧何知道刘邦在怀疑自己，赶快说明道："臣追的是都尉韩信！"

刘邦认为，韩信不过是军中一普通小都尉，甚至还有点窝囊，没必要劳萧何这个丞相大驾，当即又道："老萧啊老萧，让老子怎么说你好呢？我们从关中来到这里，一路上逃跑的人只多不少，就是最近也是陆续有人溜号，从没见你这个丞相大人去追过啊，为什么偏偏要追韩信那小子呢？明明是哄骗老子嘛！"

萧何作了一个长揖，然后耐心解释道："大王息怒啊！之前逃跑的那些人，无关紧要，去留都没什么关系。今天臣追的这个韩信可非同一般，称得上国士无双。当然，如果大王一门心思在汉中扎根发芽，那么他这个人也没什么用，现在就让他走；如果大王想去争夺天下，那么除了韩信外，别无他人。臣这才拼了老命把他追回来啊！"

刘邦不由叹息了一声说道："哎……寡人何尝不想东归啊？谁愿意在这鸟不拉屎的地方待着啊？"

萧何马上接过话继续说道："既然大王想东归，那就必须尽快重用韩信这个人，否则他还会逃走！"

听萧何如此看重韩信，竟然还把韩信比作"国士无双"，刘邦诧异万分，盯着萧何的眼睛问道："真的吗？韩信这小子真的那么有才干吗？丞相，军国大事，可不是开玩笑啊！既然你这么看好他，这样吧，寡人就看在你丞相大人的面子上，让他做个将军，先试试看再说！"

萧何头摇得像拨浪鼓一样，说道："不行！不行！绝对不行！大王，做个普通将军，韩信肯定不会干的，留不住他，他还会跑的！"

"难道让他做统帅三军的大将军才行吗？"刘邦有点狐疑地问道。

"对，对……就是大将军！"萧何非常确定地回答道。

刘邦半天没说话，背着手在大厅里来回走了一会儿，然后才下定决心说道："好吧，就听你的，让他做大将军！你把韩信给寡人叫来，寡人要当面任命他！"

萧何非常严肃地说道："大王，别怪臣说话不好听，大王您待人向来简慢少礼，一般人才也就算了，但拜大将军怎么能像打发小孩子一样呢？如果这样的话，韩信还是留不住啊！"

刘邦有点不耐烦地问道："你说怎么办？拜大将还有很多讲究吗？"

萧何面带微笑地回答道："当然喽，首先要择吉日选良辰，斋戒沐浴，然后还要筑坛具礼，举行盛大的拜将仪式。一套流程下来，这才叫拜将呢！"

刘邦闻听，哈哈大笑起来，摸着胡须说道："拜大将还有那么多屁事啊？那就按丞相说的办，寡人也不懂，你就替寡人操办吧！"

说了半天，就等刘邦表态呢，见目的达到，萧何起身告辞，下去准备。

刘邦和萧何的这番对话一直围绕着一个名叫韩信的人。这个韩信不是旁人，大家可能已经猜出，正是"汉初三杰"之一的战神韩信。

韩信太著名、太重要了，历经两千多年，仍然光彩照人，我们怎么能不单独拿出来说说呢？否则，"韩信粉"也不答应啊！

那么，韩信究竟是何许人也？

34. 韩信其人

韩信是淮阴县人，也就是今江苏省淮安市人，从小孤苦伶仃，老爸很早就死了，属于单亲家庭，家里一贫如洗，全靠老娘抚养成人。

成人后，韩信既不会干农活，也不会做生意，只会读书，读的还都是兵书，在和平年代一般很难有用武之地。他开始想到政府机关当公务员，但那个时候做公务员要求太多，不但要有文化，有好的德行，而且还要有知名人士推荐，比现在的公务员考试还要难。韩信这种出身，当然没机会了。没办法，他一个大小伙子到处游荡，做起了"啃老族"。

韩信的老娘操劳了一辈子，年纪大了，浑身是病，因为得不到较好的赡养，最后贫病交加，在忧愁烦闷中离开了人世。碰见韩信这样的儿子，没几个父母不愁死的。

老娘死后，谋生能力比较差的韩信吃饭没了着落，只好到处蹭饭吃。这和刘邦年轻的时候看似有点像，但他没有刘邦的亲和力强，情商也不高，名声也不好，没有什么朋友，所以无论到哪里，都很难蹭到饭吃。

然而，韩信终究还是有一个朋友的。这个朋友在乡里做亭长，史书上说是南昌亭长。韩信没地方吃饭了，就会跑到他们家去蹭吃蹭喝。

南昌亭长是个大男人，一般讲哥们义气，也倒无所谓，多个人吃饭无非多双筷子而已。但是再好的哥们也架不住女人的枕边风啊，接连几个月，亭长老婆不干了。

亭长老婆心想，你韩信算谁，整天白吃白喝，又不是我儿子，干吗要伺候你啊。于是就想方设法要把韩信赶走。

也不知道从哪一天开始，在韩信来之前，两口子"晨炊蓐食"。

什么叫晨炊蓐食呢？

这是个成语典故，就是出自韩信到南昌亭长家蹭饭的故事。

它的本意是，亭长老婆做好饭，直接端到卧室内睡觉的床上，然后两口子偷偷把饭给吃了。

显然，亭长一家已经不愿意再让韩信白吃白喝了。

可是韩信不知道啊，到了吃饭时间，仍然照常过来蹭饭，每次来了，只见亭长寒暄，不见饭菜上桌。其实人家早吃过了，而且是躲在被窝里吃的。

连续几天，傻子都知道怎么回事了，何况韩信那么聪明的脑袋瓜呢？他很快意识到，这是人家不待见自己了，在赶他走。

俗话说："人要脸，树要皮。"

一怒之下，韩信便与南昌亭长绝交，愤然离去，再也不来了。

后来韩信做了楚王，功成名就，很多人感觉那位亭长老婆没眼光，做事太过分了。试想，如果换在自己身上会怎么对待韩信呢，接连几个月伺候一个无业游民，有谁会干？肯定没人愿意，又不是慈善机构，凭什么白养一个成年人呢？

有人可能因此会想到当年刘邦到大嫂家蹭饭的事，不也是这样吗？

如果仔细分析，这两件事还真不太一样。

刘邦蹭饭吃的对象是亲哥哥亲嫂子，理所当然，长兄为父、长嫂为母嘛，而亭长老婆和韩信没这层关系，也没这个义务。

所以，韩信与朋友绝交是没有道理的，记仇就更不应该了，毕竟人家已经让你白吃几个月了，可以说仁至义尽。这事要怪，还是要怪韩信自己不知足。做人做事还是知足比较好，一言不合就翻脸绝交，没人会真正在乎这样的人。

通过这个小事，我们也能从中窥探出韩信的性格缺陷。

"汉初三杰"中，韩信的下场最为悲惨，说到底，与他的性格不无关系。后面我们还会详细说到，这里先点一下。

蹭饭吃的地方没了，自己又没有能力赚钱，怎么办？韩信只好去淮阴城下的一条小河边钓鱼谋生。

钓鱼比较轻松，也不用看别人脸色，但是要看鱼的眼色。鱼如果上钩了，他就多钓到几条去换点饭钱，否则，也只有饿着肚子了。

恰好这时，有几位老大娘经常在河边为人家漂洗丝绵。她们看到韩信年轻力壮，却在这里以钓鱼为生，难免会看不起他，有时候还会撇着嘴指指点点。

其中有一位老大娘，后人尊称她为"漂母"，很善良，心肠比较软，每天都会分出一些饭菜给韩信吃。几十天都是如此，直到漂洗的工作结束。

这就是"漂母饭信"的故事。

可能是出于感激，也可能是为了面子好看，韩信曾经拍着胸脯对漂母说："承蒙老人家厚待，我将来有一天发达了，一定要重重报答老人家！"

按道理，听到韩信这么说，漂母应该欣慰才是，但她非常生气地说道："你这孩子，说的什么话啊？我是看你这位公子身为男子汉大丈夫，却不能养活自己，可怜你，才给你饭吃，难道是希望得到你的报答吗？"

漂母的话还是有点重的，史书上没有说韩信听后是什么表现，但我们可以想象出来，韩信肯定是面红耳赤，内心的委屈无奈恐怕只有他自己才知道。

估计也就是从那一刻起，韩信咬着后槽牙，攥紧拳头，暗暗发誓这辈子一定要混出点人样。到时候，一是要向漂母报恩，二是要证明自己，证明漂母真的误会了他。

当然，漂母的话终归是饱含善意，恨铁不成钢罢了，韩信应该不会计较，但是真正恶意的侮辱，他能够承受吗？

好像上天有意在考验韩信，恶意的侮辱很快就来了。

那又是怎样的侮辱呢？

35. 韩信在崛起之前

韩信当时虽然是个穷光蛋，但是自视甚高，不苟言笑，出门总是手提一把宝剑，一副冷酷潇洒的样子。

那个时候，宝剑是身份的象征，不是什么人都好意思拿着玩的，一般都是游侠壮士类的江湖人士或者有头有脸的人物才随身佩戴。

就像现在一些年轻人，为了欺负人或生怕受欺负，喜欢在脖子上套一根很粗的金项链，冒充不一般的有钱人，好像混社会的。如果你确实不一般，别人会在背后艳羡，甚至害怕你；但如果名不副实，那么就可能有人看不惯，说不定还会当面挖苦你，给你难堪。

韩信就遇到了后一种情况。

一天，他可能是要到街上去卖鱼换饭钱，正一脸冷峻地手提宝剑走着，突然被一个当地"屠户少年"给拦住了。这个"屠户少年"经常看到韩信手提宝剑，一副既穷酸又冷酷的模样，早就看不顺眼了，今天又碰上了，便上前故意撞了一下韩信，口中骂道："你这个家伙，整天拿把宝剑吓唬谁啊？别看你长得人高马大，其实就是中看不中用的东西，胆小鬼而已！"

韩信轻蔑地斜视了他一眼没吭声，想绕过去继续走。那个"屠户少年"不依不饶，又拦住韩信当众侮辱道："韩信你小子如果不是胆小如鼠的家伙，不怕死的话，就拿剑把老子宰了，老子眼都不眨一下，否则今天必须从老子裤裆下面钻过去！"

说完，他双手抱在胸前，岔开双腿立在那里。

周围的人越聚越多，他们大声喊叫，拍手起哄。韩信仍然面无表情，仔细地上下打量了这个"屠户少年"一番，然后低下身去，趴在地上，从他的胯下从容爬了过去。

满街的人看到这个情景哄堂大笑，都嘲笑韩信是个没出息的胆小鬼。

这件事非常著名，可以说是家喻户晓，还为后世留下一个成语叫"胯下之辱"，专门激励那些一时受人欺负的人。

类似的事情在后来的著名小说《水浒传》中也有呈现，就是"杨志卖刀"的故事。不过，杨志和韩信的处理方式截然相反，他是忍无可忍，拔刀把对方给杀了，最后被逼上了梁山。

同样的事情，不同的处理方式，结果也不一样，究竟孰优孰劣，我们这里不好作评价，因为这要看每个人对什么最在乎，这一辈子最想要什么，想做什么样的人，明确了这些条件，自然会有自己的选择。

那么，韩信究竟想要什么？

韩信青少年时期生活在底层，但他心中始终怀揣着一颗将军梦，为了圆这个梦，他坚强而又屈辱地活着。

可见，梦想对一个人是多么重要，它那无形的力量是多么巨大！可梦想不是那么容易实现的，首先要顺应大势，也就是人们常说的："时势造英雄。"

秦朝末年的时势，就是天下大乱，给了韩信成为英雄的可能。

前面说过，项梁率军渡过淮河，路过淮阴，韩信闻讯，激动不已，仗剑追随，以图实现他的将军梦。只可惜无论在军中怎么表现，韩信都无法得到上级的认可。

按说，项梁是一员老将，还是比较善于发现人才的，可他没看出韩信有什么过人之处，更谈不上会重用。

那么，项梁为什么没有能发现韩信的才干呢？

史书上没有记载，我们不得而知，但可以简单分析一下。

类似韩信这样的智力型人才，比较爱惜自己的生命，一般是不屑于靠死拼硬打去吸引眼球、博取关注的。而在军队基层做事，如果打仗不够拼命的话，单靠智力想脱颖而出是非常困难的，除非遇见真正懂自己的伯乐。

另外，韩信在性格上也有缺陷，情商不太高。情商往往是一个人能否脱颖而出的重要因素。所以，韩信没有被项梁发现，不足为奇。

项梁战死后，项羽当了军中老大，韩信有幸得以升任为"执戟郎中"，在项羽帐前做护卫，相当于现在领导门口站岗的卫兵队长。

这个职位也不高，但有机会接近权力中枢。于是，韩信屡次寻机向项羽献言献策，以求重用。

就像现在的一些年轻人，刚上班不久，不是把心思放在本职工作上，而是整天想一些稀奇古怪的所谓高明方案，逮着机会就在领导面前表现一下，目的无非是希望能够引起领导的注意，以期得到赏识提拔。

韩信的心态差不多也是这样。每次要打仗时，他不好好站岗，总是竖着耳朵听里面在说什么，冷不防过去插几句话，表明自己的观点。

但项羽是贵族出身，对身份高低比较看重，心想你一个看门的能有什么见识，往往听都不听，就把韩信给轰出去了。

项羽的不待见和轻视深深地伤到了韩信的自尊心，也正是因为这段经历，后来项羽无论怎么拉拢韩信，韩信都不为所动，非要干掉项羽而后快。

既然项羽看不上，对于韩信这种胸怀大志，又有真才实学的人来说，是不会甘心的，肯定要另谋高就。入关之后，韩信就走了，与项羽擦肩而过，这就是我们常说的有缘无分。

韩信走的时候，心里应该非常纠结，毕竟项羽当时红得发紫，前途大好。估计跟现在一些人不得已跳槽离开知名公司一样，那种内心挣扎只有当事人才知道。

很多人都喜欢对历史做假设，我们不妨也假设一下，如果项羽重用了韩信会是什么局面？

想想都让人不寒而栗，那真是强强联手。一个能打，一个能谋，绝配啊！但以项羽的性格，两个人估计也不一定能和谐相处，最终也要分道扬镳。

等到刘邦被项羽封为汉王的时候，韩信投奔到刘邦军营中，跟着来到汉中。因为之前没有积累什么好名声，所以到了刘邦那里，开始也只是做了一个名叫"连敖"的小官，主要是负责接待宾客，迎来送往，对韩信来说，仍然是大材小用。为此，韩信很不痛快，整天显出一副郁郁不得志的样子。

人一旦有了这个状态，难免会牢骚满腹，对上面的政策说三道四。

一天晚上，韩信和十几个战友一起喝酒聊天，由于思念家乡，又不得志，大家产生了共鸣，便发起牢骚，说些扰乱军心的怪话。这些怪话恰好被好事者听见，给举报了。

军队里的规定是非常严格的，动不动就会军法处置，砍脑袋。韩信这伙人活该倒霉，被判了死刑。

韩信的人生看似已经倒霉到极点了，但事物的发展规律往往是物极必反，否极泰来。韩信的命运恰恰印证了这一点，从此开始时来运转，因为行刑那天，韩信碰到了他人生中的第一个贵人。

那么，这个贵人会是谁呢？

36. 萧何月下追韩信

执行死刑那天，韩信碰到了他人生中的第一个贵人，这个贵人就是滕公。

说到滕公，大家可能很陌生，其实就是刘邦的心腹爱将夏侯婴。

夏侯婴应该是韩信最早的伯乐，那么他是怎么发现韩信有才能的呢？

　　我们还是继续来说韩信行刑那天，这天夏侯婴也在旁边。

　　与韩信一起被执行死刑的其他十几个人都比较老实，既然犯了军法，军法又那么严格，他们只有认命受死。但是轮到要砍韩信脑袋时，韩信一抬头，正好看见夏侯婴也在看他，大眼瞪小眼，感情瞬间传递，他急中生智，大声喊叫道："汉王不是想成就统一天下的功业吗？为什么要随便斩杀壮士呢？"

　　夏侯婴长期跟随在老大刘邦身边，为人处世上有一种习惯性的敏感。他看韩信相貌堂堂，气质高雅，又自称"壮士"，凭直觉料定韩信不同凡响，而军队正是用人之际，他便摆摆手让停止行刑，然后把韩信叫过来聊一聊，说白了就是面试。

　　面试死刑犯，估计自古也少有！

　　这一聊不要紧，夏侯婴认为韩信果真是一个不可多得的人才，于是把韩信的情况汇报给了刘邦。

　　刘邦这个人情商非常高，对这种小事情无可无不可，既然是贴身车队队长夏侯婴出面说情，当然不好意思拒绝了。

　　刘邦不但下令免了韩信的死罪，还任命韩信为治粟都尉。

　　"治粟都尉"这个官职应该与运输军粮有关，也不是什么大官，但比以前好多了。

　　后来，刘邦私下里对韩信也进行了认真观察，只是并没有发现他有什么与众不同，便没放在心上，这事就这样过去了。不管怎样，韩信总算捡回一条小命。

　　但是韩信不是那种为了活着而活着的人，他是有梦想的，仍然在寻找机会表现自己。

　　机会说来就来！

　　韩信死处求生的事迹被丞相萧何听说了。萧何从夏侯婴那里了解到韩信的情况后，很好奇，就把韩信叫过来面试。于是，韩信趁着这次难得的机会，把满脑子的想法向萧何一吐为快。

萧何读书多，有思想，有文化，不听则罢，一听便被韩信的才华给镇住了，他认为韩信不仅是人才，还是奇才。萧何当即向韩信承诺，抽出空来，一定会把他推荐给刘邦重用，不过需要他先耐心等待。

韩信信以为真，专心等着，左等右等就是不见刘邦踪影。时间长了，韩信等不下去了，心中犯了嘀咕，揣测自己可能是被萧何给骗了，认为萧何只是安慰自己而已，堂堂丞相大人怎么会那么好说话呢？也可能是萧何确实向刘邦推荐了自己，可刘邦不认可，萧何又不好意思和自己说明，就这样不了了之。

韩信越想越感觉没前途，便有了另寻出路的想法。

当时，刘邦军营中的军心不太稳，在去往汉中的路上，已经有几十名将士逃跑了，到了汉中后，又有很多人偷偷溜走。这样的事天天发生，传得沸沸扬扬。

逃兵在部队里的影响很恶劣，会直接导致军心动摇，所以部队里对逃兵的惩罚向来很严厉。这实际上跟现在公司内部员工辞职，炒老板鱿鱼一样，很容易情绪传染，影响工作。老板一般嘴上说无所谓，心中往往非常痛恨这种事情发生。

韩信也不例外，他也受到这种情绪的影响，心想老子既然得不到重用，干吗还要陪你们在这个鸟不拉屎的地方玩啊，还是赶快自寻前程比较好，万一仗打完了，老子只能再去钓鱼谋生了。

主意打定，他便从刘邦军营中逃走了。

听说韩信逃跑了，萧何一下子就慌了，最近太忙，他忘记了向刘邦推荐韩信的事。他来不及报告刘邦，也顾不上丞相的体面，连夜追了过去。为此，成就了一段佳话，也就是"萧何月下追韩信"的典故。

这天夜里，一轮皎洁圆月当空悬挂，银白的月光洒在大地上，显得格外亮堂。萧何单人匹马朝着韩信逃跑的方向扬鞭狂奔，差不多追了上百里地，借着月光，突然看到一个人斜靠在一棵大树下休息，胸前抱着一把宝剑。

萧何收住缰绳，移近一看，正是苦苦追寻多时的韩信，他立即跳下马走过去，在韩信的屁股上轻轻踢了一脚。

韩信打了个激灵，从睡梦中惊醒，一跃而起，嗖的一声，宝剑已经同时出了鞘，定睛一看，原来是丞相大人萧何，不禁大吃一惊，赶快将宝剑收回鞘内，拜倒在地。

萧何把韩信扶起，生气地说道："小韩啊，怎么不辞而别了呢？"

韩信见萧何没有随从，只身一人，稍微放松了些，说道："丞相大人，这也是没办法的事啊！汉王看不上我韩信，我韩信留下来还有什么意思呢？倒不如一走了之，免得让丞相大人为难，再为我费心了！"

萧何略显歉疚地说道："小韩啊，这事不能怪汉王，最近我公务繁忙，还没来得及向汉王说起你的事。你现在跟我回去，我马上向汉王大力推举你，如若不成，再走不迟，到时候我亲自为你送行！"

话都说到这个份儿上了，韩信只好硬着头皮跟着回来。

这一来一回，前后大概过了两天的时间。两天虽短，但对刘邦来说，如同两年，茶不思，饭不想，在反思自己哪里对不住萧何。

到了军营，萧何都没来得及回自己的营帐，而是直接去找刘邦，终于说服刘邦重用韩信，并准备举行隆重的拜将仪式。

那么，拜将仪式会顺利举行吗？

37. 登坛拜将

按照萧何所说的拜将规矩，要择吉日、选良辰，身为汉王的刘邦还要斋戒三天，同时建造拜将坛。一切准备妥当，专等黄道吉日那天到来。

拜将的日子说到就到。一大早，一轮红日喷薄而出，红光映照在随风招展的红旗上，把将坛映衬得红红火火。三军主要将官已经聚集在拜将坛下面，专等汉王刘邦前来拜将。

究竟拜谁为将呢？

关于这个问题，自从刘邦公告要拜将那天起，就萦绕在每个人心中，平时饮酒作乐时，还开玩笑似的互相道贺。

此时，大家更加兴奋，交头接耳，议论纷纷，都客气地说肯定是对方要享此殊荣，其实心里估计都在想，是你才见了鬼呢！

特别是周勃、樊哙和灌婴等将领，这些人身经百战、战功赫赫，且跟刘邦关系非同一般，成了大家心目中的热门候选人。有的将士甚至已经急不可耐地提前跑过去道喜祝贺了。

不一会儿，只见刘邦和萧何等核心领导层的车队陆续进场，现场一下子寂静下来，大家迅速排成了整齐的队伍。

待拜将时刻到了，先是萧何缓步走上将坛，他清了清嗓子，大声宣布拜将仪式正式开始，请韩信登坛行礼。

当"韩信"两个字从萧何嘴中吐出的那一刻，众将目瞪口呆，有人甚至都没听说过这个名字，还在那里琢磨萧何是不是昨天晚上没休息好，口齿不清了。

接到指令，韩信从容出队，一步步登上拜将坛。

这一刻，韩信煎熬般地等待了很多年，这些年他不知道遭受了多少白眼、委屈和屈辱，只为了这枚将印，现在终于实现了。

韩信内心稍微有些激动，但表现得出奇的平静。类似的场景，他不知道在梦中推演了多少次，好像这枚将印早已在等着他受领似的。

刘邦亲自走上前来，先授将印，再授军符，最后授斧钺。一套程序走完，韩信就要成为名副其实的大将军了。

当然，跟所有的仪式一样，在仪式快结束的时候，身为老大的刘邦肯定要说两句了，否则时间久了，可能搞不清楚谁才是这支军队的真正领导者。

刘邦朗声说道："从今天开始，韩信就是我们的大将军了！以后，军内事务统归大将军节制管理，希望大将军能够与将士们同甘共苦，同心同德，勇往直前，建功立业！如军中有敢藐视大将军，违令不从者，军法处置，可先斩后奏！"

刚说完，韩信忙上前向刘邦下拜道："臣一定竭尽全力，誓死来报答大王的知遇之恩！"

大家此时才完全反应过来，原来治粟都尉韩信当真被授予了大将军，既震惊又失望，心想这小子不是那个钻人家裤裆的家伙吗？前段时间还做了逃兵，汉王最近老酒是不是喝太多，喝糊涂了，心怎么那么宽！

虽然这样想，但谁也不敢跳出来造次，军法可不是闹着玩的。大家都装作一本正经地傻站着，默默接受。特别是刘邦说到"先斩后奏"时，更是大吃一惊，冷汗直冒。

刘邦讲完话，整个拜将仪式才算结束。

其实，刘邦心里更不踏实，毕竟全部身家都押给韩信这个名声好像不太好的家伙了，而他自己对韩信的了解仅限于萧何、夏侯婴等人的介绍，究竟怎么样，鬼才知道，万一搞砸了，他这把年纪想再翻身就难喽。所以仪式结束后，刘邦没有直接走掉，而是摆摆手招呼韩信到自己车上来，他要亲自"面试"一番。

一般情况下，即便是一个无关紧要的职务，用人单位都会在任职前反复面试，生怕用错人，白花了钱。刘邦偏不，最重要的职务竟然在任职后才临时面试。这用人之术也真够别具一格的，内心不够强大，对自己的领导力不够自信的话，怎么敢这样做呢？

实际上，刘邦自有他的用人逻辑，并不是盲目瞎用。他认为，丞相萧何那么优秀，那么忠诚，所推举之人肯定也不会差到哪里去。这逻辑既简单又实用，何乐而不为呢？

听到刘邦召唤，韩信快步走过来，深深鞠了一躬，然后坐到了刘邦身边。刘邦和颜悦色地问道："我的韩大将军啊，丞相经常在寡人面前盛赞你，说你是大才、奇才、天才。今天正好有空，你给寡人说说看，以后咱们究竟该怎么办啊？"

不用说，这就是刘邦今天要出的面试题目。答得好，大将军印，你就大胆拿走；答不好，对不起，自己掂量着办。

这道题目并不刁钻，常规问题，基本每个领导都会这样问，却是一道经典题目。

有的领导，水平比较平庸，喜欢出所谓刁钻的问题来凸显自己的水平。其实大可不必，这样反倒会暴露自己的不自信。刁钻问题本身就容易让人跑偏，而想通过一两个刁钻问题看透一个人更是天方夜谭，因为真正厉害的人是不屑于被你刁难的，只有擅长投机取巧的人，才会设法化解你的刁钻问题。

刘邦的问题就非常好，简单直接，又能探出韩信的真实能力。

请一个人来做事，不是让他来享受以前的既得成果，而是让他来解决团队存在的问题，所以要多问他以后怎么办。

韩信是聪明人，当然明白其中的道理。关于这个问题，不知道半夜睡不着的时候，他想了多少遍，早已了然于胸。

那么，韩信会怎么回答呢？

38. 汉中对策

针对刘邦提出的问题，韩信并没有急着直接回答，而是反问道："大王是不是一定要向东争夺天下呢？如果是，那就是要与项羽公开为敌了！"

刘邦眼睛一亮，微微点点头说道："是啊！"

韩信的这个问话看似是一句废话，其实正中要害。

因为政治军事的首要问题就是要搞清楚"谁是我们的敌人，谁是我们朋友"，如果这个问题都稀里糊涂，仗肯定打不好，打的也是糊涂仗。实际上，无论是国家之间，还是人与人之间，都是如此，只有把这个问题搞清楚了，一切套路手段才会有的放矢，行之有效。

当时天下十九路诸侯王，唯有项羽才是刘邦真正的对手，也就是敌人，所有的套路打法都应该围绕项羽做文章，明白这一点才能对症下药。而项羽在开始的时候，就是把这个问题给搞错了，才得以让刘邦有机会发展壮大起来。

既然敌人明确了，韩信紧接着又问道："大王认为自己在勇猛强悍和仁义厚道两个方面，跟项羽相比，谁会更强一些？"

这个问题很虐心，相当于在说刘邦水平不咋地，没有项羽厉害，更虐心的是还要刘邦自己承认。没有足够的勇气和自信，没有哪个下属敢这样问领导。何况，也没有哪个领导愿意被下属这样问。

刘邦当时也差点被问住，一脸尴尬，但毕竟是老江湖，做大事的人。他沉思了好长时间，才勉强笑呵呵地回答道："咦，你还别说，这两方面，寡人还真都不如项羽那臭小子啊！"

当然，韩信再直率，也知道自己的问题很伤人。听完刘邦的回答，马上站起来向刘邦拜了再拜，对刘邦的自知之明深表赞赏和由衷的敬佩，然后继续说道："说句实话，大王别不高兴，臣下也认为大王比不上项羽，但这些都是小节，没有多大关系！臣下曾经在项羽身边做过事，对项羽的脾性还是了解一些。臣下想给大王分析一下项羽的为人，不知道大王是否愿意听？"

项羽是自己的死对头，刘邦最喜欢听别人给他分析项羽了，于是头往前探了探，那意思是你说吧。

韩信分析道："项羽这个人，个人能力超强，打仗时，一旦震怒发威，千百人都能被他吓得大惊失色，可以说无人能敌。但是他有一个很大的问题，就是不能放手让下面的人去做事，总是嫌人家水平太差。一个人再厉害有什么用？也不过是匹夫之勇罢了！另外，项羽只是貌似很仁厚，平时待人恭敬慈爱，言语温和，有亲信生病了，甚至还会心疼得流眼泪，将自己的饭菜分给人家吃，可是等到人家立下战功，该加官晋爵了，他又装糊涂，把刻好的封印在手里把玩得都失去了棱角，还舍不得轻易封赏给人家。这就是妇人之仁，喜欢用小恩小惠拉拢人，不足以成大事！所以呢，这两个方面，表面上项羽比大王强，实际上远不如大王啊！"

听到这里，刘邦心里总算是痛快了一点，谁不喜欢听夸奖的话啊？

韩信继续说道："如今项羽称霸天下，貌似强大，诸侯臣服，但是他放弃了关中的有利地形，建都彭城，真是大错特错啊！况且，项羽不但违背了义帝当初的约定，还擅自分封诸侯，导致很多原来的诸侯王愤愤不平。大家现在只是敢怒不敢言而已，就等有人挑头反对项羽。另外，项羽把义帝赶到江南偏远的地方，新封的诸侯王也有样学样，回去驱逐自己原来的国君，占据好的地方自立为王，这就是不仁不义！还有，项羽的军队所到之处，无不生灵涂炭，天下百姓无不心怀怨恨，只不过迫于他的淫威，勉强归附罢了。以上种种，项羽名义上是霸王，实际上早已失去天下人心，他的优势也已经转化为劣势。如果大王能够反其道而行之，大胆任用天下能谋善战的人才，何敌不摧呢？将天下土地分封给有功之臣，何人不服呢？以正义之师，顺从将士们东归的心愿，何地不克呢？"

一番话下来，刘邦被韩信说得有点小激动了，胸中汹涌澎湃，使劲点点头，鼓励韩信继续说下去。

韩信又说道："我们再看看项羽分封关中的三个王，章邯、董翳和司马欣，所谓秦人治秦，成掎角之势，配合完美，实际上不堪一击。为什么？因为三个人不得人心！他们原本都是秦朝将领，率领秦地子弟兵平定海内，结果死伤无数，而且还失败了。最可恨的是，这三个家伙为了独活，竟然欺骗秦军将士，向诸侯投降。大王听说了吗？在新安，项羽使用诡计活埋了已投降的二十多万秦军将士，唯独章邯、司马欣和董翳三个人得以保住性命，为此，秦地百姓对他们恨之入骨。如今，项羽不顾天怒人怨，强行封立这三个家伙为王，秦地百姓没有谁会真正拥戴他们！反观大王进入关中后，不但秋毫无犯，还废除了秦朝时期的严刑峻法，只约法三章，关中百姓无不感恩戴德，都想留大王在关中称王。根据怀王之约，大王也理应在关中称王，天下人应该都知道这个约定。但大王迫于项羽的淫威，放弃关中称王，来到汉中，关中百姓没有不遗憾的。如果大王发动军队向东挺进，只需一道文书，关中可平！"

韩信和刘邦的这次对话非常重要，也非常著名，后人称之为"汉中对策"。

刘邦听得目瞪口呆，这番见解不同于以往历史上那种单纯以攻城略地为手段来图谋天下的策略。

韩信在"汉中对策"中不讲天时，不论地利，不谈用兵，只问人心。身为三军统帅，韩信的这种着眼点是很了不起的，用现在的话说，就是有大格局，懂军事，讲政治。如果没有对社会的冷眼观察和深入研究，是不可能做到的，也不敢这样独辟蹊径。

在后来进行的军事斗争中，韩信都或多或少有政治谋略在里面。由此可以看出，韩信不仅仅是一位天才军事家，而且在他身上还具备政治家的特征，这是一个伟大军事家必备的素质。

不懂政治的军事家，比如项羽，只能成为悍将，赢得一时而无法取得最终胜利。

相信在被萧何等人面试时，韩信也一定提过"汉中对策"的观点，所以萧何才认定他是"国士无双"。"汉中对策"对刘邦的思维方式和未来的楚汉战争，以及西汉初年的治国思想都产生了巨大而深远的影响。

但是，凡事都有两面性，甚至有多面性。

也正是韩信身上的这种政治家气质，让刘邦战胜项羽后，第一时间解除了他的军权，最后欲除之而后快。说白了，韩信不但琢磨事，也就是军事，而且非常擅长琢磨人。

刘邦恰恰也是那种特别喜欢琢磨人的人，他断定韩信确实非同一般，有相见恨晚的感觉。

那么接下来，刘邦还会向韩信问些什么问题呢？

39. 明修栈道，暗度陈仓

刘邦拍着韩信的肩膀说道："韩大将军名不虚传，分析独到啊！以后军中之事你只管大胆去负责。寡人还有一个问题，你看我们什么时候发兵东征比较好啊？"

韩信知道自己已经面试通过，便从容不迫地回答道："大王，还是要从长计议啊！那项羽虽然有那么多不足，但确实是个特别能打仗的人，手下将士又训练有素，身经百战，作战英勇，我们还是不能大意啊！兵法有云，将不练不勇，兵不练不精。臣以为，眼下还是要先操练好兵马才行！"

刘邦认为非常有道理，千里之行，始于足下嘛，不管怎么说，最终还是要在战场上真刀真枪地一见高低，没有骁勇善战的军队，终归是纸上谈兵，于是当即表示同意。

韩信提出先练兵，再考虑东征的建议应该有两个目的。

一个目的，就是他自己说的，刘邦的军队组成比较繁杂，来自社会各个层面，以前打秦朝的地方军队，还打得那么艰难，从来没有正儿八经地打下过几座城池，全靠收买、忽悠、恐吓得逞，现在是要打项羽的虎狼之师，必须进行严格的正规训练，让军队面貌焕然一新。

另一个目的，也是韩信最重要的目的，就是通过练兵来提高自己威信。试想，仅凭他之前不堪的名声和工作经历，一旦上战场，难免会有人不服从指挥，甚至暗中使坏，那么再好的战法也施展不出来。

事实上，经过一段时间的操练，韩信的两个目的都达到了。类似周勃、樊哙和灌婴等战功赫赫、资格很老的将领，看到韩信的确有真本事，都在训练中由轻蔑怠慢转变成心悦诚服。同时，军队的战斗力也得到了大幅度提升。

好了，既然军队搞定了，那就要东征一试了。

汉元年八月，也就是刘邦大概五十一二岁的时候，刘邦决定东出汉中，进攻关中。

前面说过，来汉中的时候，刘邦听取张良的建议烧毁了栈道，如今这么多军队怎么可能一下子冲出去呢？何况栈道那头连接着雍王章邯的领地，而章邯这小子受了项羽天大的恩遇，已经死心塌地为项羽卖命了，肯定会死命阻击刘邦。

于是，刘邦把韩信找来商议对策。

韩信指出，据他了解，不走栈道，通往关中还有一条小道，可以绕到陈仓，也就是今陕西省宝鸡市陈仓区，很少有人知道。

这条小道具体在哪里呢？

当时指的是嘉陵道、陇右道、故道等几条道路曲折绕行，也就是从汉中出发，经今天的勉县西北，自沮口入山，再经略阳、成县、武都、徽县、两当、凤县等，最后在宝鸡市陈仓区进入关中。路途比栈道要遥远很多。

即使再远，那也是路！

韩信建议，一边派军队大张旗鼓地修造栈道作为疑兵，让章邯放松警惕；一边从这条小道偷偷出奇兵突然杀进陈仓。

韩信的这条计策与当初张良给刘邦出的计策可以说是珠联璧合：一个是烧栈道，迷惑项羽，争取时机，休养生息；一个是修栈道，令章邯放松警惕，声东击西，奇兵出击。

刘邦听后不禁拍着手说道："好啊，好啊！果真英雄所见略同啊！韩将军大胆去干吧，寡人准了！"

韩信的这一军事方案，被后人总结成一句成语，那就是"明修栈道，暗度陈仓"。

那么具体怎么实施呢？

好的战略只有通过完美的战术执行，才能最终实现。

在刘邦的大力支持下，韩信同时做了两件事。

第一件事，派樊哙率领几百人，也有说是一万人，去修筑栈道，扬言要三个月内修筑完工。

为什么要派樊哙执行这个任务呢？

因为樊哙是刘邦最信任的将领，而且能征善战，名气比较大，派他去干，给人的感觉是重视修栈道的任务，容易造成假象，进一步令章邯放松警惕。

记住，如果想做一件非常重要的事，最好按照这个套路来干，干扰会少些，成功的几率也会大些。通俗地说，就是"声东击西"。

第二件事，招募一批擅长翻山越岭，走山路如覆平地，而且英勇善战的当地人。这批当地人就是賨（cóng）人，生活在今四川阆中一带。

关于賨人，估计很少有人听说过，因为现在没有这个民族了，大部分已经融入了土家族。

賨人英勇尚武，跳舞像打仗一样，打仗时又像跳舞一样。可以想象这是一批什么样的人，所以賨人有"东方斯巴达人"的美誉，说明战斗力很强。

当时賨人的头领名叫范目，人称"范三侯"，很有见识，他比较看好刘邦，招募了七千賨人，主动请缨作为前锋，参与突袭陈仓的战斗。有了这支人马的参与，对韩信"暗度陈仓"的战略设想无疑有巨大帮助。

我们先说说明修栈道的效果。

修栈道的消息传到雍王章邯那边，章邯感觉不可思议，冷笑着对左右说道："栈道有那么容易修好吗？可笑至极！汉王脑子是不是进水了？区区几百人怎么可能三个月把栈道修好呢？栈道那么长，地势那么险，当初烧毁很容易，修筑谈何容易，三年能修缮好就算不错了！再去打探一下，现在汉王的大将军是谁？"

没多久，有探子回来向章邯报告，说是一个叫韩信的小子。韩信当时知名度实在太低了，就是一个无名之辈，章邯哪里会听说过。但是章邯久经沙场，经验丰富，大意轻敌容易导致失败的道理他还是懂的，立刻派人又对韩信进行背景调查。

很快，韩信的档案履历被送到章邯办公桌上。章邯看后，差点笑岔气，原来韩信就是那个钻人家裤裆的小子，不但是无名之辈，而且还是无名鼠辈。这样的人怎么能做大将军呢？章邯认定刘邦的脑子要么是被老酒烧坏了，要么是想家想疯了，不由得放松了警惕。

那么，刘邦究竟能顺利杀回关中吗？他又会遇到哪些曲折？

40. 出其不意，重返关中

这时，刘邦让萧何居守都城南郑，负责军队后勤工作，同时派范目带领賨人担任前锋，沿着小路悄悄向陈仓挺进，自己则和韩信率领主力尾随在后。

一路上，刘邦严禁军队扰民。老百姓没有被侵扰，就不会有难民外逃。难民就像现在的雷达一样，哪里如果有大量难民涌出，哪里多半会有重大事件发生。没有难民外逃，刘邦的前锋賨人队伍就像隐形战机一样，神不知鬼不觉地潜入了陈仓。

陈仓守军一直以为，刘邦的汉军在褒斜道哼哧哼哧地修栈道，哪里会想到突然有大量骁勇善战的賨人从天而降，忙乱之下，被打个措手不及，仓皇弃城而逃。有的逃到了章邯的都城废丘来报告。

章邯闻报大吃一惊，有点不敢相信自己的耳朵，向左右问道："真是活见鬼了！这怎么可能呢？栈道没有修好，汉军是从哪里来的？难道他们身上长翅膀了吗？"

于是，马上派人去打探究竟什么情况。

探到的结果更加糟糕，刘邦已经亲自率军占领了陈仓，正准备派韩信率领主力向废丘方向进攻。

得到确定消息，章邯大惊失色，知道大事不好，这才意识到一定有小路通往陈仓，只是为时已晚。

说起来，章邯也是秦朝一位著名战将，却犯了如此低级的错误。按道理，身为大将应该对地理知识了然于胸，特别是秦地家门口，可他浑然不知。

兵家有言："不识地理者，不足以为将！"

直到今天，只要是作战室，墙上最醒目的肯定是一张详细得不能再详细的军事地图，甚至房间中央还可能会摆设重要战略要地的模型。随着科技的发展，卫星已经上天了，主要解决的仍是这个问题。

章邯倒好，家门口的路都不熟悉，实在说不过去。从这点来看，章邯称不上是一位特别优秀的军事家，充其量算一位比较有头脑的战将而已。当年在与农民起义军对抗时，他那两下子还能占得先机，但是碰到项梁、项羽和韩信等真正厉害的角色后，就相形见绌了。

不过，此时的章邯是不会轻易承认失败的。他决定亲自率兵前往陈仓，阻击驱赶刘邦，结果还没到陈仓，就遇到了韩信率领的汉军主力。

两军相遇，二话不说，开打。

汉军就像现在想要回家过年的"春运大军"一样归心似箭，势不可挡。中华民族是一个家庭观念非常重的民族，无论怎样，也要回家团聚。正所谓："有钱没钱，回家过年。"

当时，汉军东归的心情比现在的"春运大军"应该有过之而无不及。春运每年一次，而汉军一旦在巴蜀和汉中扎根，就永远回不去了。

汉军大部分是齐人、楚人，也就是今山东、河南、安徽、江苏等地的百姓子弟，他们怎么可能甘心在巴蜀和汉中安家呢？无论风土人情，还是生活习惯，都完全不在一个轨道上。特别是很多人的父母、兄弟、老婆、孩子都在家里等着他们凯旋，甚至包括刘邦等王侯将相的家眷也还在老家生活。

这些人出来打仗本来是追求功名、光宗耀祖的，好不容易打到了秦朝都城咸阳，应该是很骄傲的事，结果没战死，却回不去了，跟战死有什么区别？想到作为一个胜利者要远走他乡，无家可归，而"隔壁老王"很可能会抱着自己的老婆，打着自己的孩子，多么令人痛心啊！

这样一支军队，又加上经过韩信的正规训练，战斗力可想而知。两军没打多久，高下立判。

章邯眼看不是对手，三十六计走为上策。

但他真的是要逃跑吗？

通过前面的述说，我们可以发现，章邯这个人打仗比较灵活，打得过就打，打不过就逃，一般逃跑是假象，主要是让敌人放松警惕，寻找战机，伺机偷袭，当年的项梁就是被他这样干掉的。这种阴招虽然很奏效，但经常用，就会被有心人摸准规律并加以利用。

前面说过，韩信就是个有心人，特别会琢磨人。对于章邯的阴招，他早在私下里当作案例分析、研究过不知道多少遍了，今天看到章邯打着打着又逃跑了，知道这小子要使坏，故伎重施，便将计就计在后面假装拼命追赶。

在追赶的时候，韩信命令军队分成两部分：一部分，由樊哙率领，在前面快速小心追击；另一部分，他亲自率领，在后面有序调度，随时上前策应。

追了一阵子，章邯果然杀了一个回马枪。樊哙率领追击的部队事先有心理准备，毫不慌乱，从容应对，无懈可击。

章邯偷袭无法得逞，正苦苦应战的时候，突然左右两边又杀出来两支军队，左边是灌婴，右边是周勃。三个猛将夹击，章邯哪里吃得消，死伤惨重，只好找个破绽冲了出去。

冲出去后，章邯命章平去守住好畤城，也就是今陕西省乾县，自己则带着残兵败将逃回了都城废丘。

关于章平这个人，有的说是章邯的大儿子，也有的说是章邯的弟弟。总之，两个人有血缘关系，我们姑且把他们当成父子吧。

回到废丘，章邯知道自己孤军难支，于是派人向项羽在关中分封的另外两个王——董翳和司马欣——求救。

前面说过，项羽之所以分封董翳和司马欣，一个重要的目的就是协助章邯防范刘邦。但是，董翳和司马欣如今已经是王了，就不按套路出牌了，开始考虑自己的利益得失。

俗话说："各人自扫门前雪，休管他人瓦上霜。"

董翳和司马欣生怕把刘邦招惹过来，引火上身，说什么都不愿意过来支援，待在家里静观其变。

没有援军过来阻击，韩信打起仗来更加顺手，他率领汉军紧追不舍，直到好畤城下。章平吃过一次苦头了，老爸章邯又没在身边，干脆缩在好畤城里坚守。

作为前锋，樊哙是围攻好畤城的主力部队。那么，他能顺利攻下好畤城吗？

41. 不分敌友，昏招频出

韩信率领汉军成功击退了章邯父子的阻击，很快推进到了好畤城下。作为前锋，樊哙是围攻好畤城的主力部队，而负责据守好畤城的章平却坚守不出。

攻坚战向来是非常残酷的，没有绝对优势，往往会久攻不下，贻误战机，伤亡巨大。

大概强攻了两天，无法得手，樊哙急得嗷嗷直叫。第三天，樊哙发现城上的守兵稍有懈怠，突然下令架起云梯再次发动猛攻。

看似是懈怠，一旦进攻，城上滚木礌石瞬间又投掷了下来，攻城的士兵吓得步步后退。樊哙大怒，杀狗的蛮劲一下子就激发出来了。只见他一手拿着盾牌，一手拿着砍刀，亲自带头顺着云梯往上攀登，遇到滚石用盾牌挡开，遇到冷箭用砍刀拔掉。这样一阵猛冲，竟然被他抓住一个破绽冲上城墙。后面的士兵看樊哙如此玩命，也疯了一样跟着冲了上去。

在城墙上，双方面对面对砍，展开了血腥的肉搏战。最终，守军不敌，樊哙强攻下了好畤城。章平落荒而逃，逃到了老爸章邯的废丘城。

由于之前刘邦留下的好名声，城中百姓无一反抗，纷纷主动归顺。

这次攻城，樊哙立了首功，韩信上报刘邦请求封赏。

在鸿门宴时，因救驾有功，樊哙已经被加封为临武侯，这次战功，刘邦又提拔他做了郎中骑将。

接着，樊哙、周勃和灌婴率军分头进攻，势如破竹，将章邯所辖的雍地其他城池相继攻下。然后，周勃和灌婴乘势攻入咸阳城，卡住章邯东逃的去路。最后，只剩下都城废丘由章邯困守。

废丘城毕竟是都城，又由章邯父子全力镇守，就没那么好打了。既然不好打，韩信命樊哙先围住不打，反正孤城一座，时间长了自有解决办法。

雍地基本解决后，韩信兵分两路：一路向北，进攻董翳的翟地；一路向东，进攻司马欣的塞地。

董翳和司马欣都是无能之辈，靠运气被项羽分封为王。前面他们怕招惹刘邦，不去救援章邯，如今轮到自己，全傻眼了。他们看章邯基本废了，自知不敌，先后向刘邦投降了事。

项羽本来三分秦地，成掎角之势看住刘邦，却由于章邯的大意，董翳和司马欣的无能，三秦大地被刘邦轻而易举拿下绝大部分，只剩下章邯的废丘城和上郡、北地一些地方还有零星抵抗。

从此，刘邦的汉军名声大噪。

正是这个时候，被陈馀给偷袭打跑的常山王张耳听说了，经过反复权衡，决定率领残兵败将来投奔刘邦这个昔日的老朋友。

至此，项羽分封的十八路诸侯又去掉两个半，那半个是困守在废丘城的章邯。

这种局面的出现让项羽始料不及，他大为光火。项羽的分封逻辑是迫使诸侯王自相残杀，他好从中渔利，结果除了燕地的臧荼符合预期外，齐地、赵地、秦地都和他当初的设想相去甚远，甚至相反。

项羽坐不住了，一怒之下把已经贬为侯爵的韩王成给杀掉了。

这简直是莫名其妙，不知道项羽怎么想的。前面说过，项羽最初是想通过扣押韩王成，达到控制张良的目的，现在韩王成死了，让张良何去何从？

不久，项羽又加封了一个名叫郑昌的人为韩王，让他带兵接管韩地，以图在刘邦出函谷关的位置设置一道屏障。同时，派出一个名叫萧公角的人，去进攻归顺田荣的彭越。

韩王成被杀，郑昌接管韩地，张良伤心至极，于是偷偷从小路逃到关中，投奔了刘邦，从此与项羽势不两立，一心想着干掉项羽为韩王成报仇雪恨。

在逃走之前，张良给项羽留下了两封书信。一封书信大意是说，刘邦按约定理应分封在秦地，现在既然刘邦得偿所愿，肯定不会再东进了，而齐王田荣就不一样了，他因为没有分封，对你项羽恨之入骨，一定会想方设法与楚国为敌。

另一封书信是田荣和陈馀合伙给刘邦写的一封信，这封信主要是鼓动刘邦一起反楚。

很显然，留下这两封信是离间计，主要目的是挑唆项羽去进攻田荣，而不要把刘邦当作主要对手。张良这是在明目张胆地给项羽出馊主意。

虽然对刘邦攻灭三秦怀恨在心，但是项羽认为张良的分析不无道理，也确实符合实际情况。恰在这时，负责攻打彭越的萧公角大败而归。这让项羽下定决心亲自率兵征伐齐王田荣。

临行的时候，项羽曾征召九江王英布一同前去进攻齐地，但是英布已经实现人生理想做了王，偏安一隅，活得潇洒自在。他不想跟着项羽再出去砍砍杀杀了，只说自己生病了，无法成行，仅派了四千步兵过去应付项羽。

当然，项羽对英布的态度还是有点不满的，但也无话可说，人家请病假，总得允许啊。

矛盾都是逐渐积累起来的，这件事让项羽和英布之间开始产生罅隙。

英布借病不来，项羽也没有让他闲着，给他下了一道密令。

什么密令呢？他令英布秘密杀掉义帝熊心，也就是以前的楚怀王熊心。

好端端的，为什么要杀义帝熊心呢？

凡事都有因，要么是项羽有更大的野心，也有称帝的打算；要么是项羽对义帝熊心实在太忌恨了，不杀不痛快。

总之，他要杀义帝熊心而后快。

接到项羽的命令，英布这次倒非常干脆，杀个人对他来说太简单了，比去战场上拼杀要省事得多，可以说不费吹灰之力。

但怎么杀呢？明目张胆地去杀总归不好，传出去那可是弑君之罪，大逆不道，要背负骂名的。于是，英布先派人探明义帝熊心的行踪，他要搞暗杀。

前面说过，分封诸侯的时候，项羽把义帝熊心打发到长江上游郴地。郴地当时属于穷乡僻壤，蛮夷之地，发配犯人的地方。

义帝熊心在彭城待着多舒服啊，就不愿意去，他在彭城磨磨唧唧，赖着迟迟不肯上路。等到项羽从咸阳回到了彭城，义帝熊心还是没启程。项羽和义帝熊心关系一直不好，感觉他实在是太碍眼，硬是把他给赶走了。

说起来是义帝，名头不小，手里无权无钱无兵，还要去荒无人烟的地方，谁会跟着他混啊？

刚刚上路，义帝熊心手下那帮随从已经跑得差不多了，只剩下一帮船夫水手等打杂的，不得已跟着。

常言说："龙游浅水遭虾戏，虎落平阳被犬欺。"

沦落到这般田地，时间长了，打杂的也不把义帝熊心当回事了。他们开始怠工，拖拖拉拉、慢慢悠悠地沿着长江向前行进，每天走三五十里路就算不错，因此船行了很久，还在半路上晃着。

那么，义帝熊心究竟结局如何呢？

42. 按下葫芦起了瓢

打探到义帝熊心的行踪后，英布立即派一伙九江兵伪装成强盗，驾驶着快船，星夜兼程追了上去。

这天傍晚时分，这伙九江兵拦住了义帝熊心的去路，强行登上船，见人就砍，见钱就抢，直到把义帝熊心杀掉，把满船的财物洗劫一空后，才扬长而去。

在回来的路上，正碰到有几艘船只迎面而来，一打听，原来是英布的老丈人衡山王吴芮和临江王共敖派来的人马。这两支人马也是奉了项羽之命前来追杀义帝熊心的。

杀一个手无寸铁、毫无反抗能力的义帝熊心，项羽竟然动用了三个王，不知道项羽是怎么想的，闹得天下皆知好吗？

这就是把自己真正的敌人给搞错了，意气用事！

试想，如果项羽将义帝熊心留在彭城，"挟天子以令诸侯"，估计后面的局势至少在政治上不会那么被动。

但项羽不这么想，更不会这么干，这么干多无耻啊，也显得自己没本事。相反，他很可能认为，杀掉义帝熊心那才叫高明，一不做二不休嘛，男子汉大丈夫顶天立地，怎么能畏首畏尾，而且还可以报了以前被当面羞辱的仇。

后来，这件事让项羽落下了弑帝的罪名，甚至被刘邦拿来大做文章，到处宣传，成了剿灭项羽的重要借口。

项羽这会儿肯定还意识不到，听说义帝熊心被干掉了，非常高兴，开始全力以赴进攻齐地，讨伐齐王田荣。

项羽打仗还是相当厉害的，攻入齐地后，所向披靡，直逼齐国都城城阳，也就是今山东省青岛市城阳区。

齐王田荣对付他们老田家的那几个兄弟还行，但和项羽就不在一个档次上了，屡战屡败，最后硬是被项羽打出了城阳，只好带着几百残兵败将落荒而逃，逃到了平原，也就是今山东省德州市平原县。

估计被项羽打傻了，田荣凭借手下几百人在平原仍然搞得像齐王一样，结果犯了众怒。当地百姓认为，齐地现在的乱局，正是因为田荣不服从项羽分封所致，否则大家早过上太平日子了。于是，他们集结了几万人把田荣给杀了。

这倒让项羽省事不少，于是项羽拥立田假为齐王。

前面说过，这个田假是齐王建的弟弟，曾经趁着田荣的哥哥田儋战死时，自立为齐王，结果没干几天，就被田荣赶到了项梁那里。项梁出于好心收留了他，也正是因为这事，田荣和项羽叔侄结下了梁子。

现在田荣死了，项羽自然加封他为齐王才最放心。但是这个田假实在是烂泥扶不上墙，能力太有限，齐人不服他管。为了稳住局势，项羽在齐地搞恐怖镇压，烧杀抢掠，无恶不作。

田荣有个弟弟名叫田横。这小子比他哥哥田荣还要厉害，趁机收集了哥哥田荣的残余军队，又招募了一批人马，把田假赶出了城阳，拥立哥哥田荣的儿子田广为王。

田假只能又跑回项羽那里。

这次可把项羽气得够呛！项羽心想，我们老项家倒霉就倒霉在你这个废物点心身上，给你打好的江山，你屁股都没坐热，就又被赶跑了。一气之下，他索性把田假赶到阎王那里做了小鬼。

接着，项羽亲自率兵再攻城阳，本以为田横刚主持大局，根基不稳，一击必杀，哪里想到田横不但能打仗，还会发动群众，竟然调动百姓合力拒守。

持续了几个月，横竖就是攻不下城阳，正当项羽攻城攻得焦头烂额的时候，殷王司马卬前来求救。

关于司马卬，前面我们提到过两次。一次是刘邦西进的时候，司马卬曾经试图先入关，被刘邦阻挡在黄河渡口；另外一次是项羽封他在河内做了殷王。

那么这次，司马卬因为什么事来向项羽求救呢？

原来趁着项羽伐齐，无暇西顾，刘邦开始四面出击。

为了说清楚，我们暂且不按时间顺序，而是按照从北到南的地理位置来梳理刘邦的进攻路线。

北边，刘邦派出郦商收编上郡和北地。

关于郦商，前面说过，是"狂生"郦食其的弟弟，也是一位著名战将，后面还会经常说到。

上郡属于翟王董翳的一块封地，北地属于雍王章邯的一块封地。董翳已经投降，章邯又被围困在废丘城，这两块地方很快被郦商顺利拿下。

东边，刘邦派人招降了河南王申阳。

前面说过，河南王申阳以前是张耳的心腹，由于战功显赫，被项羽赏识分封。他的封地河南国，靠近函谷关，地理位置非常重要。

河南王申阳比较识时务，看到老领导张耳已经归顺了刘邦，而且刘邦在关内外深得人心，兵强马壮，前途不可限量，知道自己反抗也是死路一条，便主动投降。

刘邦最喜欢人家投降，欣然接受，让申阳继续镇守河南地，只是将河南国改置为河南郡，降了一格。

河南地旁边是韩地，前面说过，被项羽派过来的一个名叫郑昌的给接管了。郑昌在那里做了韩王。

于是，刘邦派韩王信率兵进攻韩地。

张良以前一直拥着韩王成，现在韩王成已经死了，他又想拥着这个韩王信去收复韩地，复国之心不死。可见张良是多么忠诚，你能说他是一个小人吗？

这次刘邦无论如何不愿意再放走张良了。

张良不忠诚吗？

刘邦就封张良为成信侯，把韩王成和韩王信合二为一。

张良当然明白其中的深意了，很是感动，又加上自己身体状况一直不好，体弱多病，于是决定从此留在刘邦身边。

韩王信毕竟是韩国王室正宗后裔，回老家打仗还是深得人心的。郑昌名不正言不顺，自知不敌，还没开打，便乞降了事。

就这样，韩地轻而易举被刘邦收入囊中。刘邦加封韩王信为韩王，而郑昌给韩王信做了下属，苟全了性命。

项羽搞分封可以说用心良苦，结果都是因为所用之人要么无能，要么不义，计划相继落空。

再说南边，刘邦派薛欧和王吸出武关前往南阳郡，目的是通过南阳郡，到沛县去接自己一家老小。沛县现在是项羽的地盘，万一将来楚汉大动干戈，刘邦担心家人会被项羽抓起来做人质。但后来果真如此。

关于薛欧和王吸，史书上记载并不多，但战功显赫，后来都封了侯，而且被归入刘邦的十八功侯。

所谓十八功侯，指的是刘邦麾下助其一统天下、建立汉室江山的十八员功劳最大、能力最强的开国功臣。

那么，薛欧和王吸能接回刘邦的家人吗？

—— • 第五章 • ——

刘邦东征

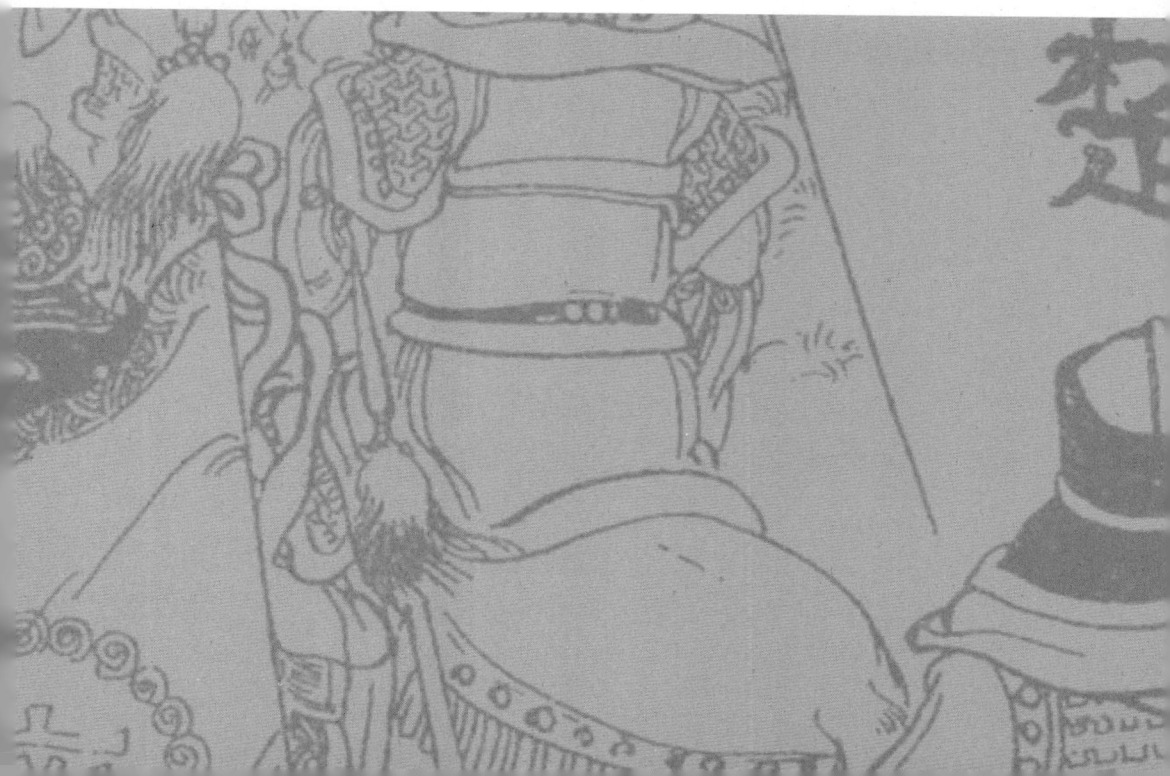

43. 为东征做准备

薛欧和王吸出武关，经过南阳郡，准备到沛县去接刘邦一家老小。

关于南阳郡，大家应该比较熟悉了，当年，刘邦西进武关，就是从南阳郡过来的，现在属于项羽的领地。

这里有一个人很有影响力，名叫王陵，是刘邦的老乡。刘邦西进时，他虽然投降了，但是认为自己年纪比较大，刘邦还给他做过小弟，所以不肯屈居刘邦手下做事，就没有跟着入关。

现在刘邦今非昔比，已经贵为汉王，而且还占领了秦地，明显处于上升态势。所以王陵当即同意归附，他的老娘也在沛县老家，正好趁这次机会，一起接回来。

于是，王陵与薛欧、王吸合兵一处，向东迁回行进。这天就到了阳夏，也就是今河南省太康县，在那里，被项羽的楚军拦住了去路，只好临时找了个地方驻扎下来。

收到薛欧和王吸的报告，刘邦认为，项羽力量不可小觑，需要招募四五十万兵马才能与之对决。这时，已经是隆冬腊月，天寒地冻，雨雪纷飞。天一冷，人就不愿意动，更不愿意打仗，刘邦决定还是先回关中休养生息，来年再做打算。同时，他把都城从汉中南郑，迁到了关中栎阳。

这个冬天，刘邦也没闲着，他根据萧何等人的建议，发布了一系列安民政策：

1. 将秦社稷正式改为汉社稷；

2. 实行大赦，将监狱里的囚犯全部释放；

3. 让利于民，开放秦朝时的皇家园林，交给老百姓耕种；

4. 减免赋税，休养生息；

5. 搞基层民主选举，凡是年龄在五十岁以上，有善行，口碑好的，可以参选三老，每乡一人，再从各乡三老中选出一人，到县里面做三老。

经过一系列政治举措，关中经济得到发展，百姓安居乐业，成为刘邦东征的坚实大后方。

第二年，春暖花开，刘邦再次率兵出关，东征项羽。这次出函谷关比较顺利，因为河南地和韩地都已经尽收囊中，刘邦准备从临晋黄河渡口过河东进。临晋也就是今陕西省大荔县，过了这里，便是魏地。

魏王豹听说刘邦要打项羽，非常高兴，主动让出一条路，并率兵跟随。前面说过，魏王豹准确地应该称呼为西魏王豹，因为魏地东面被项羽拿走分封了，一部分占为己有，一部分封给了司马卬。为此，魏王豹对项羽意见很大，现在刘邦要东征打项羽，他自然也想过去做个帮手，出口恶气。就这样，刘邦率领汉军顺利通过魏地，向东进攻司马卬。

进攻司马卬，刘邦没有直接开战，而是先派使者前去劝降，如不降，再派兵攻城。眼见刘邦来势汹汹，司马卬知道自己不是对手，只好开城投降。

为了笼络人心，争取大多数，刘邦向来不为难主动投降过来的人，相反还会格外厚待，对司马卬也不例外。他让司马卬继续留任，自己则率领汉军东进。

听说司马卬那么容易就投降了，项羽大怒，派留守彭城的陈平率兵前去讨伐。

司马卬本身对刘邦没有好感，只是迫于形势，才不得已投降，现在陈平率军来攻，他立刻又叛汉降楚，开城笑脸相迎，并大诉苦衷。

俗话说："伸手不打笑脸人。"司马卬表态愿意重新归顺，陈平当然也不想大动干戈，他一面派人向项羽报告，一面率部返回彭城。因为顺利完成任务，项羽提拔陈平为军中都尉，赏黄金四百两。

刘邦前脚刚走，司马卬后脚就倒戈了。对于司马卬的反复无常，刘邦大为光火，他不好带兵回头讨伐，便派韩信出关兴师问罪。司马卬哪里是韩信的对手，刚一交手，就损失几千人马，大败而归。这次他不再投降了，躲在都城朝歌坚守，同时再次派人向项羽求援。

此时，项羽还在齐地围攻田横于城阳，久攻不下。项羽性格多执拗啊，不达目的誓不罢休。但他也不能对司马卬置之不理，万一司马卬再投降或被消灭了，就无法挽回了，于是又派陈平率兵前去救援。

听说陈平的援兵要到了，司马卬一下子来了精神，他在朝歌城中负隅顽抗，让汉军一时无从下手。

韩信打仗从来不硬拼，而是擅长分析敌人的作战心理，非常有节奏感，很有艺术性。他认为，司马卬突然这么顽强抵抗，肯定是从项羽那里讨到救兵了，倘若项羽的援兵到了，里应外合，仗就不好打了。于是下令撤兵，诱使司马卬出城决战。

韩信的撤兵是有套路的，一边佯装仓皇撤退，一边让周勃、灌婴和樊哙三位猛将暗中埋伏，专等司马卬出城追击。

不出所料，司马卬果然中计，他看到汉军无缘无故地仓促撤兵，以为项羽的援军到了，赶快打开城门，率兵追击，想来个内外夹击。大概追了五六十里路，却不见汉军的踪影。

这个时候，天色已晚，四面都是山林，司马卬感觉有点怪怪的，担心中了埋伏，准备鸣金收兵。突然，林中一阵鼓响，顿时杀声震天，周勃和灌婴率兵从左右两侧冲杀出来。

司马卬大呼中计，不敢恋战，且战且退，好不容易跑到朝歌城下，恨不得一步进入城内，却远远看到一支人马横在吊桥上。

司马卬还以为是城中守军出来接应自己呢，赶忙向城门狂奔。只见为首的将领大声喝道："司马卬，还往哪里走，快快下马投降，免得一死！"

司马卬被这一嗓子给吓蒙了，定睛一看，原来是樊哙。

前有堵截，后有追兵，司马卬没有退路，只好硬着头皮挥刀来战樊哙。这种情况下，再抵抗也是徒劳，没几下，就被樊哙像抓狗一样，生擒活拿。

韩信令人把司马卬押解到刘邦那里听候发落，刘邦表现得很大度，不计前嫌，当即下令给司马卬松绑，并好好安慰一番。司马卬很受感动，拜服在地，自愿归顺投降。

老大都已经投降了，朝歌城内百姓自然打开城门，欢迎汉军进城。

司马卬被收服，刘邦没有了后顾之忧，开始进攻修武县，并派韩信回关中继续围攻章邯的废邱城。

刘邦刚到修武县不久，这天，有一位白面书生前来投靠。

那么，这位白面书生会是谁呢？

44. 陈平往事

这天，有一位白面书生前来投靠刘邦。

这位白面书生是谁呢？

前面已经多次提到过，他就是陈平。

在历史上，陈平的名气还是相当大的，不亚于"汉初三杰"，是刘邦的重要谋士之一，后来还做了汉朝的丞相。如此重要的人物，我们必须专门说说。

陈平是阳武县户牖（yǒu）乡人，也就是今河南省新乡市原阳县人，年轻时，跟着哥哥陈伯过日子，家中不是太富裕，仅有薄田三十亩。说白了，也是农民出身，估计是中农。但陈平不喜欢种地，一心想着跳出农门，到更广阔的世界去看看。

"世界那么大，我想去看看"，是许多人的心声，只是碍于生活压力和世俗眼光，不得已在某个自己不喜欢的角落里，得过且过。

俗话说："知识改变命运。"为了能够改变命运，陈平特别喜欢读书，经常手不释卷。哥哥陈伯看陈平如此好学，有理想，有抱负，便把家里的农活全扛下来自己干，听任陈平四处求学。而嫂子呢，很看不惯，经常会挤兑陈平。

陈平身材高大，面色红润，相貌堂堂，又天天看书，给人的感觉气质高雅，一表人才。那时的农村，擅长种地才叫有才华，其他都算不务正业，所以当时陈平被认为是绣花枕头，中看不中用。

一天，陈平又在院子里摇头晃脑地读书。村里有个人路过，故意戏谑道："小陈啊，又在看书呢？真奇怪了，你家里也不富裕啊，你嫂子都给你吃了什么，怎么会把你养得白白胖胖的？还那么帅！"

陈平知道人家在取笑他，翻了一下白眼，懒得搭理，仍然低头读书。陈平的嫂子正好从屋子里走出来，她平时最痛恨陈平有事没事就抱本书在那里"之乎者也"，像书呆子一样，不给家里赚钱，不从事劳动生产，白吃白喝，就冷嘲热讽道："我哪里有好吃的给他，也不过吃糠咽菜罢了，长得帅有屁用，又不能当饭吃！有这样的小叔子，还不如没有！"

事有凑巧，陈平的哥哥陈伯从地里刚干完活回来，听到老婆这样讥讽弟弟，非常生气，认为老婆离间了他们兄弟之间的关系，当即写一封休书赶走了陈平的嫂子。

陈平长得很帅，还很有文化，但是长大成人，到了该婚配的年龄，却娶不到媳妇。为什么呢？主要是高不成，低不就。富人嫌弃他家太穷，没有谁肯把女儿嫁给一个绣花枕头；而娶穷人家的女儿，他又感到羞耻不愿意。就这样，陈平始终过着单身生活。

婚姻大事还是要讲究缘分的，缘分未到，强求不得，缘分到了，挡也挡不住。又过了好长时间，陈平的有缘人终于来了。

说起这段姻缘，还跟陈平兼职从事的一项工作有关。

陈平成年后，多少要出去做点事，赚点钱，否则真成了百无一用的书呆子，于是就从事了一项说起来不太好听，但相对比较清闲的兼职工作。什么工作呢？陈平有文化，长得帅，村里村外如果谁家办丧事，往往会叫他去帮忙料理。靠着帮人家记记账，迎来送往，早出晚归，得些报酬以贴补家用。

有一次，在一户人家帮忙办丧事的时候，陈平遇到一个老头。这个老头名叫张负，是户牖乡的大户人家。

张负的孙女长得很漂亮，只是有一点不好，用老百姓的话说，就是"克夫"，出嫁了五次，丈夫都莫名其妙地死掉了。

对这种女人，大家一般都很忌讳。所以，没有人敢再娶张负的这个孙女，她也只好在家里守活寡。

张负见到陈平，感觉这小伙子真不错，不但帅气，还有文化，出口成章，名不虚传。又了解到陈平年龄不小了，还是光棍一条，他就把孙女的情况向陈平做了介绍。

对张负的这个孙女，陈平早有耳闻。克死五任丈夫，肯定家喻户晓了。但他满不在乎，当即表示愿意迎娶。

陈平为什么那么爽快呢？一方面，因为张负的孙女确实很漂亮。爱美之心人皆有之，陈平肯定想找个美女做老婆，何况自己的《单身情歌》唱得实在是太辛苦了。另一方面，主要是因为张负家有钱有势。陈平穷怕了，虽然有理想有抱负，但一时半会也没法实现，"吃软饭"无疑是条捷径。

用现在的话说，张负的孙女是个"白富美"，至于有过五次婚姻经历，而且还克夫，对陈平来说不算什么事，找个有经验、条件好的也不错。

那天，陈平和张负二人聊得非常投机，聊到很晚才回家。

虽然张负对陈平很满意，但毕竟是孙女的终身大事，张负决定要家访一下再说。待丧事忙完，他便抽空到陈平家串门。

陈平家实在是太穷了，住在靠近城墙边的一条偏僻小巷子里，拿一张破席就当门了。张负不禁大皱眉头，不忍直视，低着头走了。这一低头，却发现一个令他惊喜的现象，只见陈平家门外有很多豪车印子。由此，他认定，陈平这小子有福气，将来生活早晚会好起来。

我们不知道张负是什么逻辑，反正他决心要把孙女嫁给陈平了。

张负是爷爷，孙女的婚事还需要征得儿子的同意。于是回到家后，他向儿子张仲问道："我打算把孙女嫁给陈平，你看怎么样？"

张仲闻听，不太乐意。谁愿意把宝贝女儿嫁给穷光蛋啊？就略显不满地说道："陈平这小子又穷又懒，不从事劳动生产，谁人不知，哪个不晓？大家因此都笑话他，您老为什么非要把孙女嫁给他呢？"

张负认为儿子张仲看问题太过狭隘，严肃地解释道："据我观察，未必如此啊！像陈平这种仪表堂堂，又有文化的人，怎么可能会永远贫贱呢？"

在过去，儿子再大也要听老子的，张仲最终还是同意将女儿嫁给陈平。

我们都知道，结婚时，男方要送聘礼，办酒宴。陈平家没钱，张家就私下里借钱给他，先把场面撑过去。

张负这老头真不错，估计也是真的看好陈平，在孙女出嫁时一再告诫道："嫁到陈家就好好过日子，千万不要因为陈家穷，就看不起陈平，就不用心持家！侍奉陈平的兄长陈伯一定要像侍奉自家父亲一样，侍奉他的嫂嫂要像侍奉母亲一样！懂吗？"

张负的孙女都克死五家了，如今有人肯娶她，已经谢天谢地了，能不听话吗？使劲点头表示答应。

那么，陈平娶回这个克夫的"白富美"后会幸福吗？

45. 逃离项羽，投奔刘邦

可能陈平的命更硬，能镇得住，也可能前面五个男人比较倒霉，自从娶了克夫的"白富美"，陈平非但没被克死，反倒慢慢有钱了，生活越过越好，交友越来越广，地位越来越高。村里有什么大事，都愿意请陈平去主持操办，比如有时会请他主持村里举行的祭祀土地神仪式。

祭祀土地神，通常会有很多贡品，包括贡肉。土地神哪里会真吃这些贡品，走完过场，原封不动，最后还是要分给村里人吃掉。

其他贡品都好分，唯独贡肉不好分，因为需要刀割分块，难免会引起争议。什么你肥我瘦，你多我少，总是众口难调。祭祀的时候挺热闹，一到分肉的时候，就会闹得大家不欢而散。

一次，陈平应邀做起主持分肉的工作。这份工作看似有面子，其实和项羽分封诸侯道理差不多，搞不好，把人全得罪了。但陈平有办法，具体什么办法，史书上没有记载，反正他能够分配得当，竟然让每个人都感觉自己像占了便宜一样。为此，父老乡亲们无不竖起大拇指夸赞道："好啊，陈平真有水平，书没白读，分肉都能分得那么公平！"

陈平也不谦虚，得意地说道："哈，这有何难？假使让我陈平主宰天下，也会像分肉一样，让天下人都满意！"

"陈平分肉"的典故就是由此而来，也叫"陈平宰社"。

从这里可以看出，陈平是一个有追求的人，他追求的是主宰天下，也就是宰相之才。在家里，"老婆孩子热炕头"是无法实现这个追求的，于是陈平决定趁天下大乱，出去闯一闯。

这个时候，陈胜吴广的起义已经爆发，陈胜自封楚王，派周市平定了魏地。周市拥立魏咎为魏王，在临济，也就是今山东省淄博市高青县，正与秦军交战。陈平与家人辞别，带着一伙年轻人前去临济投奔魏王咎。

魏王咎看陈平形象不错，气质又好，便任命他为太仆。

太仆这个职位，大家应该非常熟悉了，夏侯婴就是刘邦的太仆，也就是车队队长。

哪个领导不喜欢形象好的小伙子给自己开车啊？否则出去多没面子！

一般人做了领导司机，高兴得见人就吹嘘，好像功成名就了一样。但陈平是有才华的人，有更高的追求，怎么甘愿靠脸混饭吃呢？他经常向魏王咎进言，出谋划策，但是魏王咎听不进去，估计跟韩信在项羽那里做执戟郎中的情形差不多。

有一次，有人在背后说陈平坏话，魏王咎很生气，本来对陈平爱插嘴的毛病就讨厌，有心趁机给他治罪。陈平听说后，感觉继续待下去也没意思，便偷偷逃回老家再等机会。

不久，项羽率兵路过，陈平又前往投奔，并跟随入关破秦。应该说，项羽还是比较赏识陈平的。但后来发生了一件事，让陈平不得已逃离项羽。

什么事呢？前面说过，韩信攻打殷王司马卬时，项羽派陈平前去救援，只可惜还没到，司马卬已经兵败被俘投降了。因此，项羽大怒，认为陈平是失职，准备严加惩办。陈平多滑头啊，肯定不会坐以待毙，他只身一人拿着宝剑抄小路逃走了。临走之前，他还不忘记把项羽赏赐的黄金和官印封好，派人送还项羽。那意思好像在说，虽然自己很喜欢钱财，但是你项羽的钱我陈平没命花，现在如数奉还，省得欠下人情，将来不好意思下手。

从这点可以看出，陈平并不完全是唯利是图的人。

试想，谁跳槽离职会甘心把已经到手的年终奖上缴呢？恐怕少一分也要和公司争个你长我短吧，甚至不惜对簿公堂。但陈平没有，这也算一种胸怀吧，说不定也是对项羽的所作所为表示不屑。项羽自尊心多强啊，看到陈平的辞职信和赏金官印一定是羞愧难当，心如刀绞，伤害性不大，侮辱性极强。

从项羽那里逃出来后，陈平准备投奔汉王刘邦，于是乘船横渡黄河向西进发。

当时兵荒马乱，社会治安不好，偷抢的事天天都在发生。陈平登上的是一条贼船，船上四五个彪形大汉。船老大见陈平细皮嫩肉，气质不俗，相貌不凡，身佩宝剑，只身独行，怀疑他是逃亡的将领。

逃亡的将领一般身上都带着钱，因为每打一仗，只要不战死，基本上都要发一笔死人财。船老大料定陈平身上也藏有不少金银细软，他眼睛直勾勾地盯着陈平，打算谋财害命。

看出了船老大的企图，陈平内心很害怕，但装出一副随意的样子，心想，船老大无非是图财，证明自己没财不就行了。

当然，他又不好直接跟船老大说："大哥，我没钱，你放了我吧！"

陈平的办法很巧妙，他主动和船老大聊天，然后装作要体验生活，把衣服全脱了，非要帮船老大撑船。

船老大这才知道，陈平原来是一枚穷屌丝，只是穿得人模狗样而已，其实身上一无所有，便马上表现出敦厚老实的一面，喊着船号子和陈平有说有笑地向对岸驶去。

不久，陈平来到了刘邦营地。

像这种投奔他人的事，贸然过去一般是没有人会理睬的，特别是从敌方阵营过来的，空口无凭，谁知道你是来干什么的，万一是奸细呢？最好有人引荐，也就是要有担保人。郦食其那么狂，当年还找了刘邦身边的一个骑士来引荐。

那么，陈平会找谁来向刘邦推荐自己呢？

46. 面试通过，受到重用

在刘邦军营中，陈平有一位老朋友，名叫魏无知，是个将官。陈平首先找到了他。故人相见，分外开心，实际上也会分外眼红，眼红对方混得不错。

魏无知也一样，一见面，就半开玩笑地问道："老弟啊，听说你在项王那里混得很不错，怎么跑到我这里来啦？来做奸细啊？哈哈哈……"

陈平不好意思地直摆手，把以往的经过讲述了一遍。魏无知听完，知道陈平遇到了困难，收住笑容安慰道："项羽这小子年轻气盛，一股蛮劲，早晚失败，离开就离开吧！我们汉王那可是豁达之人，他知人善任，天下英雄无不信服。老弟弃暗投明是好事，我来帮你举荐，凭你的才干，肯定能够大展宏图！"

魏无知这么说，让陈平那颗受伤的心总算稍微得到些抚慰。两个人开怀畅饮，直到深夜才和衣而睡。

第二天一早，魏无知便去拜见刘邦，把陈平的情况做了汇报。

听说陈平是项羽军营中的高级官员，刘邦自然愿意接见了，他知道，这种人身上往往都携带重要情报。

所谓接见，就是面试。刘邦是汉王，相当于现在的公司董事长，比较忙，来投简历的人每天都很多，没时间一个个面试，一般都是集中面试。

这天，陈平按约来见刘邦，门外已经站了七个人在等待面试。直到中午，刘邦的中涓，差不多相当于秘书，名叫石奋，才出来招呼。他接过大家的名帖，也就是介绍信，一一核实后，引大家进见刘邦。

陈平等七人都激动不已，默默打着腹稿，专等进去好好表现一番，结果刘邦只是寒暄了几句，直接安排他们先去吃饭。吃完饭，刘邦还是没有面谈，让他们先回客房休息，以后再说。

刘邦搞面试比较奇怪，看看人就可以了，也不问些专业问题，在我们一般人看来，简直不可思议。其实，这是一种领导艺术。

大领导面试员工，切忌自以为高明地问一些专业方面的问题，更不要质疑人家的专业，那会给人很不专业的感觉，甚至会很掉价。专业问题应该让专业的人去问，大领导应该从人性、人品、人道的角度来观察面试人才。

刘邦筛选人才的方法还是很靠谱的，特别是对于一般人才，可以说屡试不爽，但是特殊人才就不一定可靠了。特殊人才为人处世，往往比较另类，再用这种办法，难免会走眼。

陈平就是一位特殊人才，他认为这样走一下过场很难凸显自己的大才，所以不肯离开，他找到石奋，貌似急切地说道："麻烦您向汉王说明一下，臣有重要的事情要向汉王汇报，所要说的话不能拖过今天！"

石奋听陈平说得这么吓人，不敢怠慢，赶快向刘邦禀报。

对陈平的简历，刘邦已经看过，知道来头不小，便又把陈平召了进来，问他有何高见。陈平从容答道："大王，如果臣没有说错，此次东征的主要目标应该是楚王项羽。既然是项羽，就不能这么慢悠悠地东进。臣认为，应该趁项羽正在齐地作战，无暇南顾的时候，迅速东进，搞突然袭击，直接进攻项羽的老巢彭城才对。臣对彭城的情况非常了解，那里现在很空虚，一击必中。如果攻下了彭城，相当于截断了项羽的后路，到那时，楚军军心动摇，项羽再勇猛，也无济于事！"

刘邦闻听大喜，拉着陈平认真攀谈起来。

实际上，刘邦原本也是打算进攻彭城的，一方面正像陈平说的那样，另一方面是为了接回一家老小。而陈平正好对彭城的情况了如指掌，他肯定要认真对待了。

初来乍到，陈平急于立功，当即把他掌握的信息和盘托出，并将如何进攻彭城描绘了一番，直说得刘邦眉飞色舞、心花怒放。

这些情报太珍贵了，花重金都买不到，如今"得来全不费功夫"，刘邦能不高兴吗？通过这次谈话，刘邦对陈平非常认可，认为陈平鬼主意多，是不可多得的人才。既然认可，那就要有所表示。

刘邦和颜悦色地问道："你在项羽那里担任什么官职啊？"

"都尉。"

"好，寡人就任命你为都尉，你看如何？"

陈平赶快离席拜谢。刘邦好像感觉还不够，又补充道："且慢，寡人还要任命你做参乘，协助寡人护军。"

所谓参乘，就是和刘邦同用一个车队。

前面说过，樊哙就是刘邦的参乘，主要负责刘邦的安全工作。而陈平做参乘，主要负责帮刘邦监管下面的将领，还方便商议军政大事。另外，进攻彭城的军事行动实在是太重要了，刘邦把陈平留在身边才放心。

第一次见面就获得如此高的职位，陈平是非常满意了，但刘邦手下那帮人不乐意了。他们见陈平骤得富贵，眼红得很，私下里议论纷纷，互相嘀咕道："大王这人也太好说话了，最近从楚国那边跑过来一个逃兵，听说是个小白脸，还不知道他本事怎么样，就给他做了都尉和参乘，凭什么？他有什么资格来监督我们这些老将？岂有此理！"

这样的话越传越盛，最终传到了刘邦那里。刘邦用人自有一套，一般不会受外界干扰，他认定陈平才能卓越，对于外面的议论不以为意，相反更加厚待重用陈平。

而项羽在多数情况下做不到这样，往往耳朵根子比较软，缺乏主见，说白了，就是对自己的判断不够自信，听风就是雨。但为了显得自己有主见，又会装作很自信的样子，表面上好像很淡定，内心却起伏不定，稍微有点风吹草动，就会改变立场，翻脸如翻书。最后导致众叛亲离。

陈平是从项羽那里跑过来的高级军官，熟知楚军内部情况，又主张直捣项羽老巢彭城，这很符合刘邦的想法，于是刘邦干脆就让陈平负责进攻彭城的具体事宜。

接到这么重要的任务，陈平深感责任重大。重任在肩自然要努力工作，他冥思苦想，用心筹备，一丝不苟，严格要求众将。

刘邦手下这帮将领都是老油条了，他们才不会那么没眼色跟陈平对着干，而是用"糖衣炮弹"来对付。

俗话说："人为财死，鸟为食亡。"一般人的软肋都在钱财上，自古如此，本性使然。这帮将士听说陈平贪财，便进行贿赂，并偷偷留下证据。

陈平也是胆大包天，不管谁来行贿，他都来者不拒，照单全收，一下子被将士们抓住了把柄，而且告到了刘邦那里。

那么，刘邦会怎么处理陈平呢？

47. 众口铄金，积销毁骨

陈平收受贿赂被将士们抓住了把柄，大家公推刘邦最信任的将军周勃和灌婴出头，向刘邦告状道："大王，一定要提防这个陈平啊！他可不是什么好东西，表面上人模狗样，一表人才，其实只不过像帽子上的美玉罢了，中看不中用。这小子肚子里未必有真东西，全是花花肠子。据兄弟们了解，陈平在老家时曾经和他的嫂子私通，这事千真万确，众所周知，真丢人啊！后来，他跑到魏王咎那里做事，也不规矩，结果被开除了，无处安身，逃亡到项羽那里。在项羽那里也混不下去了，这才逃出来归降大王。大王宽厚，又是让他做都尉，又任命他为参乘，他还不知足，自从担任了军中要职，经常收受将士们的贿赂，送钱多的，他就特别照顾，送钱少的，他就会给小鞋穿。看来，陈平就是一个反复无常的乱臣贼子，不得不防。还希望大王明察啊！"

这些话说得有板有眼，煞有其事，还是很能打动人的。

首先说陈平人品有问题，大哥陈伯对他那么好，他竟然还跟嫂子私通。

实际上，陈平和嫂子关系并不融洽，甚至不融洽到大哥陈伯出面把嫂子给休了，怎么可能会私通呢？所以这件事纯属子虚乌有。但好事者不管那么多，先栽赃陷害看笑话再说。

俗话说："三人成虎，五人成章；众口铄金，积销毁骨。"关于陈平与嫂子私通的事，当事人无法说清楚，传久了，传多了，假的也变成真的了，刘邦了解不到背后的隐情，难免会心生厌恶。

说到受贿搞腐败的行为，无论哪个老大都会深恶痛绝，因为它是毒瘤，如果不及早加以遏制，最终会毁掉整个组织。

刘邦也不例外，当他听说陈平在军中搞腐败时，非常生气。

一般情况下，领导一生气肯定会不分青红皂白，严肃处理，比如项羽，非剁了陈平不可。但刘邦没有直接找陈平算账，而是先把陈平的推荐人魏无知找了过来。

这也是人之常情，推荐人对被推荐人的底细最了解嘛。

看魏无知来了，刘邦面色凝重，责问道："你举荐的都是些什么人啊？陈平究竟怎么回事？寡人听说他品行不端，行为不轨，盗嫂受金，你知道吗？如果出了什么差错，寡人要拿你是问！"

"盗嫂受金"后来作为成语传了下来，说的就是陈平，出自刘邦之口。可见，人言可畏啊，无中生有的事情，通过是非掺和，以讹传讹，说不定就成了人们的谈资，大家可不要小看了。

对于刘邦的指责，魏无知感觉很无辜，哭丧着脸说道："臣举荐的是陈平的才能，而大王现在问的是品行，这是两码事啊！请大王明察。臣打个比方，如果有人能像尾生和孝己那样有好的品行，但对打仗一窍不通，大王会重用吗？"

这个问题很深刻，也就是德行和才能究竟哪个重要的问题。刘邦好像听明白了什么，略微点点头，不再说话，挥挥手让魏无知走了。

那么，魏无知提到的尾生和孝己是什么？尾生是古代一位信守承诺的君子，为了在约定的桥下等到相约的姑娘，即使水涨桥面他也宁可抱柱而死于桥下。孝己是古代最有孝心的人之一，最终也是因为孝心不被理解而忧闷至死。

48. 侥幸过关

刘邦当然也听说过尾生和孝己的故事。

拿这两个人做案例分析，魏无知就是想告诉刘邦，所谓的道德模范是很脆弱的，靠他们去应付风云诡谲的乱世绝对不行，一点小事就去死，怎么去开创惊天动地的伟业呢？

刘邦心领神会，摆摆手让魏无知先回去，算是默认了。临走时，魏无知又对刘邦发誓道："现在楚汉对峙，正处乱世，臣给大王推荐陈平的时候，主要考虑他是否能出奇谋妙计，是否能为大王所用，至于'盗嫂受金'这种道德层面的事，不管真假，又有什么关系呢？如果陈平不是足智多谋的奇才，臣甘愿受大王的任何处罚！"说完，魏无知拜辞离开。

虽然他说得很有道理，但刘邦放心不下，不会这么轻易放过，他还是想听听当事人陈平怎么看待自己的问题。

给下属机会为自己辩解，非常重要，既可以有效及时解除误会，避免冤枉一个好人，还可以了解到下属的真实想法和能力。可能有的人嘴巴很会讲，但再会讲也会露馅，言不由衷，言不符实，是经不住时间考验的。如果言行一致，那就是一个不可多得的人才。

　　于是，刘邦把陈平叫了过来，当面责问道："听说先生在魏王那里做事不顺心，没地方去，是项羽收留了先生，现在又半道离开项羽，跟随寡人，先生认为讲信用的人会这样三心二意吗？"

　　最近，军中风言风语，刘邦又一口一个"先生"，那么见外，陈平知道刘邦对他收取贿赂的事很不满，肯定是对他不放心了。如果换作其他人，估计一见面就要跪倒在地，哭天喊地，乞求谅解，但陈平身为腐败分子，表现得不卑不亢，从容答道："大王说得不假，臣确实在魏王那里做过事，之所以离开，是因为魏王不能采用臣的意见，只好投奔了项羽。可是项羽这个人刚愎自用，对外人不信任，他所信任的要么是项氏宗族的人，要么就是老婆家的人，其他人即使再有才干，他也不会重用，臣没办法才又离开。臣听说大王唯才是举，会用人，敢用人，才前来投奔。因为之前从项羽那里出来时，怕被人家骂无功受禄，臣将所有俸禄都上交了，身无分文，现在收受钱财，主要是为了充当门面，方便开展工作而已。如果大王认为臣的计谋有用，那臣就留下来继续干；假若认为没有值得采用的，钱财都还在，分文未动，臣愿意原封不动送回来，并请求辞职回老家！"

　　陈平的这番话听起来让我们一般人感觉不可思议，他怎么敢这样明目张胆地文过饰非呢？从中，我们也能看出刘邦是一个什么样的人，因为类似陈平这么聪明的人，对领导心思的揣摩，应该非常到位，他肯定是顺着刘邦的思维方式去说的。

　　果然，刘邦对陈平的说辞表示认可，当即赏赐了陈平很多钱财，原来收受的财物也不再过问，还任命陈平为护军中尉，监督军中全体将领。

　　公开地让一个腐败分子做军中督查，估计在历史上也是开天辟地第一次。有人可能会认为，这就是刘邦的驭人之术，抓住人家的把柄好为自己所用。如果这样看问题，未免有点肤浅了，因为刘邦当时的地位身份没必要这么做。之所以这么做应该有两个目的：一个是陈平确实是奇才，必须重用，用了有助于自己打天下；另一个就是"以腐反腐"，利用陈平的腐败才能，去抓军队中的廉政建设，那样肯定一抓一个准了，因为他精通腐败专业啊。再通俗点说，就是用小人抓小人，效果立竿见影。

看刘邦如此袒护陈平，下面那帮将领谁还敢胡言乱语，何况以后天天还要在陈平的监督下工作。

就这样，这次风波很快就平息了。

按照陈平的建议，刘邦仍然把攻取项羽的老巢彭城作为此次东征的终极目的。因为陈平在项羽那里做过军中都尉，对楚军内部情况了如指掌，刘邦便大胆召集人马继续向东进发，准备渡过平原津，进抵洛阳。

在进军洛阳途中，这天，有一个老头拦住了刘邦的车队，哭着喊着非要见刘邦一面。

这老头实在太老了，老态龙钟，一走三颤，那么他是谁呢？为什么要拦住刘邦呢？

49. 师出有名，诸侯响应

在进军洛阳的路上，有一个老头拦住了刘邦的车队，哭着喊着非要见刘邦一面。这老头实在太老了，老态龙钟，一走三颤。史书上没交代清楚他的来历，只说人称"董公"，是新城县的三老，八十二岁了。

俗话说："旧话相传聊自慰，世间七十老人稀。"董公已经八十二岁了，在当时算是高寿了。

刘邦听说有这样一位老人来求见自己，想必是位高人，便让人把董公请了过来，问他有何指教。董公颤颤巍巍，走到刘邦面前，哆哆嗦嗦地问道："大王出兵，这是要去讨伐谁啊？"

刘邦心想，还以为是高人呢，原来连老子要去干什么都不晓得，不会老糊涂了吧？于是大声回答道："老人家啊，项羽，也就是项王，你知道吗？这小子为非作歹，寡人要替天下人收拾他！"

董公点点头说道："是啊，是啊，项王无道，必须讨伐！俗话说得好啊，'顺德必昌，逆德必亡'。老朽以为，出师有名才算是正道啊！"

一听董公出口不凡，话里有话，刘邦顿时庄重起来，毕恭毕敬地问道："老人家，此话怎讲啊？寡人愿闻其详！"

看刘邦这般客气，董公有点小激动，捂着嘴巴咳了好大一会儿，脸憋得通红，好不容易才勉强忍住，揉了揉眼睛，继续说道："大王啊，出兵打仗没有正当理由可不行啊！常言说'明其为贼，敌乃可服'，什么意思呢？也就是说，只有把敌人的无道贼行昭示天下，敌人才有可能因理亏而臣服！"

刘邦认为有道理，连连称是。董公接着说道："义帝是天下人共同拥立的盟主，但是项王擅自分封天下，还把义帝从彭城驱赶到长沙郴县，行至半路，又派人将他杀死在江中。大王知道这事吗？"

听董公这么说，刘邦大吃一惊，原来义帝熊心是项羽这小子派人给做掉的，他还以为是义帝熊心想不开投河自尽了呢。

史书上说，刘邦当场"袒而大哭"。

俗话说："人生如戏，全靠演技。"情商超高的刘邦演技绝对一流，反应如此神速，让人叹而观止。也可能是因为当年义帝熊心对他不错，引起了伤感，确实是真情流露，但一个老男人"袒而大哭"是不是有点夸张了。最大的可能，应该是刘邦最近也在为出师的名义犯愁，现在正好，问题解决了，顺便哭一下，释放一下心情，还显得有情有义。

董公哪里知道刘邦玩得这么深，以为自己说错话了，赶快上前安慰道："大王不要太伤心了，项羽无道，天下共愤，但再伤天害理，也比不上弑君之罪！老朽建议，大王率领全军将士，为义帝披麻戴孝，公告诸侯，让天下人都知道项羽就是那个谋杀义帝的真正凶手。这样师出有名，天下归心，到时候，诸侯大都会发兵支持拥护大王的！"

这条建议实在是太高明了，尽管给一个小孩子披麻戴孝有点不舒服，但义帝熊心毕竟是过去的主子，不丢人。刘邦擤了一把鼻涕，把泪水擦干净，当即下令三军将士披麻戴孝三天，为义帝熊心召开隆重的追悼会。

追悼会是开给活人看的，一定要发讣告，搞宣传，否则追悼会岂不是白开了。所以刘邦专门找人写了一份讣告："天下共立义帝，北面事之，今项羽放杀义帝于江南，大逆不道，寡人亲为发丧，诸侯皆缟素，悉发关内兵，收三河士，南浮江、汉以下，愿从诸侯王击楚之杀义帝者！"

什么意思呢？简单地说，就是讨伐项羽的战斗檄文，号召天下诸侯共同起兵讨伐"杀义帝者"。这个讣告相当于政治宣言书，刘邦在用死人的名义，向活人宣战。

在中国人的传统观念中，"死者为大"，现在义帝不但已经死了，而且曾经就是大家共同推举的老大，那就"更大"了。作为推举过义帝的诸侯，当然有责任有义务要找项羽算账了。

更何况，现在刘邦的势力很大，塞、翟、韩、魏、殷、河南等诸侯王已经投降的投降，归顺的归顺，趁此机会，跟着刘邦去打一下项羽的"秋风"，一举两得的事，岂不美哉！

所以，看到刘邦的讨伐檄文，诸侯王无不佯装义愤填膺，特别是那些对分封不满的诸侯王，纷纷响应。但是，檄文到了一个王国，却遭到了拒绝，这个王国就是赵国。

按说，赵王歇和陈馀对项羽应该是最为不满的，前面说过，项羽分封时将他们一个迁封，一个不封。为此，陈馀从齐王田荣那里借兵，赶走了"刎颈之交"常山王张耳。

那么，为什么现在赵国又是这么个态度呢？

原来，赵国的实权派人物陈馀听说张耳投奔了刘邦，大为不满，他要趁机公报私仇，于是派人回复刘邦，打项羽可以，但是需要先把张耳的人头给他送过去，否则，恕不奉陪。

刘邦和张耳虽然不是什么"刎颈之交"，但也是多年的老朋友，如今投奔自己了，怎么忍心下此毒手呢？而攻打项羽是当前最重要的事，多个帮手总是多点胜算。

怎么才能让赵国出兵呢？刘邦灵机一动，想出一个馊主意。他在军中找了一个酷似张耳的人，把这个人的头割了，再略微整形，派人给陈馀送了过去。

通过这件事，我们可以看出，刘邦是一个为达目的不择手段的人，为了个人利益，不惜牺牲无辜人的生命。也许有人会认为，不就是一个普通人的生命吗，没什么了不起。话说得轻巧，谁又愿意别人拿自己的生命来做交易呢？

刘邦送来的人头，面目模糊，陈馀端详半天，感觉有点像。不管真假，反正自己也想落井下石去搞项羽一下，以报之前不封王之仇，便欣然派兵加入刘邦讨伐项羽的队伍。

赵国的加入，让诸侯联军声势更加浩大，总兵力一下子达到了五十六万人。人多势众，风头一时无两，刘邦率领诸侯联军浩浩荡荡地杀奔彭城。

对项羽来说，这无疑是极大的讽刺。

前面说过，在关中，他曾率领四十万诸侯联军给刘邦搞了一次鸿门宴，来了个下马威，刚过去一年时间，竟然完全颠倒了过来。说穿了，都是政治幼稚导致的啊！

这天，刘邦率领大军刚杀到外黄县，突然有一支队伍前来投奔。这支队伍大约三万人，由彭越领导。

关于彭越，大家应该很熟悉了，前面说过，他归顺了齐王田荣，还把项羽派来剿杀他的将领萧公角给打败了。

最近，彭越发展得很快，甚至把项羽分封时抢占魏国东部的地盘都给蚕食了。他和刘邦原本就比较熟，曾经一起并肩作战过，现在看到刘邦要攻打彭城，便过来投奔，也想入伙分一杯羹。

刘邦非常高兴，语重心长地对彭越说道："彭大将军干得很不错啊！

一个人在这里孤军奋战，打游击，竟然也打出了一片天地。这样好了，既然你把魏地打下来了，不如把这些地盘交给魏王豹，你来做魏相辅佐，怎么样？"

彭越欣然领命，这些年像孤魂野鬼一样打游击，刚跟着田荣，混了没几天，田荣就被项羽干死了，现在能做魏相也不错，大小是丞相，可以光宗耀祖了。

打发走彭越，刘邦率领大军准备对彭城发动进攻。

那么，进攻彭城会顺利吗？

50. 彭城之战（一）

由陈平出谋划策，刘邦准备对彭城发动突然进攻，也就是历史上著名的"彭城之战"。这场战争发生在汉二年四月，距离项羽分封诸侯短短一年时间。

当时，项羽正陷入齐地战事中，强攻城阳迟迟不能得手。刘邦率领七个诸侯国的军队，约五十六万人，浩浩荡荡向楚国都城彭城杀奔过来。为了一击必中，彻底打垮项羽，刘邦事先做了精心准备。

主要有哪些准备呢？在后方，萧何镇守关中栎阳，做好后勤保障工作，通过渭水和黄河，顺流而下向前线运输军用物资；韩信则继续围攻章邯的废邱城，军事管控关中，确保大后方的政治军事稳定。

在前线，刘邦兵分三路。

北路军团，由汉军和赵军组成，曹参为主将，樊哙和灌婴为副将，主要任务是进攻军事重镇定陶，也就是今山东省菏泽市定陶区。定陶守将是龙且和项它。

关于项它，前面说到过，这里不再赘述。

至于龙且，可以说是大名鼎鼎，传说中的项羽麾下五大悍将之一。

龙且和项羽是发小，深得项羽倚重和信任，特别能打硬仗。不过，定陶守卫战，他以失败告终。也因此，有人推断说彭城是项羽故意留下的诱饵，诱使诸侯联军上钩，以便一网打尽。至于真假，尚无定论。

中路军团，由汉军和殷王司马卬、常山王张耳、河南王申阳、韩王信、魏王豹等诸侯军队组成，刘邦亲自率领。这路人马阵容比较豪华，张良为军师，陈平为参乘，周勃为前锋。

南路军团，由薛欧、王吸、王陵等人率领。前面说过，这三个人一直在阳夏附近驻扎，伺机到沛县去接刘邦一家老小。

经过一番长途跋涉，三路人马最终在萧县和砀县地区胜利会师，准备全力进攻彭城。而彭城守兵寥寥，精兵猛将大都随项羽伐齐，只剩老弱病残几千人留守城中，哪里能抵挡住，纷纷弃城而逃，诸侯联军得以顺利进入彭城。

进入彭城后，刘邦一面派大舅子吕泽，也就是吕雉的哥哥驻军下邑，也就是今河南省商丘市夏邑县；一面令樊哙率军在今山东峄城、枣庄、邹城、曲阜、兖州一带驻守，协防彭城，防备项羽从齐地回兵救援。

从对樊哙的军事安排可以看出，刘邦还是想到了项羽一定会打回来的，老巢被端了怎么可能不回来施救呢？

一切安排妥当后，刘邦认为万无一失，可以高枕无忧了，便放心大胆在项羽的王宫住下。他把项羽的金银财宝、后宫美女全部搜罗过来，分给大家。

刘邦有个不良嗜好，喜欢宠幸人家的老婆，这些美女又是项羽的老婆，他更加玩得尽兴了。"贪于财色，好美姬"的本性暴露无遗。

三军将士看老大们这副糜烂样，也日日置酒高会，欢呼畅饮，就连张良和陈平两位高参，也不知道躲到哪里去潇洒了，反正史书上只字未提他们是否提醒过刘邦不要过于放纵。应该是没有，否则怎么可能只字不提呢？

显然，这个时候，诸侯联军上上下下都被胜利冲昏了头脑。而项羽怎么可能坐视不管呢？

听说彭城失陷后，项羽大怒，同时又表现得异常兴奋。项羽身上有一种失败情结，这种情结会让人在潜意识中不自觉地去拥抱失败，现实中又会拼命阻止失败的到来，越是在濒死状态下，就越兴奋。

为什么说现在的局势对项羽来说是濒死状态呢？我们不妨分析一下：首先，两线作战，孤军无援。齐国尚未平定，楚地大部分被刘邦占领，心腹爱将九江王英布装聋作哑，静观其变，可以说是腹背受敌。其次，兵力不足，力量悬殊。诸侯联军五十六万人，规模空前，史书上没有记载项羽此时兵力，但肯定是远少于五十六万。

再次，远离彭城，鞭长莫及。项羽如果回师救援，必定长途奔波，刘邦以逸待劳，以多打少，占尽先机。

最后，众叛亲离，政治孤立。这条不用分析，刘邦的讨伐檄文已经充分说明。

面对如此凶险的政治军事环境，项羽非但没有恐惧，相反，他的潜能完全被激发出来了。他制订了一套大胆的长途奔袭计划，也就是留手下诸将继续猛烈进攻齐地城阳，给刘邦造成暂时不回来救援的假象，自己则精选三万骑兵疾驰南下。

在瑕丘，也就是今山东省济宁市兖州区，项羽率领骑兵，以迅雷不及掩耳之势，击破了樊哙的防线，之后绕到彭城西面的萧县。

为什么要选在萧县进攻彭城呢？

这个细节凸显了项羽的战术水平非常之高，可以说出神入化。因为项羽从齐地过来，而齐地位于彭城北面，所以项羽料定刘邦肯定会在彭城北面重兵设防，在其他三面疏于防范。

实际上正是如此，包括刘邦的两位高参张良和陈平，也没想到项羽会绕到彭城西面的萧县展开进攻。

张良和陈平是谋略高手，搞战略谋划，出一些奇谋妙计还行，战术层面相对来说会弱一些。试想，如果韩信跟着过来，可能就不一定有项羽的机会，最起码不会这么顺利突破防线，因为韩信也特别擅长这种绕道突袭的战法。

占领萧县，彭城就在眼前，那么项羽究竟会怎么攻下彭城，打败刘邦呢？

51. 彭城之战（二）

项羽稍作休整，第二天早晨天还没亮，便率领骑兵由西向东，突袭彭城外诸侯联军的侧背，犹如神兵天降。诸侯联军压根没想到项羽会如此神速，来不及准备，无法组织有效抵抗，顿时乱作一团，十余万人遭到斩杀。

中午时分，项羽骑兵大破诸侯联军，杀气腾腾，兵临城下。刘邦这帮人闻听，胆战心惊，但仗着人多势众，一商议还是开城迎战，想以多打少，来个群殴。

常言说："双拳难敌四手，好汉架不住人多。"刘邦心想，你项羽再厉害，这么点人也不可能打得过诸侯联军，五十六万人撒泡尿也能淹死你个小霸王。谁料项羽比他想象中要厉害得多。

遥见项羽身下跨着乌骓宝马，金盔银甲，手舞长戟，当先开道，嘴里喊叫着，声音响彻云霄，令人不寒而栗。再看楚兵楚将，个个凶悍，人人争先，摆出一副拼命的架势，紧跟着就冲了过来。

这些楚兵都是项羽精挑细选出来的，个个骁勇善战，又加上自己的老窝被占了，满脑子充斥着老婆被联军睡了，孩子被联军打了，老人被联军虐待了的情景，能不拼命吗？跟刘邦当初率领汉军冲出汉中杀入关中的军心应该差不多。

诸侯联军就不同了，放松了一段时间，酒色过度，突然紧张起来难免还不适应，原本对项羽就发怵，看到这阵势，早已魂飞魄散。刚上前一交战，就被项羽的骑兵冲得乱七八糟，节节败退。

项羽手持长戟上下翻舞，擦到便伤，碰到即死，无人能敌。樊哙、周勃等猛将试图上前拦截，结果没几个回合，都被打得慌不择路，纷纷后撤。别看樊哙长得挺吓人，好像很能打，但跟项羽相比，就是小巫见大巫了。

眼看形势不利，刘邦开始发慌，赶快拨转马头往后跑，再回首，发现军中大旗已经被项羽一戟给划倒。古代打仗，旗帜就是招牌，一旦倒掉，意味着被敌人打败了。

正所谓："兵败如山倒。"联军上下无心恋战，四散逃窜。刘邦无暇顾及左右，吓得屁滚尿流，自顾逃命。项羽在后面奋力追击，直杀得天昏地暗，日月无光。

联军在逃跑时需要经过两条河：一条叫谷水，是睢水的支流，位于彭城南六十里；一条叫泗水，位于彭城东近郊。

败逃乱军过河，很容易造成大面积伤亡，有的自相践踏而死，有的溺水而亡，有的来不及过河遭到楚军斩杀。两条河过云后，联军人数锐减十余万人，剩下三四十万人马，继续向南逃窜。

刘邦本想凭借彭城南面山区的有利地形，重整旗鼓再作抵抗，但项羽追击太过猛烈，根本不给休息的机会，无法立足，又被击杀数万人，只好逃到了灵璧县东的睢水边。

在争相渡过睢水时，又有十多万人溺死在水中，由于死伤太多，竟然导致"睢水为之不流"，惨不忍睹。

彭城之战是楚汉相争期间第一次大规模作战，刘邦遭到了自起兵以来最大的一次惨败，几乎全军覆没。

诸侯联军多达五十六万人，而楚军只有骑兵三万人，军力对比将近20：1。最后联军却死亡约二十万人，相当于楚军一个人杀了联军七个人。

冷兵器时代，以三万对阵五十六万，兵力如此悬殊，即便联军不动手，任由楚军来砍杀，实际上也是不大可能做到的。有人认为，刘邦太无能，项羽太能打了。

那么，这种惨状究竟是怎么发生的呢？前面的述说中，我们已经或多或少有过穿插分析，这里不妨再总结一下。

先从诸侯联军来看，身为老大的刘邦肯定责无旁贷。他带头骄傲自满，疏于防范，虽然让樊哙提前做了布防，但是带着骄傲情绪的布防，明显存在严重漏洞，最终导致项羽轻而易举就突破了防线。

刘邦之所以骄傲轻敌，主要因为联军兵力空前，多达五十六万人，这放在谁身上，可能都会自认为稳操胜券。甚至连张良和陈平这种智谋超群的人，也麻痹大意了，对刘邦没有尽到提醒的义务。

其实，联军多而不强，只是一个凑起来的临时班子，率领了一群乌合之众。历史上凡是号称联军作战的，多以失败告终。

为什么？原因很简单，联军作战往往缺乏统一协调，一旦被突袭，容易指挥失灵，各自为战。

何况，刘邦组建的诸侯联军战斗力低下，特别是自巨鹿之战以后，人人都有畏楚情绪，对项羽更是闻风丧胆，因此一见楚军来进攻，就不战而逃，自乱阵脚。

再从楚军阵营来看，身为老大的项羽表现特别突出，军事特长得到充分发挥，面对诸侯联军空前的兵力，他冷静分析，敢于冒险，超越常规发挥，表现出了大无畏的精神。在长途奔袭过程中，还不忘动用主力部队继续猛攻齐国的都城城阳，不但给田横施以军事高压，让其不敢轻举妄动，更重要的是作为疑兵，大大麻痹了诸侯联军。这是很了不起的，凸显出项羽的天才军事能力。

另外，在突袭彭城的切入点选择上，也十分恰当，也就是绕到彭城西面防守最为薄弱的萧县发动进攻，直接导致诸侯联军猝不及防，溃不成军。

还有一点非常重要，就是项羽用骑兵打步兵，机动性大，战斗力强，相当于现代战争中的坦克兵团作战，如入无人之境，顷刻之间取胜。为此，彭城之战成为中国大规模独立运用骑兵歼灭步兵的典范。

最后在诸侯联军溃败时，项羽死死盯住刘邦的指挥中枢不放，试图采用斩首行动，使刘邦的指挥系统瘫痪，始终无法组织有效反击。

由于双方兵力悬殊，项羽没有一味硬打蛮干，而是采用驱赶、引诱等方式迫使联军到河边自相残杀，互相践踏，溺水而亡，最终导致诸侯联军出现大规模伤亡。

彭城之战，项羽战术运用如此得当，无懈可击，令人不可思议。有一种说法认为，早在刘邦联军东进时，项羽就谋划以彭城为诱饵布局这场偷袭战。如果真是这样的话，那么项羽不但是军事家，更是冒险家，超乎常人想象，我们只能叹为观止了。

彭城一战，项羽不但有效歼灭汉军主力，使刘邦陷入危机之中，更扭转了众叛亲离、孤立无援的政治局面，重新占据楚汉战争的主动权。原来投向刘邦的诸侯，有的又重新投靠项羽，如塞王司马欣、翟王董翳；有的则脱离刘邦的控制，走向刘邦的对立面，如魏王豹、陈馀等。

但是，这场完胜的战役留下了深深的遗憾，项羽没有一鼓作气乘胜追击刘邦集团，以至刘邦逃往西边，重整旗鼓，有机会再与项羽争夺天下，后面还会详细说到。

那么，刘邦究竟怎么逃脱项羽追击的呢？

52. 死里逃生

彭城一战，诸侯联军都被打得七零八落，溃不成军，几乎全军覆没，身为老大的刘邦也是狼狈不堪。当时大家都自顾逃命，没人管刘邦了，就连车队队长夏侯婴也不知道跑到哪里去了。

刘邦带着几百人的贴身随从，纵马一路狂奔，但最终还是被楚军追上了。楚军将刘邦等人团团围住，刘邦以为这次必死无疑，仰天长叹道："老天啊，你开开眼吧！难道我刘季今天要死在这里吗？"

话音刚落，忽然狂风大作，而且是西北大风，正对着东南面的楚军猛吹，直把楚军阵营吹打得混乱不堪。天空中飞沙走石，一时间天昏地暗，好像在夜里一般，互相看不清对方。

这就是传说中的妖风，无缘无故来的风，可不就是妖风？有人说不是妖风，是沙尘暴。不管是什么，史书上明确记载，而且记载在《史记·项羽本纪》中，那么多人见证，应该不是杜撰。

这风来得也太及时了，好像天上有神仙安排一样，专门应刘邦之召而来。这就是所谓的天命吧！

俗话说："人生皆注定，天命不可违。"

一个人的成功有其必然因素，也有其偶然因素，偶然因素也就是我们常说的天命。天命不可违，并不意味着要认命，只有敢于与命运抗争的人生才是精彩的人生。

楚军被突如其来的恶劣天气搞得不知所措，只好暂时停止进攻。刘邦立刻趁此稍纵即逝的机会，仅带十余名骑兵扬鞭抽马，突围而逃。

大约跑了几里路，后面的楚军又追了上来。刘邦匆忙中回头看了一眼，发现为首的将领比较眼熟，便高声呼喊道："'两贤岂相厄哉'？如此苦苦紧逼，不如放我一条生路吧！"说完继续狂奔。

"两贤岂相厄哉"是什么意思呢？通俗地说，就是"英雄何苦为难英雄呢"。刘邦这句话还是很能打动人的，相当于人们常说的"女人何苦为难女人"。这等于把对方和自己放到了同类，既然是同类，那就要高抬贵手，否则内心过意不去啊。

后面紧追刘邦的楚将名叫丁公，听刘邦称他为"英雄"，有点小激动，毕竟刘邦是当时的风云人物，是推翻秦朝的汉王，对他这般称许，把他列为同类，能不激动吗？

丁公当时激动不已，他乐得卖个人情，也算是给自己留条后路，于是收兵回营不再追赶。

按说，丁公对刘邦有救命之恩，刘邦应该厚报才是，但是得天下后，却把丁公当众杀了。他认为丁公玩忽职守，不忠不义，放过自己，才导致项羽失去了天下。当然，杀丁公主要是杀给属下看的，后面还会详细说到。

不管怎样，刘邦总算靠着丁公的玩忽职守而死里逃生，躲过一劫。

那么脱险后，刘邦又去哪里了呢？

前面说过，刘邦此次率兵攻打彭城，除了想端掉项羽的老巢，另外一个目的就是回来接老爸刘太公和老婆吕雉等一家老小。本以为顺利拿下彭城，什么时候去接都无所谓，趁着老婆吕雉不在身边，他在项羽后宫好好潇洒一下，结果没想到，被项羽打得只剩下孤家寡人了。

现在落难了，又距离沛县丰乡老家不远，刘邦才想到了家人，打算顺路把家人一起带走，以免遭项羽毒手。

这天，刘邦终于回到了阔别多年的老家，只见六门紧闭，外面还上了锁，不禁大吃一惊，担心一家老小已经被项羽抓走了，慌忙到隔壁四邻打听，大家都摇手说不知去向。

刘邦和项羽打仗，还打败了，老婆吕雉那么精明，肯定早就偷偷跑掉了，哪里会在家里傻坐着当俘虏。但刘邦不知道啊，肠子都要悔青了，后悔贪财好色的老毛病给自己惹了这么大的祸，还连累了家人。他一个人在门口晃来晃去，踌躇多时，村里人像躲瘟疫一样，都躲在家里，更没有人邀请他到家里吃顿饭。

看到这个情形，刘邦心中一阵凄凉，一咬牙一跺脚，飞身上马，漫无目的地往西走。

走了约莫几十里地，太阳快落山了，刘邦感觉饥肠辘辘，疲惫不堪，想下马休息一会儿，又害怕楚军追过来，只好坚持继续赶路。又走了几里地，远远听到有狗叫的声音，心中不由窃喜，知道前面肯定有村落人家，忙抬头遥望，果然看见前面有一片树林，树林上面似乎有袅袅炊烟飘起。

刘邦当即策马快走，想到村中搞点吃的，顺便找个地方睡一觉。他太需要放松休息了，这一天实在太紧张了。

正往村里赶，在路边，有一个老头也在向村里走。说是老头，估计应该和刘邦年龄差不多，只是农村人，长期风吹日晒，辛苦劳作，显得成熟一些而已。

刘邦叫住这老头，说明了自己的来意。老头上下打量了一番刘邦，感觉刘邦穿戴举止与常人不同，便把他带回了家。

俗话说："穷在闹市无人问，富在深山有远亲。"刘邦当了那么久老大了，一看就是富贵之人，老头肯定要高攀一下了。

那么，他能攀上刘邦这个高枝吗？

53. 儿女情长

逃跑路上，饥肠辘辘之时，刘邦碰见了一个老头。老头把刘邦带回了家，到家后，将刘邦安置到上座，然后问刘邦从哪里来。

看老头比较朴实，刘邦也不避讳，直接亮出了自己的身份。一听是汉王刘邦，老头激动地说道："老朽有眼无珠，不知道是汉王驾到，失礼了，失礼了！今天村里有喜事，喝完喜酒回来，竟然偶遇大王的尊驾，真是三生有幸啊！"说着，就要下拜。

刘邦已经如此落魄，哪里会让人家真拜，赶快上前扶住，对老头嘘寒问暖。老头略带伤感地说道："老朽姓戚，定陶县人，以前秦楚打仗，逃荒避难来到这里，颠沛流离之中，老婆子和儿子不知去向，只有一个小女儿，年方十八，跟在身边。常言说得好，宁为太平犬，不做乱世人。哎……这兵荒马乱的日子什么时候才是头啊！"

刘邦一天没吃饭了，肚子咕噜噜直叫，一心想着搞点东西充饥，完全没有心情听戚老头在那里诉苦，于是安抚了一番后，问道："老哥，这附近有酒馆吗？"

戚老头这才意识刘邦还空着肚子，马上答道："这里穷乡僻壤，没有集镇。大王如果不嫌弃，老朽给大王弄点薄酒粗菜可好？"

刘邦等的就是这句话，连声说好。戚老头起身走进里屋，安排女儿准备酒菜。

不大一会儿，从里屋走出来一个女孩，不用说，这就是戚老头的女儿戚女了。只见戚女丰胸翘臀细腰，双手捧着酒菜，摇曳着飘到了刘邦面前。

刘邦看到戚女虽然衣服破旧，素面朝天，但体态轻盈，婀娜多姿，像个舞者一样，忍不住多赞美了几句。

听刘邦称赞，戚女不由得羞红了脸，抠着手指，咬着嘴唇，低头不语，在老爸戚老头的提醒下，慌忙向刘邦行礼。刘邦上前弯腰扶起，一双厚实的大手不经意间触碰到了戚女的小臂。

拜完后，戚女面带羞涩地回了里屋，留下刘邦和戚老头两人饮酒。刘邦刚吃了大败仗，情绪不太好，连续豪饮了好几杯。

俗话说："借酒浇愁愁更愁。"但刘邦是个酒鬼，几杯酒下肚，不但不愁，反而感觉舒服了很多，一下子精神焕发，满面红光，顺口问戚老头的女儿有没有许配人家。戚老头笑呵呵地说道："不瞒大王，小女还没有许配人家。曾经有算命先生说小女有富贵相，会遇到贵人，就一直没给她张罗婚事，专等贵人上门。大王今天来到我们家，莫非前缘注定，就是那个贵人吗？如果大王不嫌弃，老朽愿让小女侍奉大王，大王意下如何？"

刘邦惊喜万分，落魄之时，还能平白无故得一妙龄少女，能不惊喜吗？但他一大把年纪了，总要矜持一些，不能像小年轻一样猴急，于是摇摇手，佯装推辞道："使不得啊，使不得啊！寡人逃难到此，承蒙老人家管吃管喝管住，已经感激不尽了，怎么好再有非分之想呢？"

戚老头好像认准刘邦了，非常诚恳地说道："哪里啊，大王过谦了，大王贵为王侯，只怕小女高攀不起啊！"

估计这老头想富贵想疯了，否则哪个父母愿意把宝贝女儿嫁给一个跟自己年纪相仿的老男人呢？

看戚老头确实真心诚意，刘邦色心顿起，貌似一脸无奈地说道："好吧，好吧，既然老丈有这番美意，寡人当领情才是。"

说完，站起身解下玉带，权当聘礼。

戚老头活大半辈子了，多明白事啊，知道刘邦这就是答应了，赶快把女儿叫了出来。

听说老爸将自己许配给刘邦了，戚女的脸一下子就红了，估计一直红到脚脖子。过去婚姻大事都是父母做主，况且刘邦贵为王侯，她也有心高攀，便小心翼翼探出双手欣然接受了玉带。

戚老头哈哈大笑，又让女儿斟满杯中酒，敬献刘邦。刘邦二话不说，一饮而尽，然后也斟满了一杯酒回敬，戚女双手接过，慢慢喝干。

这相当于同饮了合卺（jǐn）酒。

所谓合卺酒，与现在结婚时新郎新娘喝的交杯酒或合欢酒差不多一个意思，表示心心相印，永不分离。不过古人比较讲究，一般是把一个葫芦一分为二，做成两个瓢，两个瓢分别盛酒同饮，"卺"其实就是瓢的意思。同饮了合卺酒，相当于办了结婚证，以后就是一家人了。

既然是一家人了，到了晚上，那就要同床共枕，否则名不副实啊。

戚老头好像比刘邦还要着急，刚吃完饭，就一个劲地催促女儿与刘邦同房，生怕中途变卦。刘邦趁着酒兴也不客气，挽着戚女的手走进了里屋。

戚老头窃喜，认为终于给女儿找到了贵人，找了一个好归宿，殊不知，却是把女儿推向了火坑，最终导致女儿在极度屈辱中死去。

说到这里，可能已经有人意识到戚老头的女儿是谁了。不错，她就是后来被刘邦的老婆吕雉整成"人彘"而死的戚夫人。

关于戚夫人的身世，上面的述说很离奇，很不可思议，因为它是一段野史，不一定靠谱。

据正史记载，戚夫人能歌善舞，而且琴棋书画样样精通，是中国历史上有文字记载的第一位女棋手。受到如此良好的教育，怎么可能出身于贫寒之家呢？所以这段野史大家不必太认真，权当茶余饭后的谈资就可以了。

别看刘邦一大把年纪了，精力充沛，那天晚上一番云雨之后，竟然就让戚夫人怀上了身孕，而且是个男孩。

后来，刘邦认为这个男孩性格长相都很像自己，聪明可爱，非常满意，便给他取名为"如意"。名字如意，命运不如意，最终也被刘邦的老婆吕雉给毒死了，后面会详细说到。

第二天，刘邦睡了很久才醒来。这一天一夜，他实在太累了，翻身顺手一摸，戚女早已起床，只闻见从外面飘进来饭香。刘邦穿戴好，走出房间，看到堂屋桌子上有满满一桌菜，不用说，是戚家父女专门为他准备的。

吃过饭后，刘邦起身告辞，说还要寻找他的大部队。戚家父女苦苦挽留，要留刘邦多住几天。刘邦哪里有心情继续住啊？对他来说，爱美人，更爱江山！如果再住下去，说不定大家都认为他死了呢，于是耐心解释道："寡人的军队刚刚打了败仗，全军都打散了，寡人现在必须回去重整兵马。他日一旦稳定局势，马上回来迎接你们，绝不爽约！"

话都说到这个份儿上，戚家父女也不好再强留了。

俗话说："一日夫妻百日恩，百日夫妻似海深。"当然这是过去，现在的人无法理解。

不过当时，戚女看刘邦要走是格外伤感的，刚春宵一夜就要两地分居，她哭得稀里哗啦，让刘邦格外心疼。

刘邦戎马一生，豪情万丈，四海为家，好像对什么都不在乎，但这次他对戚女动了真感情，在那里儿女情长，显得英雄气短。事实上，刘邦一生的最爱就是戚女。

再恋恋不舍，也要告别，刘邦一咬牙一狠心，说了一声珍重，出门飞身上马，头也不回，扬鞭而去。

也不知道走了多久，忽然看到对面尘土飞扬，约有几百骑兵拥着一辆车子迎面而来，刘邦大惊失色。那么，对面来的究竟是谁呢？

54. 骨肉离合

从戚老头家出来后，刘邦边走边回味昨晚的美妙时刻，时不时还忍不住笑出声，被爱情滋润的感觉真好！

也不知道走了多久，刘邦忽然看到对面尘土飞扬，约有几百骑兵拥着一辆车子迎面而来，刘邦担心又遇到楚军，赶快猛拉一下缰绳，躲到了路旁边的小树林内。待那帮骑兵走近，他偷眼观看，原来是汉军，为首的正是负责自己车队的太仆夏侯婴。

彭城一战，本来夏侯婴是紧跟刘邦左右的，但由于当时太过紧急，刘邦嫌目标太大，弃车骑马一个人跑了。夏侯婴驾着空车，率领车队到处寻找刘邦，他哪里知道刘邦去做了新郎官，风流了一夜。

常言说："踏破铁鞋无觅处，得来全不费功夫。"夏侯婴马不停蹄赶了一夜路，不想在这里偶遇。刘邦长舒一口气，跑出来喊住了夏侯婴。夏侯婴又惊又喜，赶快停下车队，将刘邦迎上车。

两个人商量了一番，决定前去下邑。

为什么要去下邑呢？前面说过，进入彭城后，刘邦曾派大舅子吕泽驻军在下邑，这个时候正好可以过去暂时落脚避难。

和平年代，老百姓的日子还能凑合着过，一到乱世，最倒霉的莫过于老百姓了，家园常常会毁于战火，导致流离失所。所以，一路上总有大批难民携家带口、成群结队地朝着他们认为和平的地方逃难。在逃难的人群中，有一个小男孩和一个小女孩结伴而行，这两小孩看到刘邦的车队，还不时地回头注目观看。

夏侯婴眼尖，发现这两个孩子很眼熟，便对车中的刘邦说道："大王，臣看到难民中有两个小孩很像刘盈和刘乐，臣眼拙分不清，还是请大王来辨认一下。”

前面说过，刘盈是刘邦的儿子，刘乐是刘邦的女儿。

刘邦顺着夏侯婴手指的方向望去，果然是自己的一对儿女刘盈和刘乐。他欣喜万分，马上命夏侯婴追上去将两个孩子抱上车来。

俗话说："老婆是人家的好，孩子是自己的亲。"这话很糙，但一点都不掺假！

刘邦抱着刘盈和刘乐亲了好半天，然后才问他们爷爷和妈妈去哪里了。两个孩子擦着眼泪说道："我们前天跟着爷爷和妈妈去找您，昨天晚上借宿到一个村里，今天刚出门就碰到了很多乱兵，爷爷失散了，妈妈不知道什么时候也不见了，幸好在这里遇见爸爸。"

说完呜呜大哭起来，刘邦心里不由得一紧，鼻子一酸，眼泪差点涌了出来。正当刘邦展现父亲温情一面的时候，夏侯婴突然骑马过来报告道："大王，不妙啊，后面有楚军旗帜飘扬，可能是楚军追上来了！"

刘邦这两天被项羽给打怕了，一听"楚军"两个字脑瓜就疼，忙催促道："别废话，快跑！"

夏侯婴闻听，一跃上了刘邦的车驾，亲自驾车飞奔。

后面追来的确实是楚军，由楚将季布率领。

这个季布非常著名，有一句谚语叫"得黄金百斤，不如季布一诺"，后来被总结为一个成语叫"一诺千金"，说的就是他。

前面我们说过，曾经有个名叫丁公的楚将故意放走了刘邦，那个丁公是季布老妈的弟弟，也就是季布的舅舅。季布可没有他舅舅丁公那么好说话，听说有一个车队往西面赶路，立刻率兵前来追击。

只听马蹄声越来越近，刘邦精神有点小崩溃了，他嫌车子太重，人太多，跑不快，必须减负，竟然上去两脚，把刘盈和刘乐给踹下了车。

用脚把孩子踹下车，可能有人感觉不可思议，但是明明记载在《史记》关于夏侯婴的传记中，司马迁用的是"蹶"字。

很多人为了说明刘邦为了成功不择手段，不顾亲情，铁石心肠，常引用这一说法进行传播。我个人感觉有点不靠谱，毕竟是亲骨肉，人心都是肉长的，不至于如此粗暴，也没必要如此粗暴。

在《史记·项羽本纪》中也记载了这件事，司马迁用的是"推"字。"推"是用手，"蹶"是用脚，显然"推"比"蹶"要符合情理。

不管怎么样吧，刘邦还真下得了手，刚刚还温情脉脉，突然就不管不顾，把孩子扔了减负，让人不禁心寒。

估计刘邦当时认为自己最重要，孩子下车也不一定会死，自己只要活命了，将来可以再过来寻找，否则被一窝端了，大家都必死无疑，就永远没有机会了。逻辑可能是对的，但这种做法，我们普通人还是无法接受，毕竟"虎毒不食子"嘛！

这件事对两个孩子带来的心灵创伤可想而知，特别是刘盈，年纪尚小。刘盈长大后性格懦弱，心地善良，跟这次伤害多少可能有点关系。因为孩子受到了严重伤害，往往会走向两个极端：一个是过于软弱，甚至懦弱，以无底线妥协，来避免再受到伤害；一个是过于刚强，甚至残暴，通过伤害别人，来达到内心的平衡。

刘邦的司机夏侯婴和我们常人一样，比较厚道，心慈手软，看到这个情景，于心不忍，但他装作是孩子不小心自己掉下去的，马上下车将两个孩子又抱了上来，继续逃跑。

刚跑了一会儿，刘邦又把两个孩子给推了下去，夏侯婴就再下车把两个孩子抱上来。这样三番两次，夏侯婴没敢嫌麻烦，倒把刘邦惹毛了。刘邦怒斥道："你小子怎么回事啊？都这般危急了，难道为了两个小孩子，让我们一帮人都丢命吗？"

夏侯婴有点不服气，顶撞道："这是大王的亲骨肉啊！再危急，怎么能忍心丢掉不管呢？"

刘邦一下子给彻底激怒了，他拔出宝剑就要杀夏侯婴。当然是故作姿态了，这个时候杀掉夏侯婴，当真死路一条了。

　　夏侯婴拉着刘盈和刘乐躲到一旁，命令副将给刘邦驾车，赶快逃跑，自己则将刘盈和刘乐轻轻举上马，然后飞身上马，抱在怀里跟在后面狂奔。

　　一帮是逃命，一伙是追赶，卖力程度不一样，季布没能追上刘邦，只好带兵悻悻而回。刘邦算是又逃过一劫，安全到达大舅子吕泽驻守的下邑。

　　被项羽打散的汉军将领听说刘邦已经在下邑安身，陆续聚集了过来。

　　经过盘点各路消息得知，殷王司马卬已经阵亡，塞王司马欣和翟王董翳又投降了项羽。韩、赵、河南等国的残兵败将也都"各回各家，各找各妈"。

　　对这些消息，刘邦都不是太在意，毕竟只是一个临时班子，散了就散了，将来可以重整旗鼓。但是有一条消息让刘邦听后号啕大哭。那么，这是一条什么消息呢？

第六章

重整旗鼓

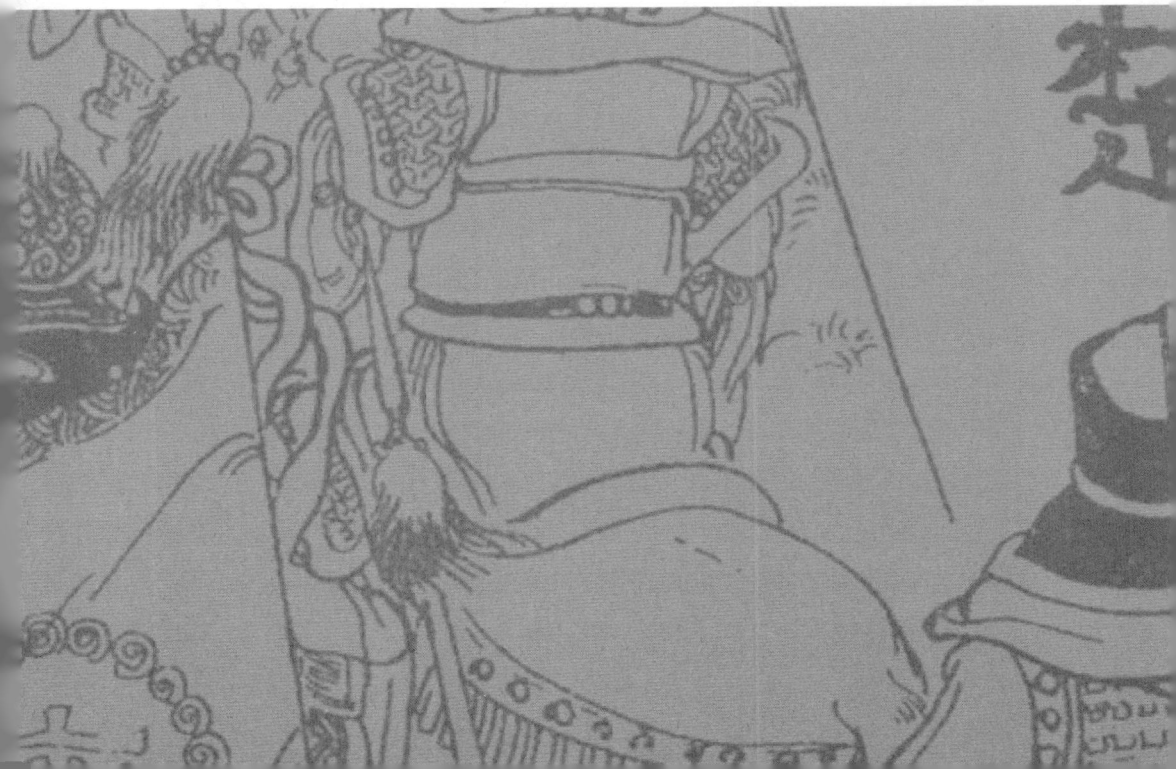

55. 下邑画策

　　彭城一战，让刘邦之前经营出来的大好局势，顷刻间丧失殆尽，对于一个五十多岁的老男人来说，这种打击是巨大的，如同天塌下来一般。遇到这样的打击，一般人估计早都垮掉了，但刘邦越挫越勇，他强忍心痛，来到下邑，准备重整旗鼓，东山再起。

　　这时，突然传来了一条消息，让刘邦号啕大哭，痛不欲生，好像死了老爸一样。为什么呢？刘邦的老爸虽然没死，但是老爸刘太公和老婆吕雉被项羽抓走了，生死未卜。

　　刘邦捶胸顿足，后悔不已，后悔自己不该大意轻敌，落个如此下场。心想，自己把项羽老窝给端了，还睡了人家老婆，现在自己老爸和老婆落到项羽手里还能活命吗？越想越后悔，加上之前的惨败，能不哭吗？

　　当时，同刘太公和吕雉一起被抓走的，还有刘邦家的舍人审食其（yì jī）。

　　审食其也是沛县人，面目清秀，口齿伶俐，主要负责刘邦一家老小的生活起居。刘邦常年征战在外，回家像走亲戚一样，不但少，而且总是来去匆匆，家里全靠舍人审食其照顾。

　　这次，刘邦在彭城战败，家里的兄弟亲戚怕受到牵连，闻讯四散逃跑，唯有审食其不但没跑，还主动要求跟随伺候刘太公和吕雉，可以说忠心可鉴。从此，审食其成了吕雉的心腹，一直深受吕雉信任，后来还被封为辟阳侯。

但是有很多人认为没这么简单。孤男寡女相处长达七年，其中两年四个月的时间还是在项羽那里做人质，两个人年纪又相仿，干柴烈火的一对年轻人能不擦出点火花吗？

因此，吕雉和审食其的绯闻在当时就流传很广，后人更是把审食其说成吕雉的男宠，而且有好事者还把他列为中国历史上十大男宠之一。

那么，审食其和吕雉之间究竟有没有发生苟且之事呢？

很遗憾，史书上没有明确记载，包括司马迁也含糊其词，只是说审食其"幸于吕太后"。怎么个"幸"法，恐怕只有审食其和吕雉两个人知道了，外人不得而知。

好了，这个小话题，我们先不延伸了，等说到审食其的时候，希望大家能有深刻印象，他和那个"狂生"郦食其的名字有点像，千万别搞混了。

在大家的劝慰下，刘邦终于冷静下来，他马上派人去打探消息真伪。经过打探，得到了确切消息，老爸刘太公和老婆吕雉都安然无恙，只是被项羽抓去当人质，项羽扬言只要刘邦投降，就会放人。

刘邦才不会投降呢，他认为人只要活着，将来就有办法营救。什么办法呢？最好的办法莫过于把项羽打败了。怎么才能打败呢？彭城一战，诸侯联盟已经被打散，人心也打乱了，要想重新凝聚起来难如登天。刘邦辗转反侧，冥思苦想，仍然找不到东山再起的办法。

这天，刘邦和张良骑着马出去兜风，聊天散心。当聊到未来战局时，刘邦斜靠在马鞍上认真地问道："子房啊，寡人有个主意请你帮忙盘算盘算。寡人想把函谷关以东的土地拿出来作为筹码，谁有能力帮助寡人打败项羽，寡人就封赏给谁，你看看究竟谁能够同寡人一起建功立业？"

　　刘邦的这个设想很有气魄，非常豪气，应该是受到了韩信"汉中对策"的影响。在"汉中对策"中，韩信说得明白，"以天下城邑封功臣，何所不服"。

　　当时估计刘邦也就听听，只是认为有道理，未必真心想这么干，对他来说，割地比割肉还疼。

　　但是，彭城一场惨败，让刘邦清醒了许多，他知道凭借他那两把刷子干不过战无不胜的项羽。

　　俗话说："失败是成功之母！"这绝不是一句空话，只有经历过惨痛失败的人，才有可能真正领悟成功的秘诀。因为惨痛失败，能让人看空一切，看清一切，看淡一切，才会痛定思痛，潜力爆发。刘邦现在就是如此。张良当然明白刘邦的心思了，于是掰着手指头说道："如果大王果真有此决心的话，臣以为有三个人可以做到。一个是九江王英布，项羽手下第一号猛将，据臣所知，现在他同项羽产生了隔阂，可以想办法策反；另一个是彭越，大王应该比较熟悉，他曾经参与齐王田荣的反楚大业，这个人虽然出身草根，但能力不可小觑；最后一个就是汉王的大将军韩信，据臣观察，此人可以托付大事，独当一面。如果大王决意用土地来作为封赏，那就封给这三个人吧，他们肯定能打败项羽！"

　　张良与刘邦的这番对话就是历史上著名的"下邑画策"，主要是帮刘邦制定了取得天下的人才战略。

　　任何事业的成功都需要靠人才来实现，人才有了，不愁事业不成。做领导的，一个非常重要的任务就是挖掘人才、留住人才、用好人才。

　　刘邦就是这么干的，最后成功了。项羽反之，则失败了。

　　在"下邑画策"中，张良提到了三个人，分别是韩信、彭越和英布。

　　韩信和彭越两个人比较好理解，一个是刘邦破格提拔的部下，一个是刘邦在战争中结识的朋友。

　　但英布呢？英布是项羽手下最得意的战将，而且还被分封为九江王，可以说，项羽对他有知遇之恩。

那么，张良为什么会在这个时候把英布推荐给刘邦呢？

56. 小人物，大手笔

张良之所以认为英布有可能为刘邦所用，是因为英布和项羽表面上和谐，实际上已经有隔阂。那么，从哪里可以看出来呢？有两件事可以看出。

第一件事，前面我们说过。项羽到齐地征讨田荣的时候，曾经让英布一起过去，英布却只派了四千步兵过去应付一下，而自己则称病躲在家中没去。我们不知道英布是真生病了，还是打仗打腻了，不愿意陪项羽玩，反正以项羽的个性，这事肯定让项羽很不爽。

第二件事，虽然我们没有说过，相信大家也可以联想到，也就是刘邦攻打彭城的时候，英布作为距离彭城最近的一个诸侯王，竟然没有出手援助。

项羽将英布分封在自己身边的目的之一，就是为了在危急的时候，能使两国互相策应。现在倒好，楚国都城彭城受到诸侯联军的进攻，英布却无动于衷，作壁上观。也许英布当时感觉刘邦人多势众，胆怯不敢去打，但是项羽打回来的时候，他仍然没有过来配合，这就有点说不过去了。

从这两件事，精明的张良看出了端倪。他认为，项羽和英布之间肯定出现了只有他们自己才知道的矛盾分歧，如果加以巧妙利用，英布就有可能背叛项羽。英布一旦背叛，项羽的势力无疑会被大大削弱。

听了张良的分析，刘邦如醍醐灌顶，心里一下子敞亮起来，精神也为之一振。那么，派谁去拉拢说服英布呢？

　　这是执行层面的问题，以谋略见长的张良无法解决，那就要看刘邦的
用人之道了。

　　为这事，刘邦踌躇不已，一直没有找到合适的人选，毕竟英布和项羽
的关系还是一种推理猜测，贸然过去很可能是自寻死路，有去无回。直到
刘邦从下邑退回到梁地，又被项羽追着赶到了虞县，也就是今河南省商丘
市虞城县，也没人敢挺身而出，接这个活儿。

　　谁傻啊？风险也忒大了，刘邦刚刚惨败，英布除非脑子有病，否则不
可能会被说服。这就是一项不可能完成的任务！

　　在虞县，刘邦实在被项羽打火了，又想起了张良的人才战略。这天，
喝了点老酒，他对左右发脾气道："像你们这些人，除了陪老子喝酒，有
什么用？你们不配与寡人共谋天下！"

　　这话还是很伤人自尊的，试想领导开会的时候这样发脾气，大家会
怎么想？要么认为领导想法太天真，理论大于实际；要么感觉自己确实太
无能，不能为领导分忧。还有一种人，这种人平时觉得自己了不起，屈
才了，他对领导的想法又很认可，一旦受刺激，就容易被激将出来证明
自己。

　　刘邦手下就有这么一个人，名叫随何，担任谒者一职，主要负责对外
传达、对内禀报的工作，相当于现在领导身边的通讯员。

　　被刘邦一刺激，随何走上前说道："大王消消气，能不能把话说得再
明白些，兴许臣能为大王做点事？"

　　刘邦翻了一眼，一看是通讯员随何，便面带不屑地问道："说出来有
用吗？你能行吗？知道九江王英布吗？寡人想把他拉拢过来，发兵一起攻
打楚国，你敢去吗？这事很难的！如果英布愿意归顺，再加上齐国助力，
寡人定能夺取天下！"

　　随何当即跪倒在地说道："臣不才，请求出使九江，定能不辱
使命！"

　　刘邦心想，当真有玩命的啊，好吧，现如今只有死马当活马医了，

拿一个通讯员投石问路也未尝不可，权当药引子吧。于是同意随何出使九江，并派了二十人随同前往。

这就是小材大用，也是一种用人智慧。

别以为一些小角色干不成大事业，如果有机会发挥，可能比一些所谓的大人物要管用。因为小角色太想脱颖而出，太想证明自己，一旦给了机会，自然比那些自以为是的大人物做事用心。很多事情，其实并没那么复杂，只要用心钻研，就有可能做成。

有人愿意挺身而出，主动为自己分忧，不管结果会怎么样，刘邦心里总是舒坦点，总有一种希望在。但这种希望实在太渺茫了，还是自己人最可靠。所以随何出使九江后，刘邦又派人命令韩信和彭越赶快过来支援，他则从虞县退守到荥阳，准备在那里设置一道防线，阻挡楚军继续向西进攻。

刚到荥阳，突然有人传过来了一条关于王陵母亲的死讯。

关于王陵，不知道大家是否还有印象，前面提到过多次了，是刘邦的老乡，也参与了彭城之战。王陵的母亲，我们不妨称呼为王老太太，被项羽抓到后自杀身亡了。

听到这个消息，刘邦悲喜交加，悲的是联想到自家老爸被项羽抓起来了，生死未卜；喜的是王陵和自己同病相怜，而且比自己还惨。

这幸福啊，有时候是阴暗心理作祟，在比较中产生，刘邦也差不多如此。

但当刘邦了解到王老太太的死因时，又惊得目瞪口呆，不禁唏嘘不已。那么，王老太太究竟是怎么死的呢？说起来也是非常传奇，王老太太的所作所为不愧为女中豪杰、巾帼英雄。

前面说过，王陵归顺了刘邦，并带兵参与进攻彭城，为此，项羽很是忌恨，便把王老太太给抓了起来，软硬兼施，非要她写封书信招降儿子王陵。

为人父母，宁可自己多受点苦，也不愿意影响孩子的事业，王老太太也一样，所以死活不愿意写。

　　既然王老太太不愿意写，项羽便派人假传王老太太的意思给王陵，劝王陵背汉归楚。但王陵认为，其中肯定有诈，老娘不可能这么做，仍然坚持不投降。同时，他又派使者与项羽交涉，看看老娘是否还活着，再做打算。

　　于是，项羽安排王老太太出来与王陵派来的使者见面，当时项羽本人也在场，王老太太不方便说太多，在那里支支吾吾，敷衍儿子派来的使者。使者看王老太太还活着，心里有底了，就提出告辞回去复命。

　　王老太太以要送儿子使者的名义也跟了出去，结果在外面却发生了令人意想不到的事。

　　那么，这是件什么事呢？

57. 又逼出一个死敌

　　到了外面，那个使者正准备上车，王老太太突然流着眼泪对使者说道："麻烦您给我们家陵儿传个话，让他好好工作，跟着汉王好好干。汉王宽厚得民心，将来必得天下，千万别因为我这个老太婆而三心二意，今天我当以死相送！"

　　那个使者还以为老太太说说宽心的话，不足介怀，客气地回应道："老太太保重身体，我们一定会想办法把您老接回去的！"说完，匆匆上车。

　　谁能想到，王老太太从袖中取出一把锃亮的匕首，面向西，喊了两声"陵儿"，便咬紧牙关在脖子上一横，喉管瞬间断裂，鲜血直喷，一头栽倒在车旁。

这就是割喉自杀啊。

俗话说："儿行千里，母担忧；母行千里，儿不纠。"王陵都五十多岁的人了，老娘王老太太还在为他的事业前程担心，甚至不惜自杀让他省心，而他还在为了事业与项羽讨价还价。

王老太太自杀这一幕把使者吓了一大跳，他恐怕连累自己，也不敢施救，驾车疾驰而去。项羽派出去跟随王老太太的人目睹了全过程，大为惊愕，赶快回报项羽。

王老太太的行为虽然过激，但是那种视死如归的精神，还是可歌可泣的，即便是敌人对手，也应该表示尊敬。可项羽听说后反而大为光火，认为自己被耍弄了，当即命人支了一口大锅，将王老太太的尸首扔进锅里给烹了。这才算解了他心中怒气。

人都已经死了，何必如此呢？徒增骂名！

估计项羽的本意应该是拿这事来吓唬刘邦，那意思是，再不投降，我把你老爸和老婆也烹了，但能吓得住吗？如果真是这样想的，那么项羽实在是太过幼稚了。

常言说："冤家宜解不宜结，各自回头看后头。"项羽的这种做法无疑把王陵逼到了与自己势不两立的境地。

试想，如果项羽将王老太太好生供养起来，会出现什么局面，完全有可能把王陵重新召至麾下。

"什么叫政治？"

毛主席曾经问过一个人。这个人的回答像老太太的裹脚布——又臭又长。毛主席听后，笑呵呵地说道："所谓政治，就是把拥护我们的人搞得多多的，把反对我们的人搞得少少的。"

大道至简，就这么简单！

刘邦应该也深谙此道，所以他千方百计招降对手，而项羽则到处树敌。

听闻老娘自杀，而且还被项羽给烹了，王陵悲痛欲绝，他跑到刘邦那里，倒头便拜，痛哭流涕，指天发誓道："臣与逆贼项羽远日无冤，近日无仇，他竟然如此对待臣的老母亲，禽兽不如啊！臣痛不欲生，请大王拨臣一支人马，若不将项羽小儿碎尸万段，誓不罢休！"

看看，项羽的又一个死敌诞生了！

听王陵这么说，刘邦也很激愤，毕竟自己老爸还在项羽那里，随时可能被烹，但他怎么可能会答应王陵的请求呢？现在意气用事，无异于飞蛾扑火，自取灭亡。于是，刘邦诚心诚意地安慰道："你放心好了，项羽这小子太过残忍了，他不会有好下场的！不但你要找他报仇，我们是老兄弟了，你不说，寡人也必须替你报仇啊！何况寡人的老父亲和爱妻都在项羽手里，生死未卜，怎么可能不去营救呢？可现在我们刚打了败仗，不可操之过急啊！当务之急应该招募兵马，重整旗鼓，才能再与项羽一较高下。否则，敌强我弱，敌众我寡，一旦再失败，就不可收拾了！"

王陵一把鼻涕一把眼泪，在那里哭得稀里哗啦，仍然不肯走。刘邦又耐心劝慰了一番，说韩信的援兵马上就要到了，到时候一定能为他报仇雪恨。王陵这才哭着拜谢回去。

把王陵送走后，刘邦心中很不是滋味，彭城之战败得太窝囊了，他实在咽不下这口气。只是自己元气大伤，没有其他办法，只能安心等着韩信带兵过来支援。

韩信现在哪里呢？前面我们说过，彭城之战期间，他负责在关中围攻废邱城，由于章邯一心等着他心目中的战神项羽过来搭救，苦苦坚守，始终没有攻下。

这时，韩信接到了刘邦请求支援的命令，不敢怠慢，他让从刘邦那里回来的樊哙等人继续围住废邱城，自己则率兵来到了荥阳。同去的还有丞相萧何，主要负责向刘邦输送军用物资。

不久，荥阳城中又聚集了十多万人。

刘邦命韩信留守荥阳，自己带着儿子、女儿与萧何等人重新回到了关中，医治东征失败带来的身心创伤。

韩信的军事水平比刘邦不知道要高到哪里去了，他不负所望，连续与楚军交战三次：第一次在荥阳旁边；第二次在京县，也就是现在荥阳市的京襄城村；第三次在索城境内。三次交战，韩信都大获全胜，迫使楚军在荥阳附近止步不前。

刘邦为什么会选在荥阳坚守，而不是退守关中呢？这主要与荥阳的地理位置有关。

荥阳以东是豫东平原，一马平川，易攻难守；以西是丘陵地带，地势险要，易守难攻。而荥阳正好位于平原和丘陵的分界线上，进退自如。将来楚汉战争的正面战场主要是围绕荥阳展开。

为了固守荥阳，韩信派军队沿着黄河边修筑一条运送粮草的甬道，专门从敖仓运输军粮，以保证荥阳城内的粮食供应。

敖仓自古都是重要的粮仓所在地，位于今河南省荥阳市东北边敖山上。

俗话说："军中有粮，心中不慌。"甬道修筑完工后，荥阳可谓兵精粮足，成了名副其实的军事重镇。后来，项羽被生生拖死在这里，后面会详细说到。

刘邦在都城栎阳不断接到韩信的捷报，心情大好，喜上眉梢。为了喜上加喜，决定册立太子。

立谁为太子呢？不用说，肯定是老婆吕雉为他生的儿子刘盈了，估计也是借此安慰在项羽那里做人质的老婆吕雉，让她好生照顾自己的老爸刘太公。

刘盈此时才五岁，刘邦让萧何负责教育辅佐。

同时，刘邦又大赦关中，让释放的罪犯到军中当兵，建功立业。

这样一来，一举多得，民心、军心、老婆心全都给稳住了。

此时，关中还有一个地方如芒在背，让刘邦很不舒服，就是章邯坚守的废邱城。

章邯的战斗意志实在太顽强了，在孤城无援的情况下，还在那里苦苦支撑。别看樊哙攻城不要命，但是无论怎么攻，就是攻不下。没有办法，刘邦命令韩信从荥阳回来一趟，商议如何拔掉这个钉子户。

钉子户之所以能成为钉子户，那是因为油盐不进，无论你怎么软硬兼施，他都能稳如泰山，不为所惧，硬来会碰钉子，软来会被钉子碰，最好的办法一般是智取。

那么，韩信究竟怎么智取呢？

58. 章邯自杀，魏王豹叛逃

在自己眼皮子底下，废邱城竟然被章邯固守了十个月，刘邦不免有点火大，他把韩信从荥阳叫回来，要求务必拔掉这个钉子户。

韩信对废邱城的情况还是比较了解的，认为强攻伤亡太大，不如智取。怎么智取呢？派个能说会道的人去游说，早试过了，章邯深受项羽恩遇，游说没有奏效。彭城之战，汉军一败涂地，游说更加不可能。

韩信自有办法，十个月的围攻，虽然没有成功，但他已经摸准了废邱城的软肋，只等时机到来。什么软肋呢？自西北环绕废邱城流向东南，有一条河，名叫渭水。韩信认为可以利用这条河搞水攻。他命令大将樊哙派人到渭水下游截流，水不能顺流而下，水位自然猛涨泛滥。当时正是秋天，雨水季节，河水很快漫过河岸，扒开口子，如万马奔腾一般涌进废邱城内。

俗话说："洪水如猛兽，谁也挡不住。"废邱城内顿时乱作一团。真刀真枪打仗还凑合，利用地势搞水攻，章邯想都没想过，突然发生了大洪水，一时手足无措。宁可战死疆场，也不能淹死水中，否则传出去不成千古笑谈了？章邯急忙率兵从北门突围出来。看章邯出来了，韩信命樊哙疏通河道，不久，废邱城恢复如初。

出来容易，想再回去就难了。丢了城池，前无逃路，后有追兵，章邯只有拼死一战，结果惨败，儿子章平被活捉。他深知无法脱险，也不能再哭着鼻子去投降了，只好在绝望中拔剑自刎而亡。

章邯死了，关中彻底被平定。没有了后顾之忧，刘邦决定到战场一线的荥阳亲自督战，他想面对面与项羽一决雌雄。

临走的时候，刘邦特别嘱托萧何把关中这个大后方建设好，以确保后勤补给。萧何自然领命，承诺绝不辜负汉王刘邦的信任。

到了荥阳，刘邦召集韩信等人开会，商议如何对抗项羽。在会上，大家摩拳擦掌，积极踊跃，群情激奋。唯独有一个人很让刘邦扫兴，他非要请假回家看望老娘。

这个人就是魏王豹。关于魏王豹，也就是魏豹，我们前面说过很多次了，由于对项羽的分封不满，在刘邦东征进攻彭城的时候，他不但给刘邦让路，还主动参与。

魏王豹对刘邦说，他老娘生病了，他是孝子，必须回家看望。刘邦心想，这小子曾经主动来投奔我，一直表现还不错，应该没有二心，欣然准假，还装模作样约定了下次会师的时间。

谁想到，魏王豹另有打算，回到西魏都城平阳后，就翻脸不认人。他陈兵蒲坂，也就是今山西省永济市，封锁了黄河渡口临晋津，宣布脱离汉王刘邦的领导，与楚王项羽联合。

得到消息，刘邦感觉莫名其妙，他认为自己从来没有亏待过魏豹，这小子可能被人蛊惑了，应该可以再争取过来，以免大动干戈。于是把那个能说会道的"狂生"郦食其叫过来承诺道："郦老先生啊，魏豹这小子不知道什么原因背叛寡人了，你口才好，水平高，若能劝魏豹回心转意，便是大功一件，回来后，寡人把魏地一万户封赏给你！"

自从彭城之战后，刘邦动不动就承诺封地封侯。前面说过，张良下邑画策就是在这种思想指导下提出的。它确实能够极大地提高属下的积极性，好像在给自己打工一样，谁不卖力啊？有点像现在的股份制改造，让核心员工持股，看似损失了一些利益，实际上能够极大地调动员工的积极性，一旦企业做大做强了，损失的那点利益就不值一提了。

有了刘邦的承诺，郦食其非常高兴，欣然领命，也不管是否能够游说成功，晚上觉都不睡了，星夜兼程前往平阳去见魏王豹。

口才再好，谈判能力再强，对推动问题的解决来说，最多是锦上添花罢了。如果人家早已下定决心与你决裂，无论你怎么说，都是白费口舌。郦食其一心想立功，仗着三寸不烂之舌，对魏王豹晓之以理、动之以情。结果魏王豹正眼都不看，不管郦食其说破天，就是不为所动，最后只是淡淡地说道："郦老先生啊，你一大把年纪了，累不累啊？别瞪眼说瞎话了！寡人也教育你几句，让你长长见识。寡人认为，人生在世，如白驹过隙，自己能做一天主，满足一天心愿，便是不白活一天！像那刘季，出口成脏，嘴巴狼藉，平日里最喜欢侮辱人，把我们这些诸侯王当成他的臣子了，甚至有时连奴仆都不如。今天骂这个，明天凶那个，一副没文化的流氓样，毫无君臣之礼，你就别费口舌了，寡人无论如何也不想再见到他了！"

魏王豹的意思很明白，人生苦短，就是只当一天老大也不要寄人篱下，何况刘邦待人接物太粗鲁了。

这真的是魏王豹的真实想法吗？不见得！其实另有隐情！什么隐情呢？魏王豹之所以下定决心脱离刘邦的领导，与他的一个姬妾，也就是小老婆有关。这个小老婆，姓薄，人称薄姬，也就是后来汉文帝刘恒的亲妈薄太后。

听着是不是有点乱啊？汉文帝刘恒的亲妈怎么又是魏王豹的小老婆呢？

59. 王的女人

这还要从薄姬的身世说起。薄姬是吴郡人，也就是今江苏省苏州人，她的老爸人称薄生。我们说过，凡是称这生那生的，一般都有点文化，属于小知识分子。

薄生不但有文化，人也非常帅，风度翩翩，风流倜傥。一次，他遇到了一个从北方流落过来的女孩子。这个女孩子就是薄姬的老妈，魏国王室后裔，上了年纪后，人称魏媪，俗称魏大娘。

薄生和年轻的魏媪一见钟情，你情我愿地好上了，而且还未婚先孕。

十月怀胎，一朝分娩，魏媪生下了女儿薄姬。可惜的是，薄生跟魏媪还没来得及结为夫妻，年纪轻轻就死了。年轻的魏媪拉扯着女儿薄姬，在世俗的眼光中苦苦求生，那种心酸可想而知。

秦朝末年，天下陷入混乱，群雄并起。在这一片混乱之中，从前诸侯国的遗老遗少纷纷复国自立。

前面说过，魏国此时在陈胜部将周市的拥立下，也复国了，国王先是魏王咎，再是魏王豹。魏媪是魏国王室后裔，自然带着已经长大的女儿薄姬，又回到了魏国。

薄姬亭亭玉立，可爱动人，谈不上非常漂亮，但也是一脸福相。

薄姬的老妈魏媪出身于王室贵族，年轻时享受着公主般的待遇，国破家亡才沦落天涯，她无时无刻不想着恢复过去王室的生活。自己生不逢时，这辈子算完了，女儿薄姬青春年少，还有机会，于是便将女儿薄姬送进了魏王宫，给魏王豹做了姬妾。

薄姬虽然有点姿色，但在佳丽成群的后宫就不那么显眼了，即使有福相一般人也看不出来，一直默默无闻。

当时有一位很著名的女相士，名叫许负，其貌不扬，出身平平，但非常厉害，据说神机妙算，特别擅长相面，凭借着这一特长，在上流社会混得风生水起。

魏王豹听说后，把许负请了过来，请她给自己和家人看看相，预测一下未来。

许负应邀来到王宫，当她看到薄姬的时候，不由惊呼道："我的天啊，这位女子可不是一般人啊，将来生的儿子必定是龙种，要做天子的！"

魏王豹闻听又惊又喜，心想薄姬是我老婆，她怀龙种，肯定也是我的种啊，直后悔自己冷落了人家，没有及时播种。他伸长脖子，瞪圆眼睛问道："真的吗？没看走眼吧？你给寡人也看看！"

许负回过头看了看魏豹，笑盈盈地说道："大王本来就是富贵相，现在都已经称王了，还要怎么看啊？"

魏王豹认为有道理，自己早已贵为王侯，还问个什么，在那里手舞足蹈，只顾高兴，就不再追问，当即重赏了许负。

从此，薄姬的地位在宫中大大提高，魏豹也经常过来宠幸。

俗话说："七分天注定，三分靠打拼。"做天子可不是小事，必须十分用心，可现如今跟着刘邦瞎混，被项羽打得找不到北，怎么能行呢？

魏王豹越想越气，不想跟着刘邦混了，再加上刘邦整天污言秽语，实在让人无法忍受。于是，魏王豹就借着回家看老娘的名义跑掉了，再也不愿意归附。

有这么个背景在，任凭郦食其苦口婆心、巧舌如簧，也无法说动魏王豹回心转意。郦食其实在没办法，只好垂头丧气回来复命。刘邦闻听大怒，当即调兵遣将，任命韩信为左丞相，带着曹参和灌婴，率兵前去讨伐魏国。

关于曹参，我们已经有所了解，以前和刘邦是同事。刘邦做泗水亭长时，他在县里做狱掾，也就是监狱长。这次由他率领步兵部队跟随韩信出征。

关于灌婴，可能很多人不太熟悉，前面也多次提及，只是没机会详细介绍，这里简单说一下。

灌婴是睢阳县人，也就是今河南省商丘市睢阳区人，原是一个贩卖丝缯的小商小贩，生意人出身。

秦楚战争期间，项梁战死疆场，刘邦不得已撤退到砀县一带时，灌婴参军入伍，到刘邦身边做了中涓，在后来的战斗中，因表现英勇，逐渐被刘邦重用。特别是在荥阳作战期间，灌婴脱颖而出。

怎么脱颖而出的呢？前面说过，彭城之战，刘邦率领诸侯联军五十六万人，结果被项羽三万骑兵打得满地找牙，一个重要的原因就是项羽利用骑兵来打步兵。

在荥阳，刘邦想弥补军队短板，准备组建骑兵部队，但他身边嫡系中没有这类人才，只好找秦朝投降过来的两个骑兵将领来负责。这两个人比较有自知之明，认为自己是降将，难以服众，请求刘邦给他们派个主将来压阵。于是，刘邦派了长期跟随左右的灌婴，来牵头主持骑兵部队的组建工作。灌婴年轻有为，不负所望，经过一段时间的训练，竟然率领新组建的骑兵部队两次打退项羽的骑兵进攻，由此脱颖而出。

现在讨伐魏王豹，刘邦便派遣灌婴率领骑兵部队跟随韩信前往。

可能因为彭城一战败得实在太惨，刘邦担心这次再有闪失，在韩信出发前，他把刚从魏国回来的郦食其叫了过来，详细了解了魏国军队的情况。

那么，魏国军队究竟是什么情况呢？

60. 知己知彼

刘邦把郦食其叫过来详细了解魏国的军事部署情况。郦食其刚坐定，刘邦便问道："这次去招降魏豹不管结果怎么样，郦老先生总是受累了！寡人想问你，魏豹这小子怎么那么有恃无恐，究竟找谁给他做大将啊？"

郦食其还以为刘邦要大骂他一通呢，一路上忐忑不安，现在听刘邦这样问才放心，慌忙回答道："据老臣了解，是一个叫柏直的人。"

刘邦摸着胡须笑着说道："哦，原来是柏直啊，这小子乳臭未干，不足挂齿，绝不会是韩信的对手！那么他的骑兵将领又是谁啊？"

"是冯敬！"郦食其赶快回答道。刘邦收住笑容，想了想说道："冯敬是冯无择的儿子吧？这小子还是有点本事的，名声也不错，只是缺少谋略，肯定不是灌婴的对手！步兵将领呢？"

"是项它！从项羽那里调派过来的。"郦食其回答道。

刘邦闻听，哈哈大笑道："这小子也不是曹参的对手！寡人可以高枕无忧了！"

从刘邦和郦食其的对话可以看出，刘邦特别喜欢研究人，对人的观察细致入微，看人也入木三分。

研究人不是只研究自己人，还要多研究对手，正所谓"知己知彼，百战不殆"。刘邦是这样，其实韩信也深谙此道，当他接到讨伐魏王豹的命令后，也把郦食其请过来问道："郦老先生，魏国不会用周叔做大将吧？"

郦食其挺着胸脯，非常确定地回答道："不会，肯定是柏直！"

韩信暗喜道："竖子也！"

显然，韩信最担心一个名叫周叔的人，而对柏直并没放在眼里。关于周叔和柏直，史书没有详细记载，我们这里就不赘述了。

对魏国军事将领和军事部署进行一番了解后，韩信才率兵来到黄河渡口临晋津。在临晋津，只见河对岸魏兵严阵以待，一副如临大敌的架势，明显魏王豹做了精心准备。

韩信不敢轻举妄动，只是表面上安排军队赶造过河的船只，声称一定要从这里打过去，暗中却派出上千人到黄河上游察看地形，以选择方便渡河的地方。没多久，派去察看地形的探子回来报告道："大将军，上游大部分都有重兵把守，只有百余里开外的夏阳，魏兵较少，疏于防范。"

夏阳位于今陕西省韩城市西南，那里的地势比较险要，不适合船只大规模渡河，因此魏王豹没有重视。

韩信闻听，顿时计上心来，喜上眉梢，立刻翻看地图，决定就在夏阳这个地方大做文章。

怎么做文章呢？前面说过，汉军从汉中重返关中时，采用的是"明修栈道，暗度陈仓"，这次差不多是故伎重施。

简单地说，也就是声东击西。

别小看这一招，大家可以对古今中外的战争进行统计分析，所谓的奇谋妙计大部分是声东击西的翻新。它也广泛应用于我们生活的方方面面。譬如两个人比武，打败对手最省力的办法就是虚实结合，出其不意，攻其不备。商战更是如此，特别是商业对手处在有利地位，而自己处于劣势时，只有想办法让对方的关注点转移，才可能在不利的情况下出奇制胜。

如果大家能把这条计策研究透，在江湖上占有一席之地，还是有可能的。计策本身的道理，小孩子都能看明白，但是怎么实施，要具体情况具体分析。

那么，韩信究竟是怎么再次运用这一经典战术的呢？

这天，他把步兵将领曹参叫了过来，让曹参派人到周围山上采伐树木，无论大小，统统带回来，越快越好。曹参年纪比较大，持重踏实，二话不说，领命就去了。

接着，韩信又把负责骑兵的将领灌婴叫了过来，让他到附近各大集市购买瓦罂，也是越快越好。

什么是瓦罂呢？现在很少见到了，过去基本上家家都有。它是一种陶制的小口大腹容器，大腹可以增加容量，小口便于密封，一般用于盛酒、腌咸菜等，深受老百姓的喜爱，因此集镇上到处都有人在买卖。

接到任务后，灌婴很是纳闷，心想，我是骑兵将领，大将军为何让我去买瓦罂，什么意思，还买那么多，难道是给汉王刘邦做酒窖？于是禁不住好奇问道："大将军，属下有一事不明，想请教一下，我们现在日夜忙着赶造船只，准备渡河打仗，买瓦罂有何用？"

韩信白了他一眼，严肃地命令道："废话少说，叫你去买，你就去买，能让你立功就是了，如有怠慢，军法处置！"

灌婴还想再问几句，看到韩信如此口气，赶快出去依令行事。

像这种奇谋妙计，知道的人越少越好，一定要做好保密工作，一旦泄露，前功尽弃，说不定还会被对手利用。韩信当然明白这个道理。

很快，曹参和灌婴回来交差，木料和瓦罂都筹备完毕。韩信仍然不多作解释，只是给了一张图纸，让他们回去按图施工。

两个人回去后，研究了一番施工图，才知道原来是要做木罂瓴（fǒu）。木罂瓴是怎么制作的呢？比较简单，将四条长木夹住瓦罂腹部，形成以瓦罂为中心的四方格单元，再用绳子固定住，然后在这个基础上不断延展，便形成了一个类似木筏的渡河工具，当然比木筏的浮力要大很多。

灌婴比较年轻，话比较多，看要制作这么个东西，还是想不通，向曹参发牢骚道："大将军搞什么鬼啊？这是要搞什么？渡河要用船只，现在船只差不多制作完工了，还搞木罂瓴干什么用？真奇怪！"

那么，曹参又会是什么态度呢？

61. 出奇制胜

韩信令曹参和灌婴制作木罂瓿，灌婴想不通为什么要搞这么个破玩意儿，便向曹参发牢骚。曹参是那种循规蹈矩的人，执行力很强，严肃回答道："大将军肯定另有妙用，我们照办就是了！"

职场上一般有两种人：一种是像灌婴这样的，年轻气盛，想法很多，对领导的安排总是质疑；另外一种人就像曹参这样，老成持重，执行力强，你让他怎么干，他就怎么干。两种人没有优劣之分，就看领导怎么用。想法多的，让他做偏开拓性的工作；执行力强的，可以让他做偏守成的工作。

经过日夜赶工，没几天，木罂瓿全部制作完成了。韩信对木罂瓿的制作特别重视，亲自带人到现场验收。

关键事情的关键节点，做老大的一定要亲自过问过目，不能偷懒，否则稍有差池，就可能鸡飞蛋打。

待全部验收完毕，差不多已经到了黄昏时分，韩信对木罂瓿的制作非常满意，当夜便安排分头行动：灌婴带领几千人留下来，负责在临晋津摇旗擂鼓，制造声势，守住已经造好的船只，佯装要进攻；韩信和曹参率领主力部队，搬着木罂瓿连夜赶往夏阳。

到了夏阳，韩信命令将士们把木罂瓿放入河中，三三两两一组登上，用兵器划水，向对岸驶去。

木罂瓿没有船只宽敞舒坦，但是目标小，隐蔽性强，机动灵活，经过一段时间的划水漂移，好不容易到达对岸。一旦上岸，部队立刻集结，向前快速推进。

　　俗话说："天下武功唯快不破！"打仗更是如此，兵贵神速。

　　魏军在魏将柏直的指挥下一直还在临晋津傻傻地严阵以待，以防汉军突然袭击。魏王豹也没闲着，每天都要派人过来视察防卫工作。

　　这天晚上，对岸汉军阵营鼓声大作，杀声震天，大有要打过来的阵势，使得魏军更加小心谨慎，一夜都没敢合眼。他们哪里知道，韩信早已率大军在夏阳过河，深入到了魏国腹地。

　　由于魏军的主力部队大部分被调往黄河岸边，汉军先头部队在曹参的率领下，顺利推进到东张，也就是今山西省浮山县东张乡，才看到有魏兵营地驻扎。

　　这座营地的将领名叫孙遫（chì），是一无名之辈，我们就不详细介绍了。孙遫无论如何也没想到，在他这里会突然出现汉军主力，完全没有防备，仓促应战，被打得溃不成军，向北逃窜。

　　曹参率兵乘胜追击，不久就到了安邑城附近，也就是今山西省运城市。安邑守将名叫王襄，不知轻重，主动出城迎战，不出来还好，一出来就被曹参当场生擒活拿。

　　主将被活捉，下面将士哪里还敢抵抗，有的举手投降，有的撒腿就跑，安邑城顿时成了空城，汉军顺利入驻。在安邑城，韩信犒赏三军将士，命令部队抓紧休整，为进攻魏王豹的老巢魏国都城平阳做准备。

　　汉军已经过河，而且还在东张和安邑两地打败了魏军。这消息很快传到了魏王豹那里。魏王豹着实吓了一跳，还以为在做梦，一面派人命柏直率领主力从临晋津回来救援，一面亲自率兵前去阻击，目的是前后夹击汉军。

　　魏王豹贵为魏王，按说应该固守平阳，等待柏直回援才是，为什么敢于亲自出战呢？因为这小子骁勇善战，像豹子一样，特别能打仗，自认为能够搞定韩信。

　　在曲阳，也就是今河北省曲阳县，两军相遇了。

　　汉军虽然孤军深入，但是这支军队经过韩信悉心调教，作战素养比较高。另外汉军将士自知没有退路，只有奋不顾身向前进攻。

俗话说："横的怕愣的，愣的怕不要命的。"在韩信和曹参前后调度指挥下，魏王豹专靠死打硬拼怎么可能是对手？没多久，魏王豹眼看不敌，向北逃跑。

来的时候没盘算好，逃的时候也没章法。汉军在后面紧追不放，最终在东垣，也就是今河北省石家庄市东古城村，将魏王豹团团围住。魏王豹凭着蛮力几次突围都没能得逞。韩信看他已经成了牢笼困兽，便派人去招降，宣称只要投降就能免死。

面对生死抉择，大部分人都无心再战。魏王豹穷极无奈，也顾不上面子了，主动出来投降。正像他自己说的，人生苦短，白驹过隙，自己做一次主，也不白过了这一生，只是做主的时间比他这一生短得太多，而且结局难堪。

韩信把魏王豹扔进囚车，直达魏国都城平阳城下示众。平阳城守军本以为魏王豹那么厉害，亲自出战必胜无疑，结果却被人家装进了笼子里，成了笼中豹，都非常震惊，马上开城投降。

进城后，韩信下令无论军民，既往不咎，只把魏王豹一家老小全部给抓了起来。

这时，那个乳臭未干的魏将柏直正率兵赶回来救援。他会救援成功吗？

62. 死罪可免，活罪难逃

韩信俘虏了魏王豹，占领了魏国都城平阳。收到这条消息，魏将柏直大惊失色，军队上下都担心平阳城的家人会被汉军杀掉。正当他们不知何去何从的时候，韩信派人过来招降，给出了一条生路。

　　既然有生路可走，这种情况下谁还会非要去鬼门关呢？柏直当即率军宣布投降。

　　接着，韩信派灌婴和曹参到魏国各地招降。魏王豹都成阶下囚了，各地闻讯无不主动归附。不久，魏地全境悉数拿下。

　　拿下魏地后，韩信有了新打算，他打算开辟北方战场。当时，在北方主要有代国、赵国、燕国三个王国。

　　前面说过，代地开始是项羽分封给赵歇的，后来，陈馀把分封在赵地的常山王张耳打跑，拥立赵歇恢复了赵国，自己则做了代王。实际上，他本人并没有过去，而是继续留在赵国辅佐赵王歇，只是派手下一个谋士夏说担任代相管理代国。

　　可见，所谓的北方战场主要是指赵国和燕国。

　　那么，为什么要去攻打赵国呢？赵国不是在彭城之战中已经与刘邦联合了吗？是的！不过，当时的联合是有条件的，就是刘邦必须杀掉陈馀的"刎颈之交"张耳。可是刘邦并没有真正这么做，而是让人冒名顶替，送了一个假人头过去，骗过了一时。

　　俗话说："纸中包不住火。"张耳那么大一个活人，还相当有影响力，怎么可能一直被瞒住呢？最终还是被陈馀知道了。陈馀顿时火冒三丈，立即宣布不再与刘邦集团合作，反过来去和项羽结盟。

　　一个张耳，真的有那么重要吗？其实都是政治借口而已！主要还是因为彭城之战，被项羽打服了，打怕了，认为跟着刘邦混，没有前途。另外，陈馀认为，刘邦老奸巨猾，心眼太多，玩不过，不如项羽实在。

　　所以，韩信提出了开辟北方战场的战略构想。

　　韩信的战略构想很清晰，就是先从北面下手把代地拿下，然后赵地，再然后是燕地，再然后是齐地，最后与刘邦会师，向南进攻，干掉项羽。

　　战略构想无疑是好的，但需要老大刘邦批准才行，于是韩信一边派人把魏豹押往荥阳请功，一边派人将他的战略构想报送刘邦。

　　看魏豹被押送过来了，刘邦非常高兴，当即亲自提审。心想，你魏豹不是讨厌我刘邦污言秽语吗，今天老子非要当面好好侮辱你。

魏豹趴在地上，蜷缩在那里，头也不敢抬。刘邦破口大骂，十八代祖宗骂了一遍，最后还不解气，下令把魏豹斩首示众。

别看魏豹打仗挺狠，其实也怕死，他匍匐着爬上前，磕头如捣蒜，乞求免他一死，将功补过。

看到魏豹的熊样，刘邦那种满足感油然而生，不由得转怒为喜，哈哈大笑道："你这种鼠辈啊，量你也翻不了天！寡人今天暂且饶你不死，先把狗头寄存在你脖子上，将来再敢有二心，非杀你个二罪归一，诛灭你全族！"

魏豹一听能活命，朝地上咚咚磕了几个响头，发誓永不背叛。刘邦这才挥手放他出去，而且还给他在军中安排了一个差事。

从这点可以看出，刘邦是一个非常大度的人，这种大度应该是建立在自信的基础之上。不过后来魏豹还是被杀了，但不是刘邦杀的，将来会详细说到。

俗话说："死罪可免，活罪难逃。"刘邦把魏豹一家老小，除了魏豹的老母亲外，全部给充当了奴役。

前面说过，魏豹有个小老婆，人称薄姬，据女相士许负说，能怀龙种。现在，薄姬被发配到刘邦的织布车间，做了纺织女工。

有一次，刘邦过来视察工作，发现薄姬有几分姿色，感觉做纺织女工太可惜了，就将她调入后宫，有空好宠幸。

对于薄姬来说，调入后宫总是好事，最起码不用再做苦工了，说不定哪天还能被刘邦宠幸，当时心里美滋滋的。可真到了后宫，情况全变了，因为后宫美女如云，薄姬往里面一站，完全不起眼，所以刘邦压根没正眼看过她，更别说宠幸了。

薄姬有两个闺蜜，一个叫管夫人，一个叫赵子儿，以前都是魏豹的姬妾，也被刘邦抢来做了嫔妃。

刘邦这家伙有个嗜好，每打到一个地方，总是先把人家老婆据为己有，可能这样做，显得有成就感，够雄性吧。

由于年纪相当，在魏豹那里时，薄姬和管夫人、赵子儿关系十分要好，以姐妹相称，用现在的话说，就是"好闺蜜"。

有时候，她们在一起开玩笑，经常会互相承诺"先贵无相忘"，意思是以后无论谁先富贵了，都不能彼此相忘。

这话听着是不是很耳熟？还记得吗，陈胜年轻的时候也说过类似的话，也就是"苟富贵无相忘"，差不多都一个意思。可能那个时候的人，没有发达之前，都喜欢这样讲，估计是玩笑话。其实，现在小伙伴在一起玩，也经常会这样说，显得自己很义气的样子，多半是空头支票，不必当真。

管夫人和赵子儿两人因容貌姣好深受刘邦喜爱，时常被召来宠幸。

在后宫中，能被大王宠幸，那就像现在公司内，被老板表扬一样，很光荣的，地位也要高人一等。

人的地位发生变化后，即便以前是朋友，由于生活圈子和生活环境不同，也会逐渐疏远，甚至出现看不起对方或怕对方看不起的情况，什么"先贵无相忘"，什么"苟富贵无相忘"，最后"全相忘"。

有一天，刘邦闲来无事，在花园中与管夫人、赵子儿赏花取乐。两位美人经常能够陪王伴驾，可能是太得意了，又想到她们和薄姬以前的盟约，不由得飘飘然起来，竟然将此事当作笑话讲给了刘邦听。

那么，刘邦会怎么想呢？

第七章

韩信北伐

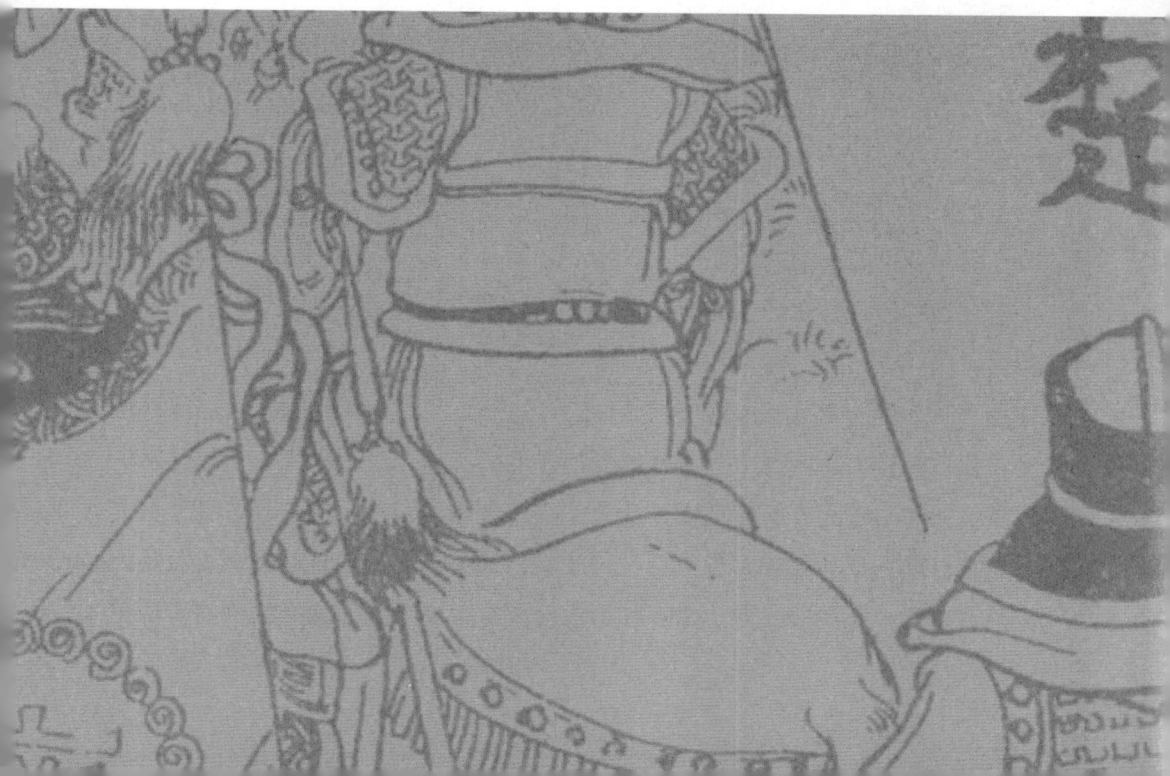

63. 一击必中

听到管夫人和赵子儿嘲笑入宫一年多未被自己宠幸的薄姬，刘邦心里不舒服，顿生恻隐之心。

这也是人之常情！常言说："恻隐之心，人皆有之。"特别是那种从草根成长起来的英雄，更是如此。于是，刘邦当即派人去召唤薄姬，他要连夜临幸。

薄姬每天窝在后宫，得不到刘邦的宠幸，无所事事，难免心中长草，非常郁闷。头天晚上，她做了一个梦，梦见有一条苍龙在她肚子上盘踞，吓得从梦中惊醒，搞得一整天都心神不宁，不知道是祸是福。正在那里胡思乱想，突然有人跑过来说刘邦召见，可把薄姬给乐坏了，好像中了大奖一样，赶快梳妆完毕赶了过来。

刘邦独自酣饮，看薄姬过来了，扬扬手招呼她挨着自己坐下，一起吃喝娱乐。

两个人边喝边聊，一会儿刘邦兴致勃勃，开始动手动脚，扯薄姬的衣裳，要行那高唐之事。薄姬趁机把昨晚的梦境给说了出来，让刘邦解解梦。刘邦一听大喜，酒也醒了几分，心想自己号称赤帝子，那个苍龙莫非就是自己，于是坏笑着说道："好梦啊，这正是显贵的吉兆！寡人就是那条苍龙，今晚就让苍龙上你身，为你促成这件好事！"说完，便将薄姬搂倒在地。

这次同房，刘邦一击必中，让薄姬有了身孕，生下的儿子取名叫刘恒，也就是后来的汉文帝。

当初女相士许负算定薄姬能怀龙种，果然不假，只是给薄姬播种的不是魏豹，而是刘邦。只可惜魏豹当时太过兴奋，没把事情问清楚，否则主动投降刘邦，把薄姬送过来，何至于成为阶下囚？

至于薄姬做的那个梦，更大的可能是薄姬耍的小手段而已，不可全信。若薄姬姿色一般，再有心机刘邦也不会喜欢的，所以自此之后，薄姬很少再被刘邦宠幸。而刘邦对魏豹的其他姬妾们仍然乐此不疲。

刘邦是一位爱美人更爱江山的君王，无论多么好色，都不会耽误军国大事。对于韩信同时送过来的北上战略方案，刘邦还是非常重视的，经过认真研究，他认为韩信的战略构想很好，没多久就批准了。

按照这个战略方案的要求，韩信还需要三万人马，于是刘邦派张耳率领本部三万人马前去协助攻打赵国。

为什么要派张耳去呢？前面说过，陈馀之所以与刘邦决裂全都是由张耳引起。

俗话说："解铃还须系铃人。"如果不让张耳、陈馀这俩小子把对方的脖子抹了，怎么对得起他们"刎颈之交"的美称呢？

韩信在平阳城也没闲着，边等刘邦的消息，边招募人马，抓紧练兵。这天，张耳带兵来到平阳，韩信知道自己的作战方案被批准了，非常高兴，当即决定先进攻代国。

当时管理代国的是陈馀派过去的代相夏说。关于夏说，前面我们已经提到过，正是他从齐王田荣那里借到兵，把张耳从赵国给赶跑了。夏说是谋士出身，有点自命不凡，不晓得韩信的厉害，听说汉军已经到了阏（è）与，也就是今山西省和顺县，距离代国都城代城不过几十里地，便亲自带兵拦截阻击。

在阏与，两军开打，汉军前锋曹参跃马提刀直取夏说。经过一番战斗，曹参佯装不敌，率兵撤退。夏说还以为汉军不堪一击，挥师紧追不舍。

大概追了二十多里地，忽然两边树林内杀声震天。左边是灌婴，右边是张耳，两路人马夹击夏说的军队。这个时候，曹参杀了一个回马枪。

面对三面夹击，夏说哪里抵挡得住，只好掉头就跑。现在轮到曹参在后面紧追不舍了。在邬县东边，也就是今山西省介休市境内，终于追上，曹参手起刀落，正劈在夏说的马屁股上。那匹马疼痛难忍，将夏说掀翻在地，汉兵一拥而上将夏说五花大绑活捉了。

有什么样的将领就会有什么样的手下，刘邦和韩信都比较喜欢搞招降这一套。曹参也喜欢，他上前好心劝说夏说投降。然而，夏说压根看不起刘邦这帮人，大骂刘邦言而无信，是流氓，是骗子，骗了他们大王陈馀。曹参被骂火了，上去一刀把夏说的脑袋给砍了下来。

韩信的这次战术运用大家是不是很眼熟？上次收拾殷王司马卬，也是这么玩的。先示弱假装败走，诱敌进入包围圈，然后搞伏击，也就是我们平时常说的"布袋战"。

"布袋战"的精髓在于想方设法诱使对手陷入不利的境地，再伺机消灭之。看似简单，也是很有学问，怎么引诱，怎么伏击，都是很有讲究的。

夏说被杀，代国都城代城不攻自破。在代城，韩信开始谋划进攻赵国。正在这时，刘邦突然派人给韩信下了一个命令。

什么命令呢？他命令曹参率领主力部队回来支援荥阳旁边的粮仓重镇敖仓。

此时调走主力，明显是有意削弱韩信的势力。刘邦深感韩信这小子太能打了，发展太快了，那么短时间内，连续灭了两国，眼都不眨一下。

俗话说："军令不可违。"韩信只好同意曹参率兵赶往敖仓，毕竟敖仓那边也确实出了问题。

曹参率兵路过邬县时，遭到了赵国将领戚将军的半路阻击。一场苦斗之后，戚将军也成了一个"死跑龙套的"。之后，曹参率部一路顺风回到了敖仓。

曹参率领主力离开后，韩信的军队一下子空虚了不少。为了攻打赵国，他不得不就地重新招募兵马，好不容易才将军队扩充到三万多人。

韩信艺高人胆大，还没怎么对这三万新兵蛋子进行训练，一个月后就驱兵进攻赵国。

那么，进攻赵国会顺利吗？

64. 不听忠告，迂腐应对

刚攻下代国，刘邦就把韩信的主力部队抽调走了，韩信只好就地临时招募了三万新兵，还没怎么进行训练，一个月后驱兵越过太行山，向东挺进，准备对赵国发动进攻。

进攻赵国需要经过一个战略要地，名叫井陉口。

这个地方前面我们有提到过，不知道大家是否还记得？

陈胜吴广起义时，有一位名叫李良的秦军降将，奉赵王武臣之命，进攻秦军，就是在井陉口受阻，无功而返，结果做了叛徒，掉转枪口杀死了赵王武臣。

同样的地方，不同的人，李良无功而返成了叛徒，而韩信在此一战，却扬名立万，奠定了他在历史上杰出军事家的地位。

这就是人与人的差距，那种一味强调客观条件、不能正视差距的人，永远不会取得进步。

我们不妨再了解一下井陉口这个地方，以便于下面的述说。

井陉，顾名思义，这个地方应该是四面高平，中间低洼，像一座井一样。井陉口是太行山上著名的八大隘口之一，也是古代的天下九塞之一，位于今河北省石家庄市鹿泉区西面十里的地方，现在被称为土木关。

在井陉口以西，有一条长约几十里的狭窄驿道，易守难攻，不利于大部队行动。韩信如果要攻打赵国，这里是必经之路。

赵国会眼睁睁看着韩信从这里通过吗？当然不会！

赵王歇和主帅陈馀听说韩信打过来了，立即集结二十万大军先期扼守井陉口，居高临下，以逸待劳；而韩信只有三万新兵蛋子。三万对二十万，双方兵力悬殊，赵军明显处于绝对优势地位，但韩信仍然坚持要打这一仗。

兵法有云："知己知彼，百战不殆。"为了摸清赵国的防御策略，作为进攻的一方，韩信事先派间谍细作对赵军内部一探虚实，好有针对性地用兵。经过打探得知，赵国真正的实权派人物并不是赵王歇，而是张耳的"刎颈之交"陈馀。

陈馀这个人，我们已经比较熟悉了，他原本是一介书生。既然是书生，肯定也没少读兵书，对领兵打仗自有一套。

陈馀身边还有一位重量级的谋士，名叫李左车，此人颇有军事才能，被赵王歇封为广武君，协助陈馀。

关于李左车，知道的人可能不多，但是他的爷爷大家一定很熟悉，就是赵国著名战将李牧。李牧一生无败绩，曾经大力延缓了秦始皇统一六国的步伐。最后秦始皇采用反间计害死李牧，才得以顺利灭掉赵国。

李牧很能打，孙子李左车也非等闲之辈。

李左车本来不认识韩信，但他看到韩信以往的战绩，知道来者不善，便向陈馀献计道："韩信这小子有点手段，不可小觑！他用诡计渡过黄河，俘虏魏王豹，进攻代地，生擒夏说，刚刚又血洗了阏与城，如今在张耳的辅佐下，长途跋涉乘胜而来，有点锐不可当的架势啊！"

陈馀略带不屑地问道："又能怎样？"

李左车认真地答道："像这种情况，我们没有必要和他争锋，可以暂避其锋芒。长途跋涉远征的军队有一个致命弱点，就是军粮供给会跟不上。千里运送粮饷，临时砍柴割草做饭，士兵们往往会饥一顿饱一顿，面带饥色，心有怨言。另外，眼下井陉口这条道路非常险要，两辆战车都不能并行，骑兵也不能排列成行，在这里行军要迤逦数百里，运输粮草的队伍势必会远远地落到后边。如果将军拨给我三万军队，从隐蔽小路偷袭他们的粮草供应线，截断他们的后路，那么，我们这边只需要深挖战壕、高筑营垒、加强防务即可。到时候，他们被我军围困在荒野之间，向前不得战斗，向后无法退却，没东西吃，没地方躲，用不了十天，韩信和张耳的人头就要被人送到将军帐下了。希望将军好好考虑一下我的计策，否则，胜负难料啊，说不定我们被韩信所擒都有可能啊！"

李左车的计策，简单来说，就是打掉韩信的后勤补给线，阻断退路，以逸待劳，不战而胜。这种打法非常符合当时的实际情况，用兵也很巧妙。如果真这样打，韩信那点兵力基本上不可能有什么作为，最后只有无功而返，甚至返无可返。

但是可能是陈馀这家伙书读得太多了，特别是儒家的书，迂腐得要命。他认为，韩信和张耳进攻赵国乃非正义之举，而他是正当防卫，既然是正当防卫，就不能用诡计。更重要的是，他料定韩信的那点兵力不足为虑，肯定不是自己的对手。

因此，陈馀不以为然地说道："先生多虑了！兵书有云：'十则围之，倍则战。'现在韩信的军队号称数万，实际上可能不过几千人，他竟然敢千里跋涉来进攻我们，真是自不量力！如今他们已经极其疲惫，如果不正面痛击，一旦后续援军到来，又该怎么对付呢？对我们的局面如此有利，都不敢主动出击，还要搞什么阴谋诡计，岂不是让天下人耻笑吗？其他诸侯国知道了，肯定会认为我赵国胆小如鼠，将来都要过来欺负我们了！"

陈馀的想法不无道理，二十万打三万，而且占据有利地形，搞偷袭军粮的勾当的确有点多此一举，不如痛痛快快打一仗来得过瘾，还能震慑四方。但他忘记了，军队人数多寡只是决定胜负的一方面，更重要的是指挥是否得当，不战而屈人之兵，才是上上策，一旦开打，谁也不能保证自己就一定能赢。

而陈馀认为自己稳操胜券，所以不愿意采纳李左车的意见，仍然决定正面迎击。

韩信得知陈馀没有采用李左车的建议，大喜，这才敢率兵进入井陉狭道。

离井陉口还有三十里的时候，韩信命令军队停下来宿营。说是宿营，其实是排兵布阵。怎么排呢？韩信同时派出了三路人马：一路，由骑兵都尉靳歙（xī）率领两千轻骑兵，每人拿一面红旗，半夜出发，从隐蔽小道上山，在山上埋伏。出发前，韩信告诫道："交战时，赵军见我军败逃，一定会倾巢而出，追赶我军，到时你们火速冲进赵军的营垒，拔掉赵军的旗帜，竖起我军的红旗，便是大功一件！"

另外两路，分别由傅宽和张苍两位将领率领，在拂晓时出发，埋伏在赵营附近，专等陈馀撤军的时候阻断其退路。

韩信这样排兵布阵究竟有何用意呢？能成功吗？

65. 背水一战

韩信排兵布阵忙了一夜，黑眼圈都熬出来了，此次进攻赵国，以少战多，以弱打强，胜负难料，多少还是有点紧张的。

打仗之前一般都要吃饱喝足，但韩信只给大家发放干粮充当早餐。白天打仗，早晨却吃干粮，看来韩信压根没准备后勤补给，玩得就是速战速决。

战前动员的时候，韩信满怀信心地对将士们说道："早上先将就一下，今天打垮了赵军，到赵营吃大餐，给大家好酒好肉！"

这话好像与当年项羽破釜沉舟时鼓励将士的话差不多。说不定韩信在项羽那里做执戟郎中时，没少受到项羽的军事思想启发，因为后面韩信的背水一战与项羽的破釜沉舟有异曲同工之妙。

但将士们都不太相信，心想，这不是瞎扯吗？三万打二十万还想吃大餐？送死差不多，你韩信以为自己是霸王项羽啊！只是军令如山，谁也不敢质疑，都假意回答道："好！"

韩信从军中挑选出上万精兵出井陉口，渡过绵蔓河，然后背水环形布阵。根据兵法，背水布阵是兵家大忌，搞不好要全军覆没的。这道理即使不熟读兵法的人也应该懂得的基本常识啊，万一失败毫无退路。

所以，无论是赵军，还是汉将，看到韩信这么排兵布阵，都感觉可笑至极。赵军笑韩信不会用兵，瞎胡闹，找死；汉将呢，笑归笑，不敢说，韩信打仗总是神出鬼没，也不知道这次又出什么幺蛾子。

那么，韩信为什么敢这样做呢？这里面有军事技术含量。冷兵器时代打仗不像现在，那个时候要当面肉搏，非常讲究排兵布阵。

有喜欢看《三国演义》的人都知道，诸葛亮动不动捋着胡须，挥着鹅毛扇，比比划划，那就是在排兵布阵，什么生门、死门，搞得神秘兮兮。小说描述难免有点夸张，但排兵布阵得当的话，的确对打仗有很大帮助。

有人根据古代排兵布阵的形式，总结出很多阵法，总的说来分为两大类：方阵和圆阵。方阵主要用来进攻，圆阵主要用来防御。

这样说，大家理解起来可能比较费劲，毕竟距离现代太过久远，没有直观感受。我们不妨打个比方，这两军打仗跟两个人打架原理差不多：人高马大的，一般采用攻势，适合练外家拳，使用蛮力，因为他有身体优势，蛮力对他来说虽然简单粗暴，但很奏效；个小体弱的，一般采用守势，保命要紧，一般适合练内家拳，可以借力打力，以弱胜强，立于不败之地。方阵有点类似外家拳，圆阵有点类似内家拳。比方不一定恰当，大致道理应该如此。

按道理，韩信是进攻方，应该采用方阵，但是他采用了圆阵，这就是韩信的过人之处，灵活运用阵法和兵法。

待阵法布置完毕，韩信把张耳叫过来笑着说道："赵军占据有利地形，修筑营垒，目的是想以逸待劳，拖死我们啊！如果看不到我军大将旗帜和仪仗队过去，他们是不肯出来与我们决战的，这就是不见兔子不撒鹰。现在我们两人也渡河过去，以引诱他们出击，到时候围而歼之！"说得轻巧，谈何容易！

张耳像听笑话一样，心想，都是人多的围歼人少的，你这么点人马不被一网打尽就不错了，还背水而战，到时候逃都来不及。虽然这么想，但他也不敢不服从，毕竟韩信是军中老大，有先斩后奏的绝对权威，只好硬着头皮跟着过了河。

过河后，韩信和张耳亲率一万军队大吹大擂地开出井陉口，向赵营挺进。陈馀一看韩信和张耳亲自过来送死，高兴地手舞足蹈，心想这次终于可以把"刎颈之交"张耳的脖子给抹了，于是打开营垒，仗着人多势众来攻击汉军。

两军一接触，便激战在一起。

不久，韩信、张耳假装不敌，鸣金收兵，士兵们赶快把大将军的旗帜、战鼓纷纷扔掉，迅速逃回河边阵地。

韩信为什么要把自己的旗帜战鼓扔掉呢？这和古代战场上的奖惩制度有关。那个时候，打仗论功行赏一般是看你缴获了对方多少军旗战鼓和人头，缴获得越多，战功越大。韩信就是利用这一点，让赵军由为打败敌人而战，不留痕迹地转化成为争夺军旗战鼓而战。

这招非常厉害，有点"乾坤大挪移"的味道。试想，对手的目标都转移了，你不就相对安全了吗，这是弱者对付强者的办法。

看汉军败退，赵军拥着赵王歇和陈馀倾巢而出，一边争夺汉军丢弃的军旗、战鼓等战利品，洋洋自得；一边乘胜追赶韩信到绵蔓河边，想来个

"一锅端"。这样一来，无形中已经大大分散了攻击力。

河边阵地内的汉军还有一万多人，他们看韩信、张耳撤退回来了，赶快打开营门冲出去支援，两万多人马会合后，马上掉过头阻击紧追过来的赵军。双方又在河边展开了殊死肉搏。

由于是背水一战，韩信又在后面拼死督战，汉军毫无退路，只有拼命地冲锋陷阵，气势如虹。

人都怕死，置于死地往往会拼命求生，这是人的本能反应。有过救援溺水者经验的人体会更深，如果施救不得当，就有可能被溺水者死命拉下水，一同沉溺水下。这无关溺水者的道德问题，而是他求生时的本能反应。

韩信就是利用人的这种求生本能心理，来调动这帮新兵蛋子的作战积极性。

另外，汉军原本孤军深入，是进攻的一方，这样诱敌过来进攻，局势瞬间变换，反客为主，由进攻变成防守。防守比进攻要容易得多，耗费的兵力也会少很多。全军上下又仰仗着圆形阵的防守优势，以少打多，以弱制强。

两军胶着在一起很久，不分胜负。陈馀眼看汉军作战勇猛，无法速胜，决定先收兵，待汉军气势消减后，来日再战。

陈馀的撤兵可能有人不理解，实际上，有他的道理，符合兵法中的作战原则。当时在长时间无法取胜的情况下，陈馀选择先把战利品拿回去休息，不能说完全是错的。但由于赵军倾巢而出，对自己大营放松了警惕，韩信预先派出去的两千轻骑兵，早已火速冲进赵军空虚的营垒，把赵军旗帜全部拔掉，竖起汉军的两千面红旗。

前面不能取胜，后面营垒却被汉军插满了红旗，赵军还以为汉军主力从天而降，顿时大乱，纷纷四处逃散。

面对突如其来的混乱局面，赵军统帅陈馀会如何应对？

66. 总结获胜经验

一时无法取胜，陈馀撤军打算来日再战，没想到营地早已被汉军插满了红旗，赵军以为汉军主力从天而降，顿时大乱，四处逃散。

陈馀正要喝止，突然从赵营两侧杀出两支人马。不用说，这两支人马由傅宽和张苍率领，之前按照韩信的指令提前埋伏。

人马其实并不多，也就七八千人的样子，但在那种混乱局面下，分不清人多人少，陈馀吓得赶快率兵向绵蔓河方向后退。这就是奇兵突袭，出其不意，攻其不备，让对手猝不及防。

俗话说："兵败如山倒。"败象已出，无论陈馀怎么拼力阻止，也无法奏效，士兵们能逃则逃，能降则降。在汉兵的前后夹击下，赵军最终彻底崩溃，大批人马投降被俘。

陈馀被他的"刎颈之交"张耳率兵围住，无处可逃，刎颈了事。从此，两个人的是非恩怨，以陈馀的人头落地宣告结束，他们的故事成了千古笑谈，值得后人引以为戒。

赵王歇在逃跑过程中，被靳歙所部生擒活捉。韩信对赵王歇毫不客气，当即处死了之。

这次战役就是历史上著名的"井陉之战"，以汉军完胜收场，"背水一战"的典故正是出自这里。此战可以说是韩信的成名之战，打得非常有艺术性，让人眼花缭乱。无论是当局者，还是旁观者，都无不被韩信的作战艺术所折服。

当然，赵军之所以如此惨败，与陈馀不听从李左车的意见有很大关系。李左车军事才能出众，如果陈馀听从了他的意见，那么鹿死谁手还不好说。韩信也深知这一点，于是传令全军，不准杀害李左车，无论谁活捉李左车，都重赏千金。

不久，果真就有人捆着李左车送到了韩信帐前。面对韩信，李左车一副不卑不亢的样子，昂然立在那里。韩信赶快上前亲自给他解开绳索，请他向东而坐，自己则向西而坐，按照对待老师的礼节进行招待。这样一搞，李左车很不好意思，就投降了过来。

这天，为了庆祝井陉之战的胜利，军营中开了一个庆功会。在庆功会上，众将纷纷上报自己斩获的敌人首级和俘虏，邀功请赏，同时向韩信祝贺。韩信则根据战利品多寡，为大家论功行赏。

庆功仪式结束后，有好学的将领趁机向韩信请教道："大将军真是用兵如神啊！兵法有云：'右背山陵，前左水泽。'可将军令我们背水列阵，不符合常理啊，还说'打垮了赵军，在赵营会餐'，说句实话，我等当时并不信服，然而现在竟然真取得了胜利，这是什么战术啊？请大将军不吝赐教！"

那么，这帮人所说的"右背山陵，前左水泽"是什么意思呢？

这是兵法上的一句话，它是在讲排兵布阵的基本原则，也就是右面靠着山，前方和左面靠着水，这样能有效防止敌人从右侧包抄了后路，而韩信的背水列阵恰恰相反。

看大家有疑问，韩信很得意，笑着回答道："你们说的是常规作战，我的背水列阵在兵法上也写到过，只是诸位没有留心罢了。兵法上不是说'陷之死地而后生，置之亡地而后存'吗？我军大部分都是刚招募的新兵蛋子，新旧杂糅，良莠不齐，还没来得及正规训练，就要让他们到前线打仗，这就是所谓的'驱市人而战之'，说白了，是在赶着大街上的普通老百姓去打仗啊，怎么会有战斗力呢？必须把他们置之死地，使人人为保全自己而战，如果给他们留出后路，仗还没开打，恐怕都吓跑了，更谈不上让他们冲锋陷阵了。大家想想，是不是这个道理？"

这帮将领本来就是拍马屁的，以为韩信侥幸获胜，听完韩信的分析无不佩服得五体投地，异口同声称赞道："好啊！妙啊！将军真是神机妙算，谋略不是我们这帮粗人所能赶得上的呀！"

其实，韩信也只是拿大道理来糊弄他们而已，如果专凭"陷之死地而后生，置之亡地而后存"，就能够三万人干掉二十万人，那也太简单了，以后大家都这样玩好了。

事实上，后人中还真有人相信了韩信的大道理，死搬硬套，结果导致惨败。比如三国时的徐晃，就玩过一次，败得很惨，成了笑柄，以后我们还会详细说到。

韩信怎么可能会把看家本领轻易公布呢？说出来大家都学会了，就不神秘了。

俗话说："教会徒弟，饿死师父。"那究竟是怎么回事呢？我们在述说整个战斗过程的时候，已经说得很清楚了。韩信在这场战事中，是多种战法综合运用：有知己知彼的间谍战，有虚实结合的心理战，有奇正相生的偷袭战，有反客为主的防守战。

可以说是层出不穷，让人目不暇接。

韩信和这帮只靠孔武有力混上将军的人说话实在没劲，如对牛弹琴，感觉不在一个档次上，于是转过头和李左车攀谈起来。

韩信双手抱拳，客气地问道："李兄啊，我有一事想向你请教，还望直言相告啊！我计划向北攻打燕国，向东讨伐齐国，怎么做才能以最快的方式取得成功呢？"

李左车皱着眉头推辞道："常言说得好啊，'败军之将，不可以言勇；亡国之大夫，不可以图存'。如今我是败军亡国的俘虏，还有什么资格谈这些呢？惭愧啊，将军还是另请高明吧！"

面对李左车的婉拒，韩信能说服他为自己所用吗？

67. 虚心请教

俘虏了李左车，韩信虚心向他请教接下来如何攻取燕国和齐国。李左车以自己是败军之将，没有资格谈用兵为由，拒绝合作。韩信不甘心，一脸真诚地劝说道："李兄，此言差矣！以前秦国有一个叫百里奚的人，他为虞国服务，虞国灭亡了，但他为秦国做事，秦国却能称霸。这并不是因为他在虞国时出的计策愚蠢，而到了秦国就变得高明起来，问题在于君王是否重用了他，愿不愿意采纳他的意见。现在也是这样，如果陈馀能够采用足下的计谋，那么今天被抓做俘虏的，可能就是我韩信了。只因陈馀有眼无珠，我才有机会在这里请教足下啊！"

韩信提到的百里奚在历史上非常著名，经历也很传奇，我们简单说一下。

百里奚原本是虞国人，在虞国官居大夫，后来虞国灭亡了，他也成了奴隶。秦穆公听说他很有才能，便用五张羊皮把他赎了过来，并要委以重任。百里奚开始不愿意接受，理由和李左车大同小异。秦穆公差不多是用类似韩信的说辞，让百里奚最终同意出任秦国的大夫，人称五羖（gǔ）大夫，意思是五张羊皮换来的大夫。

在秦国主持政务期间，百里奚"谋无不当，举必有功"，使秦国成为春秋五霸之一，为秦国后来统一天下打下了坚实的基础。

韩信把李左车比作百里奚一样的人，李左车还是有点小激动的，摆着手说道："将军过誉了，实在不敢当啊，不敢当啊！"

韩信接着说道："我是真心想听听足下的高见，还希望足下能开诚布公地教教我啊！"

　　李左车看出韩信不是虚心假意，放松了很多，谦虚地说道："常言说得好，'智者千虑，必有一失；愚者千虑，必有一得'，'狂夫之言，圣人择焉'。狂人说的话，也可能有道理，就看圣人怎么选择了。我这个人啊，恐怕没有将军想的那么好，既然将军抬爱，在下甘愿奉献愚诚，忠心效力。想那陈馀也是个聪明人，号称胸有百战百胜的计谋，然而一旦算错，却战败身亡。"

　　"智者千虑，必有一失；愚者千虑，必有一得。"这句著名的成语最早就是出自李左车之口，至今脍炙人口。

　　李左车这套说辞表面上是自谦，实际上应该还有提醒韩信不要骄傲的意思。韩信听得明白，不由得点头称是。

　　李左车继续说道："将军横渡黄河，俘虏魏王；攻下代地，生擒夏说；一举攻克井陉，不到半天的工夫打垮了二十万赵军，诛杀陈馀，活捉赵王。可以说是百战不殆。从此，将军就要名扬四海，威震天下了，燕地和齐地的普通老百姓也应该有所耳闻，他们很可能已经放下手中农具，无心耕作，穿好吃好，打发日子，一心关注战事发展，人人自危，甚至坐以待毙。这些都体现了将军在作战方面的优势。然而，眼下百姓劳苦，将士疲惫，不好总是用战争的手段来解决问题啊！如果将军用疲惫之师进攻燕国，燕国肯定会凭借坚固的城池作殊死抵抗，到时，欲战不能，欲攻不克，不但会拖延战事，而且胜负难料。一旦受挫，旷日持久，粮食耗尽，将军的威名就会受到影响，不要说燕国不肯降服，恐怕齐国也会拒守边境，以图自强。如果燕齐两国不能被顺利拿下，那么刘项两家的胜负就很难确定。当真如此的话，将军的作战优势反成了战略上的短处。用兵之道正所谓以长击短，切不可以短击长。所以，我个人认为，目前攻燕伐齐，时机还不成熟啊！"

　　李左车说了这么一大堆，无非是在劝说韩信目前不能再用兵了。韩信心想，自己最擅长打仗，不让用兵还有什么办法，于是问道："道理虽然如此，燕、齐总是要拿下的，不用兵怎么才能做到呢？"

李左车轻咳一声，回答道："可以暂时按兵不动，安抚赵地百姓，抚恤阵亡将士的家属。如果有百姓送来好酒好肉，不妨拿来犒劳三军将士，鼓舞军心，摆出随时要向北进攻燕国的姿态。同时，将军派出说客，拿着书信，对燕王晓之以理，动之以情，恩威并施。燕王畏惧将军的声威，出于自保，一定会主动归顺。燕国归顺后，再派说客去劝降齐国，齐国孤立无援，势必就范。如果这样做的话，将军兵不血刃也能夺取天下。这就是兵法上所说的'先声后实'，也就是先虚张声势，而后采取实际行动！"

对李左车的分析，韩信非常认同，双手拍掌说道："高，实在是高，足下果然不同凡响啊！"

从此，李左车便留在韩信军营中效力。后来，刘邦为了遏制韩信的势力，把李左车调到太子刘盈身边，教授刘盈操练兵马。韩信被杀后，李左车辞官隐居，还写了一部兵书《广武君略》。关于李左车的传说也比较多，在民间甚至被尊为"雹神"，我们这里就不延伸了。

韩信接受了李左车的建议，立即派人拿着书信出使燕国。

前面我们说过，此时的燕王名叫臧荼，依靠项羽的支持做了燕王。最近，他听说韩信攻无不克，战无不胜，而且都是以少胜多，早就在王宫里吓得惶惶不可终日，天天算计着韩信什么时候会打过来。

这下倒好，韩信没准备打自己，而是招降，臧荼那颗悬着的心总算放了下来，马上回信，乞降了事。

连克赵、燕两国，获得如此大的胜利，韩信肯定要派人报告给刘邦了，同时请求刘邦封张耳为赵王，以便镇抚赵地。

韩信为张耳请封赵王，这好像有点不太合适吧！一个军事统帅怎么能干涉地方上的人事安排呢？

从后面的情况来看，韩信是怀着某种私心的，他自己也想做王，先为人家争取一个，以后自己不是名正言顺了吗？

张耳是刘邦的老朋友，既然韩信提出来了，刘邦不好拒绝，只能做个顺水人情，但是心里肯定不爽，毕竟好人让韩信做了。

不管怎么样吧，燕、赵都平定了，刘邦还是很高兴的，他命令韩信继续进攻齐国。

这个时候，刘邦又收到了一个好消息。

什么好消息呢？项羽的嫡系九江王英布也归降了！

这又是怎么回事呢？

大家还记得前面我们说到彭城兵败，张良下邑画策吗？

刘邦当时根据张良的建议，派手下一个名叫随何的人，去游说英布反叛项羽。现在随何已经得手了。按说，这本是一项不可能完成的任务，随何究竟是怎么做到的呢？

—— • 第八章 • ——
楚汉对峙

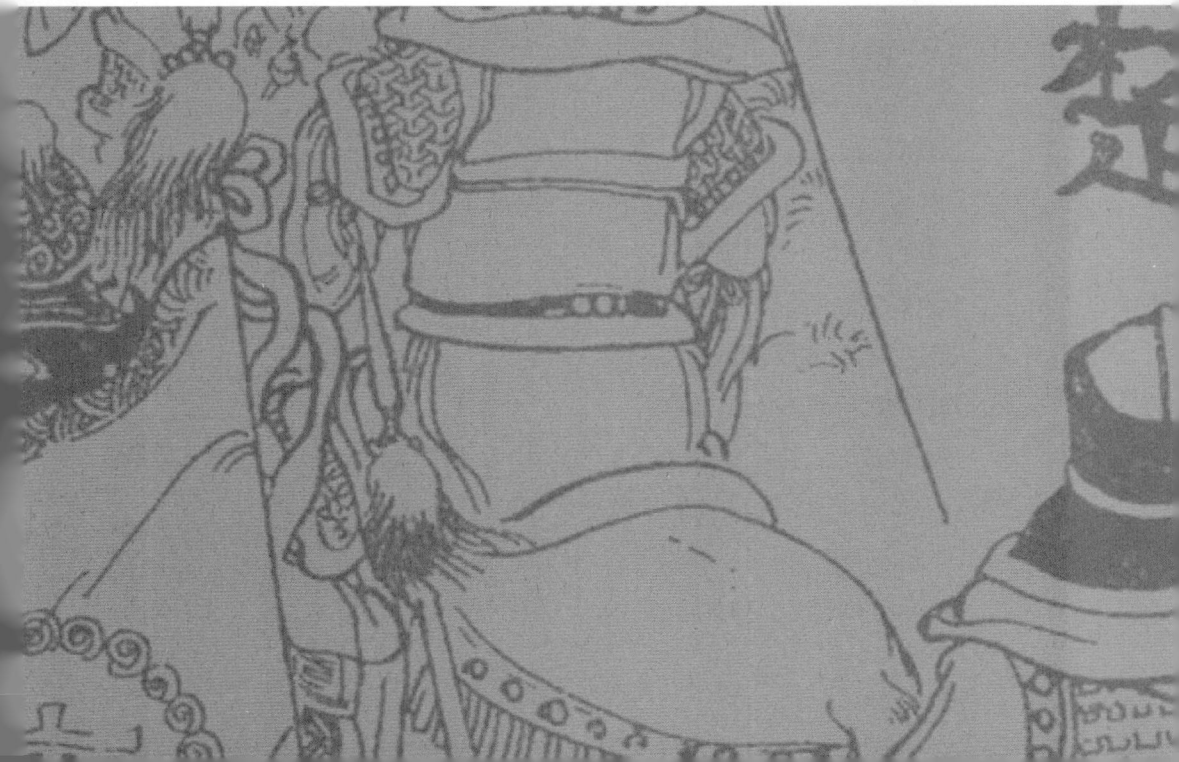

68. 游说九江王英布

根据张良下邑画策的人才战略，刘邦派谒者随何去游说英布归顺。

英布不但是项羽的嫡系，被加封为九江王，而且恰逢刘邦彭城惨败，元气大伤，英布除非脑袋进水了，否则不可能背叛项羽。这就是一项不可能完成的任务，但随何竟然完成了，他究竟是怎么做到的呢？

我们还是要从随何奉命去九江开始说起。

当时，刘邦派了二十人跟着随何一起出使九江。二十人不是个小数目，平时最多派遣两三个人即可，这次为什么派那么多人呢？当然，肯定不是因为随何级别有多高，他不过是个使者而已，主要是为了表示对英布的尊重和重视。

随何一行人到达九江后，身为九江王的英布还是很能摆谱的，他并没有亲自出来接见随何，只是派了一个太宰来接待。

所谓太宰，主要是负责君王饮食起居和日常杂务的官员，通俗点说，就是英布的厨师长或大内总管。

见不到英布，随何没办法，只好待在客栈中随时等候召唤。一直傻等了三天，音讯全无，只有太宰偶尔过来打个招呼，眼神还怪怪的。

随何开始不耐烦了，在家里向刘邦说过大话的，现在竟然连英布的人影都见不到，于是随何对接待他的太宰发牢骚道："你们大王究竟什么意思啊？我是奉汉王之命前来，九江王却不接见我，都三天了，这算怎么回事啊？见与不见，都给个痛快话！是不是认为楚匡强大，我们汉国弱小，保持距离不敢见我啊？那我给你交个底，我这次正是为了楚汉两国生死存亡的大事而来！九江王如果敢接见我，我要是说得对，符合他的心意，那就有话好好说；要是我说得不对，那就赶快把我们这二十人扔到砧板之上，当众用斧头把我们剁了算了，以表明九江王背汉亲楚的决心，我们死而无憾！"

这话明显是在激将，为了见到英布，先把大话、狠话说出去，否则见不上面，口才再好也没用。

太宰看随何一副胸有成竹的样子，心里直犯嘀咕，担心误了大事，赶紧跑回去将随何的话转述给英布。

英布一听，顿觉有蹊跷，彭城一战，刘邦被项羽追着打，眼看都要打残了，还有闲心派人来找自己，肯定有重要的话要说，于是决定召见随何。

随何闻召，来到大厅，言行举止一副从容不迫的样子。英布问他究竟有什么话要说。随何回答道："汉王有一事不明，特派在下来请教大王，想问问大王为什么和楚国那么亲近。"

英布心想，老子当什么重要的话呢，原来是要问这么白痴的问题，略显鄙夷地说道："这很奇怪吗？寡人原本就是项王的属下，面北称臣都理所当然，与楚国亲近是再自然不过的事！"

随何冷笑了一声，撇撇嘴说道："是吗？那在下更奇怪了，大王和项王现在都贵为诸侯王，应该平起平坐才是啊，怎么还要面北称臣呢？恐怕没那么简单吧，无非是认为楚国强大，想依靠人家保护自己而已！"

英布看随何这副嘴脸，有点生气地说道："是又怎么样？不依靠项王，难道依靠你们汉王吗？"

随何并不慌乱，接着说道："大王真的是要依靠项王吗？在下没看出来！项王攻打齐国时，大王理应亲自率兵冲锋陷阵，而事实上呢，大王只派四千步兵过去，面北称臣应该是这样吗？这且不说，汉王进攻彭城的时候，也没见大王率兵渡过淮河，帮助项王打汉王啊！大王垂衣拱手，在一边看热闹，明明是坐山观虎斗。真的想依靠人家，应该是这个样子吗？大王挂着依附楚国的空名，却一心考虑自己的利益得失，在下认为，大王的做法实在不可取！大王之所以不敢明着背弃楚国，那是认为汉国弱小，可能会失败，怕楚国回过头来攻打九江而已！"

骑墙心态被随何拆穿了，英布心里不由得"咯噔"一下，最近项羽一直派人责问他为什么不尽全力，让他心烦意乱。但在随何面前，英布不能露怯啊，于是瞪着眼说道："难道汉王不怕项王吗？寡人听说，最近汉王被项王打得抱头鼠窜！"

随何看出了英布的外强中干，继续分析道："楚国再强大，那也是一时的，没什么可怕的！项王背弃盟约，杀害义帝，背负着不仁不义的骂名，凭借着军事手段恃强凌弱，这些都是不得人心的，失败只是时间问题！汉王虽然彭城失利，但元气未伤，现在已经回师驻守成皋、荥阳一带，有巴蜀、汉中和关中作为大后方，源源不断地输送粮草，深挖壕沟，高筑壁垒，分兵把守着边境要塞，让楚军不能向前一步。而楚军远离本国，中间还有梁地相隔，深入西面八九百里，想打，打不赢，攻城，攻不下，撤退又担心汉军追击，老弱残兵辗转运粮千里，后勤补给明显跟不上。楚军表面上主动，实际上被动，是不足以依靠的，请大王明察！"

随何的分析有根有据，符合逻辑，英布当然明白其中的道理，只是背叛项羽，精神包袱太重。

随何偷眼观察了一下英布，接着说道："退一万步讲，假使楚军战胜了汉军，大王就能安享太平吗？也未必吧！以项王暴虐的秉性，肯定会报复包括九江在内的诸侯各国，到时，诸侯各国也必然会联合起来抵抗楚国。显而易见，项王无论如何都是比不上汉王的！如今大王不跟万无一失的汉王友好，却一厢情愿托付于危在旦夕的项王，令人疑惑不解！如果大王出兵进攻楚国，项王一定会被牢牢牵制，只需牵制几个月，汉王就能够夺取天下！因为大王提前归附汉国，到时汉王一定会加倍分割土地封赐大王，至于这淮南，还是会归大王所有啊！因此，汉王特派我来劝说大王，请大王三思！"

英布被随何这一番声情并茂的说辞深深打动了，大步走到随何旁边轻声说道："你说得在理，寡人明白！寡人会认真考虑你的意见，不过先不要声张，过几天再正式宣布！"

有了这句话，随何心里算是有底了，便告辞回了客栈，专等英布的消息。但是等了很多天，音讯全无，随何感觉不妙，就私下向人打听消息。

那么，究竟又发生什么变故了呢？

69. 一着不慎，枭雄成狗熊

英布口头承诺愿意归顺刘邦，这让随何心里多少有点踏实。但俗话说："计划赶不上变化！"事情没有最终成功之前，一切都有变化的可能。

随何回到客栈，不敢掉以轻心，时刻关注着局势的发展，耐心等候英布的再次召唤。可是左等右等，却迟迟等不来英布的消息。随何有点坐不住了，一打听才知道，最近项羽那边也派使者过来了。

不用说，项羽这个时候派人过来，应该和刘邦的目的差不多，也是为了拉拢英布。随何忐忑不安起来，他担心夜长梦多，英布这家伙早晚会被楚使说服，中途变卦。

怎么办呢？

既然是使者，应该也会安排在官方客栈。于是，随何想办法摸清了楚使所居住的客房，然后派人死死盯住他的行踪。这样做，随何就把自己藏在了暗处，把楚使放在了明处，随时可以采取必要的应对措施。都是使者，随何比楚使，明显要上心一些。

为什么？

主要因为随何地位不高，一心想证明自己，志在必得。而楚使呢？才懒得去盯住对方，大国来使，身份特殊，有优越感，不屑这么鬼鬼祟祟去做事。所以说，小材大用往往有奇效，而奇效来自积极的态度。

这天，英布召见楚使，随何听说后，偷偷跟着跑了过来。当楚使正牛气哄哄地督促英布出兵攻打刘邦时，他径直闯了进去，一屁股坐在楚国使者的上席，指着楚使厉声问道："你是来干什么的？九江王已经和汉王联合了，你凭什么逼迫九江王出兵打汉王呢？"

英布被这突如其来的局面搞得不知如何是好，显出很吃惊的样子，但并没有否认随何的说法。估计他也是被楚使逼迫得有点不耐烦了，又不好意思当面发作，毕竟过去是一家人。结果，随何的出现一下子帮他挡了回去，也算给了他一个喘息的空当。

楚使眼看气氛不对，心中发虚，立刻起身准备离开。随何趁机劝说英布道："大王，大事已经泄露，千万不能让这小子跑回去告密，要马上杀掉他！事到如今，大王应该尽快宣布与汉王合作，以便协同作战！"

箭在弦上，不得不发。英布此时来不及认真思考，脱口而出道："好的，就这样定了！老子马上出兵攻打楚国！"

楚使闻听，撒腿就跑。那还能跑掉？被英布的卫兵追上，一刀毙命。杀掉楚使，那相当于英布对外宣布，即日起与楚国项羽脱离关系，正式与汉国刘邦联合作战。

这消息很快就传到了楚国，项羽气得咆哮如雷，火冒三丈，英布的背叛对他打击实在是太大了。

从把英布分封为九江王来看，项羽是将英布当作心腹中的心腹，对英布可以说恩重如山。可是英布这家伙自从当了九江王，一而再，再而三地违抗项羽的指令，现在竟然公然反叛，这放到谁身上都无法接受。

于是，项羽决定立即派兵讨伐英布，清理门户。所以还没等英布动手，项羽已经派出大将龙且，进攻九江。

双方激战了好几个月，随着楚军不断加码，英布逐渐式微，最后吃了一次大败仗，被龙且彻底打垮。

英布与龙且的战斗过程，史书上没有详细记载，估计也不是什么著名战争。两个悍将比拼武力对打，有什么好写的？无非是谁人多势众，谁拳头够硬，谁胳膊够粗，谁最后胜出了，一点技术含量都没有，不值得大写特写。总之，英布惨败。

英布本想带着残兵败将一起逃到刘邦那里，又担心目标太大，被楚军中途拦截，于是他只身一人跟着随何从隐蔽的小道，逃到了荥阳。

到了荥阳，第一件事肯定要先面见刘邦了。这天，由随何带路，英布直接被带到了王宫大厅，但是并没见到刘邦的影子。刘邦不在大厅等着好不容易策反过来的九江王英布，会在哪里呢？

正当英布踌躇不安、无所适从时，从里面出来一个人。这个人和随何打了下招呼，然后窃窃私语一番，带着英布曲曲折折，继续往里面走，直到内室，才看见刘邦。

只见刘邦穿着睡衣，松松垮垮坐在床上，睡眼惺忪，双脚耷拉到木桶里。英布自视甚高，从小都想着做王，有理想，有抱负，好歹也算当世枭雄，只是一着不慎，沦落到这副熊样。所以他看到刘邦如此怠慢自己，不由得怒火中烧，后悔前来投奔，只是事已至此，有苦难言，勉强上前报上姓名，屈身行礼。

刘邦打了一个哈欠，微微欠了一下身子，算是回礼了，接着，心不在焉地慰问了几句，便不再多说。英布讨了个没趣，很是尴尬，一腔热血顿时化为泡影，只好起身告辞。刘邦头也没抬，仅仅嗯了一声。英布心里五味杂陈，肠子都悔青了，自杀的心都有了。

从刘邦那里出来后，不一会儿，随何不知道从哪里冒了出来，他走过来佯装很关心的样子问英布与刘邦谈得如何。英布怅然若失地对随何说道："哎……上你小子的当了，不该听你胡说八道来到这里，真是追悔莫及啊！现在我什么都没有了，活着还有什么意思？"说完，拔出宝剑就要自杀。

俗话说："士可杀，不可辱！"看来英布内心真是被刘邦虐到了。随何怎么可能会眼睁睁看着他去死呢，忙抢上前抓住英布的手说道："男子汉大丈夫，寻死觅活的，成何体统？"

英布使劲推开随何说道："想我曾经也是一国之君，南面称王，称孤道寡，可是刚才与汉王相见，竟然待我还不如一个奴仆，你说我还有什么颜面再见世人，不如一死了之！"

随何佯装歉疚地说道："误会了，误会了，你这个人也太小家子气了吧！汉王昨晚喝多了，酒劲可能还没完全消退，才会这样！一会儿群臣还要专门给你接风洗尘呢，你着什么急啊？"

两个人你一言，我一语，正纠结着是死是活时，从宫里面走出来两个接待人员，非常客气，说是奉汉王之命，请九江王英布到特意准备好的寓所休息。

英布这才稍微冷静下来，他勉强把剑收回鞘中，气哼哼跟着去了。

来到寓所，只见室内陈设华丽，金碧辉煌，所有卫士整齐划一，分列两旁，恭恭敬敬俨然像在接待国王一样。英布顿时喜出望外，心中舒坦了很多。

那么，刘邦这是玩哪一出呢？

70. 驭人之术

英布看到刘邦给他准备的豪华寓所，喜出望外，心中舒坦了很多。

凡是人员有工作调动，一般都比较关心自己的住处。住得好了，心情就会好些，工作积极性自然也会高一些，如果再解决对象问题，那就彻底安心了。这就是所谓的安居乐业。

刘邦给英布准备这么豪华的寓所，无疑是满足了他人性中最基本的需求。

正当英布沉浸在惊喜之中时，萧何、张良和陈平等刘邦手下一帮重臣，陆陆续续赶了过来。他们恭恭敬敬地把英布请到了上座，一阵寒暄之后，大摆宴席，各种美酒佳肴一股脑儿呈献了上来，说是为英布接风洗尘，欢迎入伙。

英布受宠若惊，那种王的感觉一下子就找回来了。

酒过一半，一群美女歌妓摇曳着飘到英布身边。有的吹拉弹唱，有的翩翩起舞，有的揉腰捶背，有的夹菜敬酒，直把英布伺候得神魂颠倒，阵阵眩晕，心里那个美啊，美得咧着嘴笑开了花。

宴席结束后，英布挑了两个美女，左拥右抱闪入内室，玩得不亦乐乎，早忘记了白天在刘邦那里受到的侮辱。

刘邦不愧为流氓出身，对同样是流氓出身的英布，脾性摸得是相当准。这一冷一热，胡萝卜加大棒式的招待，把英布搞得服服帖帖。

第二天一大早，英布就匆匆忙忙跑到刘邦那里拜谢。这次刘邦对英布格外热情，嘘寒问暖，关怀备至，与昨天的情形大不相同。

人，只有体味了被冷落的感觉，才会珍惜来之不易的恩遇。

此时，英布彻底被征服了，指天发誓，誓死面北称臣，效忠刘邦。刘邦好言好语对他进行安抚，鼓励他重新振作起来，把过去的老部下召集过来，一起对抗项羽，干一番惊天动地的大业。

英布这次是只身一人跑过来，部下和家眷都还留在九江。刘邦说话那么暖心，英布顿觉前途光明，怀着激动的心情离开后，马上派人去召集手下那伙人。

过了很久，那伙部下才带着几千人马投奔过来，可是英布没有见到自己一家老小，他很是诧异，询问完才知道，原来他一个人跑掉后，项羽派项伯收编了他的军队，还把他一家老小全杀光了。

听到这个消息，英布如五雷轰顶，失声痛哭，差点当场背过气去。辛苦经营的家业，打拼了半辈子，一夜之间全没了，能不伤心吗？他摇摇晃晃跑到刘邦那里，哭着把家里惨状说给刘邦听，并请求借给他几万兵马，他要亲自去找项羽报仇。看看，现在刘邦倒成了恩人，实际上英布今天的下场全都是拜刘邦所赐。

在我们后人看来，英布脑子好像有问题，为人处世太幼稚了，而在现实生活中，类似的人或事应该随处可见，说不定自己都干过类似的事。

刘邦怎么可能由着英布的性子乱来呢？心想，这样最好，以后你小子只能死心塌地跟着老子干了，但他貌似气愤地劝说道："项羽这小子禽兽不如啊，理应千刀万剐！不过，目前项羽势力还是很强大的，你手下只有几千人马怎么能行呢？千万不能意气用事啊！这样好了，寡人再资助你万余人，辛苦你一趟，先去把成皋这个地方守住，以后再伺机报仇雪恨不晚！"

刘邦口中的成皋在荥阳附近，战略位置非常重要，可以随时策应荥阳。以后刘邦和项羽的拉锯战，主要是在荥阳和成皋两个地方进行。

英布已经成了名副其实的丧家之犬，没有了讨价还价的砝码，也只好先把报仇的事放一放，服从刘邦的安排。

把英布打发走后，刘邦便向关中催粮，好与项羽打持久战。前面说过，负责经营管理关中大后方的人是丞相萧何，催粮其实就是在督促萧何。萧何工作很卖力，还没等刘邦的人过来，他已经派自己家族的子弟，押送着军粮到了荥阳。

刘邦离开关中去了前线荥阳这段时间，萧何也没闲着，不但要征兵征粮，还要处理关中大大小小的事务。但无论平时多繁忙，他总是先向刘邦汇报，得到同意后再去执行，从不擅作主张。

刘邦对萧何充分信任，充分授权，其实不信任、不授权也没办法，因为他不懂，其他人也不擅长，所以萧何每次上报过来的奏章，他总是予以批准，由着萧何施行。

有时候事情紧急，萧何实在来不及上奏了，就因利乘便，用最合适、最保守的方式先行办理，同时尽快派人过去向刘邦汇报。

萧何的做法表面上显得太过老实，实际上是一种智慧的体现，也就是不越位。而且萧何本身也很有管理才能，比如在关中，萧何对户口进行有序管理，确保军粮征收，又组织大量人力开辟水路和陆路两条路线转运军粮，供应前方军队。刘邦在战场上很少打胜仗，多次被项羽打得稀里哗啦地逃回关中，而萧何总能在关中招募到年轻人，随时补充刘邦的军队，使得刘邦始终要粮有粮，要人有人。打仗消耗的无非是军队和军粮，这两样有保证了，汉军自然能屡败屡战。所以对刘邦来说，萧何的角色至关重要。

萧何德才兼备，刘邦没有理由不信任他，将关中事务全权委托给他，也就不奇怪了。但是，再好的下属，在重要位置上待久了，都不可避免地会引起老大的怀疑。

常言说："虎心隔毛翼，人心隔肚皮！"上下级合作过程中，难免会有分歧，时间久了，隔阂或多或少都会有点。刘邦看似对萧何很放心，偶尔心里也会不踏实。

对待类似萧何、张良和陈平这样的聪明人，与英布这样的武将不一样，刘邦很少采用谩骂侮辱的方式，尽量不当面指责，多是间接暗示。那他是怎么暗示萧何的呢？

刘邦干得还是很巧妙的，只要哪天对后方不放心了，就会派使者到关中去慰劳萧何。一般都是后方慰劳前线，刘邦却一反常态，在繁忙的战事中，经常派人回来慰劳后方。这是什么意思呢？

萧何虽然聪明，对刘邦的脾性也很了解，但一时没有反应过来，他还以为刘邦对自己的工作很满意，体恤自己呢。像萧何这个级别的人，不但自己聪明过人，而且还养了一群才华出众的门客舍人。这些人除了平时协助领导处理日常事务外，还有个重要工作，就是给领导出谋划策，发现领导看不到的危险。

萧何手下就有这么一个人，史书上称他为鲍生。鲍生感觉刘邦的行为有点反常，便提醒萧何道："我说丞相啊，您可要当心喽！大王在外，风餐露宿，却屡屡派人来慰劳丞相，这不是好事情啊，可能是对丞相有所怀疑了！"

萧何日理万机，忙得团团转，忽略了刘邦的反常行为，听鲍生这么一说，不由得惊出一身冷汗。心想自己天天小心翼翼的，忠心可鉴，怎么就被怀疑了呢，但仔细一琢磨，确实有点不对劲，忙问道："那该如何是好啊？"

于是，鲍生给萧何出了一个主意，那么这是个什么主意呢？

71. 出谋划策

听门客鲍生分析说，刘邦可能已经怀疑他了，萧何惊出了一身冷汗，忙问鲍生如何是好。鲍生低声说道："丞相不如把家族中的年轻后生都派到前线去，这样一来，大王一定会打消顾虑！"

萧何何等聪明，对鲍生的用意心领神会，他听从了这个建议，将家族中的子弟后生都召集了过来，一番苦口婆心教导之后，让他们以押送军粮的名义全到前线工作。

为什么要这么做呢？

显然，萧何是将家族子弟当作人质，质押给了刘邦，以表忠心，而且采用了一种互相都不觉得尴尬的方式。看到萧何家族的子弟来送粮，刘邦有点纳闷，把他们叫过来询问丞相萧何最近可好。这些后生来的时候，萧何早就千叮咛万嘱咐过了，他们不约而同地汇报道："丞相托大王的福，一切安好。只是他一想到大王在前线栉风沐雨，风餐露宿，征战沙场，就恨不得过来与大王同甘共苦，并肩作战。所以，丞相要求我们这次过来，无论如何留在军中，为大王效力。请大王给我们安排点事做吧！"

正像鲍生分析的那样，刘邦确实对萧何有点放心不下，现在萧何竟然主动把自己家族的子弟全派到了前线，心中那点疑虑自然就打消了。他竖起大拇指，高兴地说道："丞相为大家忘小家，大公无私，忠心可鉴啊！"

这就算表态对萧何认可了。

刘邦也不客气，根据这些人的特长和能力大小分别做了分工，安排在军中。从此之后，刘邦和萧何的君臣关系更加融洽：一个专心在前线打仗，没有了后顾之忧；一个用心在后方经营，不用再提心吊胆。

领导和下属的关系一旦融洽，开展工作就会更加顺畅。但是再顺畅，由于关中距离荥阳太远，粮草难免还会时常供应不上。这种情况下，作为粮仓重镇的敖仓，战略地位显得异常重要。

前面说过，敖仓自古都是粮食中转地，韩信在荥阳镇守的时候，还专门建了一条甬道将敖仓和荥阳连通，目的就是便于输送粮草。后来，韩信北伐了，敖仓由周勃驻守，曹参协守。项羽进攻荥阳好几次，都没有占到便宜，与敖仓源源不断的军粮供应不无关系。

因为听说英布投降了刘邦，项羽不禁怒火中烧，准备再次对荥阳发动猛攻。项羽的亚父范增看出了荥阳的命门，向项羽建议道："大王，不能再这样硬打了，消耗太大！据老臣所知，刘季之所以能够固守荥阳城，主要是靠着敖仓充足的粮草供应。要想拿下荥阳，必须先将敖仓通往荥阳的运粮甬道给截断，甬道断了，荥阳就要断粮，到时我们一战可下！"

项羽认为有道理，立即派大将钟离眜率领几万精兵前去截断通往敖仓的甬道。

关于钟离眜，前面我们曾提到过，说他是项羽手下的四大悍将之一，与龙且、英布、季布三位齐名，不仅能打，而且擅长用智，可以说是一位智勇双全的将领。

接到项羽的命令，钟离眜对通往敖仓的甬道发动攻击。几次攻击下来，不但截断了甬道，还抢走了大量粮草。驻守在敖仓的守将周勃闻讯前来救援，但不是钟离眜的对手，被打跑了回来。

钟离眜将截断粮道的消息飞报项羽。项羽大喜，准备对荥阳城展开凌厉攻势，试图一举攻下荥阳城，活捉刘邦。

行军打仗，最怕的就是被敌人断了粮草。俗话说："手中有粮，心中不慌。"现在荥阳城中的粮草越来越少，刘邦心中开始有点慌了，本想调重兵过去打跑钟离眜，而项羽亲率大军要进攻荥阳城的消息又传了过来，让他不敢轻易出城。

不敢出城，粮草得不到补给，谋士张良又出差去了关中，这可把刘邦给愁坏了，他寝食难安，于是把郦食其找来商议。

关于郦食其，大家应该很熟悉了，就是那个号称"狂生"的高阳酒徒，除张良、陈平外，是刘邦身边一位举足轻重的高级智囊。但郦食其的长项是口才，做说客还行，搞谋略可能就要掂量掂量了。

此时，刘邦哪里还有心思掂量，他如同热锅上的蚂蚁，有个救命稻草就想拼命抓住。

看郦食其来了，刘邦把自己最近的烦心事和盘托出，问他有什么锦囊妙计。郦食其这老头向来自我感觉良好，谁都看不上，摸着胡须，皱着眉头，一副大家风范的模样，口气略显忧虑地说道："这次项羽可是来者不善啊，倾全国之力，孤注一掷，锐不可当，看来他不达目的誓不罢休啊！"

刘邦面色凝重，点点头说道："是啊，寡人何尝不知，为之奈何？"

郦食其继续说道："过去啊，商汤讨伐夏桀，成功后，封夏朝后人于杞国。周武王讨伐商纣，成功后，封商朝后人于宋国。可是秦始皇呢？他不但兼并了诸侯各国，而且对六国后代也不放过，试图斩尽杀绝，斩草除根，不给他们一点点立足的地方，这就是丧失德政，抛弃道义！如果大王能够重新封立六国后裔，使他们都接受大王的恩典，六国百姓一定会对大王感恩戴德，无不归顺服从，甘愿做大王的臣民。正所谓'得道多助，失道寡助'，到那时，大王就可以面南称霸了。别看项羽现在狂得很，一旦孤立，最后也得老老实实，恭恭敬敬地前来向大王朝拜！"

郦食其这番话引经据典，乍一听很有道理。刘邦文化水平不高，听说古人都这样玩，便双手拍掌说道："好啊，郦老先生高见，寡人听你的，就由你负责刻制诸侯印信，抓紧时间替寡人发送出去，好让诸侯过来同寡人一起攻打项羽！"

听刘邦接受了自己的建议，郦食其兴奋地扭着屁股，一路小跑找人赶制六国大印去了。

刘邦虽然文化水平不高，但有个过人之处，就是第六感特别发达，他隐隐约约感觉到郦食其的建议哪里有点不太妥，就是说不上来。

这天，张良从关中出差回来，向刘邦汇报工作，刚走到大厅，看到刘邦在吃饭，便远远地站着，准备等刘邦吃完饭再上前去汇报。

刘邦正在反复思量郦食其的建议，抬头一看张良回来了，非常高兴，挥手招呼道："子房回来啦，辛苦了！有个事，寡人正想请教你。这两天有人为寡人出了一个怎么削弱楚国、打败项羽的计策，你过来帮寡人分析分析。"

听到刘邦召唤，张良快步走上前去，刘邦便把郦食其"复立六国后世"的计策详细述说了一遍。

那么，张良会怎么看待这个问题呢？

72. 借箸代筹

　　郦食其建议刘邦刻制六国印，"复立六国后世"，刘邦头脑一热就同意了，但心里还是有点不踏实。恰好张良从关中出差回来，他就把郦食其的计策如实相告，问张良这个计策怎么样。张良一听，脸色都变了，着急地说道："这是谁给大王出的计策啊？如果大王采用了，大王的大业就要完喽！"

　　刘邦闻听，大吃一惊，赶快把手中的筷子放到桌上，嘴里的一口菜也咽不下去了，疑惑地问道："有这么严重吗？快来帮寡人分析分析！"

　　张良在刘邦餐桌边坐了下来，回答道："请大王借臣用用您面前的筷子，让臣为大王筹划一下目前的形势。"

　　成语典故"借箸代筹"或者"张良借箸"，说的就是这个故事。

　　张良从桌子上拿了一把筷子，接着说道："过去商汤讨伐夏桀时，为什么还要封夏朝其他后人于杞国呢？那是因为商汤有实力置夏桀于死地，所以才会施恩昭示天下，显得很开明，目的是收买人心。当前陛下能确保打败项羽吗？"

　　刘邦摇着头回答道："不能啊！"

　　张良把第一根筷子放到一边，说道："这是大王不能办这件事的第一个原因。周武王讨伐商纣王时，为什么会提前封商朝其他后人于宋国？那是因为周武王有把握砍掉纣王的脑袋，现在大王有把握砍掉项羽的脑袋吗？"

　　刘邦叹口气回答道："没有啊！"

　　张良把第二根筷子放到一边，说道："这是大王不能做这件事的第二个原因。周武王攻入商朝都城后，表彰纣王的贤臣商容，释放纣王叔父箕子，重新修筑比干坟墓，其用意主要是为了奖掖鞭策本朝臣民。如今这个时候，大王有资格这样做吗？能这样对待六国遗老遗少吗？"

刘邦非常确定地回答道："肯定不能！"

张良把第三根筷子放到一边，说道："这是大王不能做这件事的第三个原因。周武王曾开仓放粮，仗义疏财，以此来安抚贫苦百姓，目前大王有能力仿效吗？"

刘邦听说要破财，头摇得像拨浪鼓一样说道："不能，寡人家也不富余啊！"

张良把第四根筷子放到一边，说道："这是大王不能做这件事的第四个原因。周武王灭掉商朝后，废止兵车，改为乘车，把兵器倒置存放，盖上虎皮，用以向天下表明，不再动用武力。现在大王能刀枪入库，推行文治，不再打仗了吗？"

刘邦眼睛瞪得大大地说道："不能，难道让寡人被动挨打吗？"

张良把第五根筷子放到一边，说道："这是大王不能做这件事的第五个原因。周武王将战马放养在华山的南面，以此向天下人表明，没有用到它们的地方了，眼下大王能马放南山吗？"

刘邦握紧拳头说道："不能，寡人全靠它们征战天下呢！"

张良把第六根筷子放到一边，说道："这是大王不能做这件事的第六个原因。周武王把运送粮草的耕牛放养在桃林的北面，以此向天下人表明，不再运输和积聚作战用的粮草了，而今大王能放牛桃林吗？"

刘邦有点生气地说道："不能，寡人的军队都要饿死了！"

张良把第七根筷子放到一边，说道："这是大王不能做这件事的第七个原因。另外，天下英雄豪杰背井离乡，舍亲弃友，抛头颅、洒热血，跟随大王奔走天下，图什么？不就是期盼跟随着大王能得到一块小小的封地吗？假如恢复六国，拥立韩、魏、燕、赵、齐、楚之后人，还有地方分封大家吗？天下英雄豪杰只有各自回国，侍奉他们的主上了，谁还会愿意帮助大王一起夺取天下呢？这是大王不能做这件事的第八个原因。"

张良顺手在一边放了第八根筷子，继续说道："当务之急，我们只有设法打垮楚国，否则六国即便被大王封立了，也不会听从大王的，仍然会重新屈服于楚国，这不是在给自己树立敌人吗？所以，如果真做了这件事，大王的大业可就真完了！"

刘邦被张良列举的这一连串原因吓得目瞪口呆，饭也不吃了，吐出嘴中的饭菜，破口大骂道："这个老蠢货，几乎败坏了老子的大事！"

骂完，立刻派人通知郦食其销毁那些刚刚刻制好的诸侯印。

张良驳斥郦食其的八点原因，只有第八点说到了要害，前七点只是铺垫而已，更多的倒像是变相贬低郦食其，挖苦他肤浅迂腐，只知其一不知其二。因为郦食其为人比较狂，自认为知识渊博，高人一等，总拿一些所谓的历史典故给人家上课，这其实很招同僚厌恶，无形中得罪了很多人，包括张良。

刘邦是否真正了解张良趁机打压郦食其，我们不得而知，但最后最关键的一条，他肯定听懂了，否则反应不会那么大。

郦食其也意识到自己的计策有严重漏洞，不敢狂了，老实销毁六国印了事。

从这件事可以看出，郦食其只是比一般人多读点书而已，要说天分有多高倒未必，再次印证了"高人不狂，狂人不高"的道理。

郦食其的计策不好用，荥阳城面临的困局始终也没有得到缓解。楚军前锋已经逼近荥阳城下，随时准备发动进攻。刘邦积极备战，将城外的士兵全部撤回到城中，准备固守荥阳城。

楚军不断加强攻势，彻底切断了粮草供应，将刘邦牢牢围困在荥阳城中。刘邦只好向项羽求和，但项羽不同意，执意要灭了他。

刘邦无计可施，整天一副苦瓜脸，愁眉不展，这天，他正坐在那里发呆想办法，陈平进来汇报军情。

刘邦便拉着陈平商议破敌之策，那么，陈平又会出什么计策呢？

73. 陈平献反间计

刘邦被围困在荥阳城内，无计可施，只好向项羽求和，但项羽坚决不同意，非要灭了他不可。

为此，刘邦整天一副苦瓜脸，愁眉不展。这天，他正坐在那里发呆想办法，陈平进来汇报军情。于是，刘邦拉着陈平忧心忡忡地问道："如今天下大乱，什么时候才能安定下来啊？"

刘邦这个时候想到安定了，打到人家老巢彭城的时候，不知道是否想过，估计那时还唯恐天下不乱呢，看来这次真是进入绝境了。

陈平看出了刘邦的无奈和沮丧，鼓励道："大王千万别灰心啊，困难是暂时的，前途是光明的！"

刘邦轻轻点点头，没有吭声，好像在想着什么。

陈平继续说道："项羽和大王各有所长。项羽这个人，臣还是比较了解的，表面上为人谦恭有礼，待人和蔼可亲，做人规规矩矩，那些自以为知书达理的人，也多归附于他；实际上，他很小家子气，譬如论功行赏，授爵封邑，总是磨磨蹭蹭的，吝啬爵位和封地，真正有本事的人是不愿意归附他的！大王为人粗放无礼，待人轻慢随意，做事不拘小节，那些自以为有节操的人不愿意归附大王，但是大王又大气磅礴，有王者风范，对有功之臣从不吝啬爵位和封地，所以能够招揽到天下真正的英雄豪杰。当然，圆滑无操守、好利无耻之徒也难免趁机混进大王的队伍中。你们俩谁如果能够摒弃自己的短处，学习对方的长处，那么只要招一招手，天下就安定了！臣建议，大王不要再随意侮辱人了，这样以后会有更多的贤人志士投奔过来！"

　　显然，陈平这小子不是在献计，而是趁机向刘邦提意见，平时哪敢这样说话啊。此时，刘邦危在旦夕，命悬一线，肯定洗耳恭听了，他不断地点头表示认可，称赞陈平的分析有道理。

　　称赞归称赞，称赞完，刘邦随即就追问陈平，现在究竟该怎么办才能脱离险境。陈平走上前，把头伸过来，神秘兮兮地小声说道："大王，楚军如今虽说兵强马壮，但也并不是没有弱点，我们应该还是有机会的！项羽是匹夫之勇，他那里真正有能力的人很少，粗算起来不过范增、钟离眛、龙且、周殷之辈。项羽生性多疑，好猜忌，容易听信谗言。如果大王能舍得拿出千斤黄金，施行反间计，只要方法得当，就能离间项羽与他手下那些人的关系，甚至还有可能让他们内部互相残杀。万一得逞，大王可趁机发兵反攻，说不定能打破现在的被动局面！"

　　刘邦还是最爱听这样的阴谋诡计，其他意见未必真心听得进去，因为江山易改，本性难移嘛。他认为陈平的计策很好，正合心意，愁容顿消，笑着说道："不就是黄金嘛，小意思，只要能够干翻项羽，要多少有多少！"

　　说完，马上命人到库房内取出黄金四千斤，任凭陈平使用，而且声称不过问细节。

　　这就是充分授权，做这样的事，不充分授权是搞不好的！

　　对刘邦来说，钱财乃身外之物，没有什么舍不得的，他要的是江山社稷，目标非常明确。

　　前面说过，陈平最擅长搞腐败，对拉拢腐蚀这一套自然是轻车熟路。他从这些黄金中拿出几成，交给手下一帮心腹，悉心传授腐败心经之后，派他们扮成楚兵的模样混入楚军大营，大肆行贿。

　　俗话说："钱可通神！"其实，钱更能搞鬼。陈平的这帮心腹在楚军大营上下打点，买通了项羽身边很多人，大肆散布谣言。这些谣言主要是针对项羽的亚父范增和大将钟离眛，谣传他们功劳很大，却始终不能划地封王，心怀不满，打算跟汉王刘邦联合起来，里应外合，消灭项羽，瓜分楚国土地，各自为王。

谣言有个特点，就是听起来比真相还要真。因为真相不可能被完全复制保留下来，总会有说不清的地方，从而导致逻辑不通或不顺。而谣言往往能够人为地弥补这些空白，让所谓的证据链完整，逻辑关系严谨，无懈可击，说得有鼻子有眼，有科学背书，有逻辑推理，让你不得不信。虽然后来当事人出面用事实进行了澄清，但是恶劣的社会影响已经造成。

那么，怎么才能有效辨别谣言呢？最好的办法就是对不清楚不了解的事情，不要轻易盲目跟风瞎传。荀子曰："流言止于智者！"但现实生活中，智者总是极少数，大多数人都可能是糊涂蛋。

陈平正是利用这一特点，在楚军大营中广泛传播针对范增、钟离昧等人的谣言。项羽生性多疑，稀里糊涂，听到这些貌似有根有据的谣言果然猜疑起来，不再信任钟离昧等攻城将领，但对亲如父亲的范增还是深信不疑，所以范增的话依然很有分量。

范增认为，现在荥阳城内兵困马乏，粮草短缺，应该加大攻击力度，快速拿下。项羽依计照办，亲率大军围住荥阳城，从四面日夜猛攻。

眼看快要招架不住了，刘邦再次派人向项羽乞降，提出以荥阳为界，将荥阳以东划归楚国，荥阳以西划归汉国。项羽最近攻城攻得非常辛苦，略有心动，于是派了一个使者带着他的书信来到荥阳城，目的是了解一下刘邦阵营内部的实际情况，看还能坚持多久。

听说项羽派使者来了，陈平立即找到刘邦，两人商议了一个圈套，准备暗算范增。

什么圈套呢？说白了还是反间计。《三国演义》中"蒋干盗书"的故事大家应该都听说过，陈平差不多就是玩了类似的一套，只是玩得更加低级一些。怎么玩的呢？

当项羽的使者来到荥阳城，刘邦备下了丰盛的酒菜，命人小心伺候。吃饭的时候，刘邦绝口不提项羽，而是故意问亚父范增最近是否安好。使者感觉很奇怪，直言相告，自己是奉项羽之命而来，并不是范增派来的。

刘邦虽然还不是皇帝，但早就是"影帝"了，闻听佯装吃惊地说道："寡人还以为你是亚父的人呢，原来是项王派来的，岂有此理！"说完一甩袖子走了，然后又让人把已经上来的美味佳肴全部撤掉。

一冷一热，刘邦这是要玩哪一出呢？

74. 反间得逞，范增病死

楚使说自己是项羽的人，而不是范增派来的，刘邦佯装很吃惊，一甩袖子走了，然后又命人把酒菜全部撤下。那帮负责撤下酒席的人，边撤边交头接耳，在楚使旁边故意埋怨道："早不说清楚，又不是亚父派来的，让老子白忙活一场！"

显然，这帮人是托儿，是配合刘邦演戏的。估计这种事也只有刘邦能干得出来，自己已经万分危急了，还敢玩这么一出，相当于给了楚使一巴掌。

楚使会怎么想呢？本来作为项羽的使者过来，那是很骄傲的，结果被刘邦这么一弄，有个地缝都想钻进去了，于是悻悻而去，回到客栈。

在客栈，楚使等了很久，也没人再出来招待他，直到日落西山，饿得头晕眼花，才有人端进来一些酒菜。这些酒菜太过简单了，只有青菜叶子，一丁点所谓的"硬菜"都没有，跟刘邦那里上来的酒菜相比，真是有天壤之别。

楚使很是不爽，倒了一杯酒，仰脖喝下，不喝不要紧，全给喷了出来，原来酒是酸的；再吃菜，菜竟然是馊的，明显是人家吃过的剩菜。虽然饥肠辘辘，但无论如何他也吃不下去了。

这算什么事？就因为自己说不是范增派来的，就应该受到如此大的侮辱吗？楚使越想越火大，越想越不对劲，越想越不是滋味，啪的一声，把筷子往桌上一拍，站起身，大步流星出了客栈，匆匆离开，一口气跑回了楚军大营，来见项羽，气哼哼地把他在刘邦那里的遭遇讲述了一遍。当然，添油加醋、瞎编乱造是少不了的，否则不解气啊！那些添油加醋、瞎编乱造的内容肯定是在说范增如何私通汉军了。项羽闻听大怒道："前段时间，寡人就听到风言风语，说范增心存怨念，图谋不轨，当时认为是谣言，不应该，现在看来，绝对不是凭空捏造，这老家伙活腻歪了！"说着，就要派人把范增抓过来问罪。

这真是翻脸如翻书啊！脾气不好的人容易冲动，冲动过后又后悔不已。项羽就是如此！

左右人等知道项羽这小子又要犯浑了，赶快上前劝慰道："大王息怒，不能只凭一面之词擅做定论啊！范先生在军中很有影响力，还是拿到真凭实据为好！"

项羽迟疑了一下，若有所思，强压怒火，不再追究，但是对范增已经心存芥蒂，从此就不那么信任范增了。范增哪里知道项羽的心事，他还一门心思在替项羽谋划如何尽快攻克荥阳城，活捉刘邦呢。

这两天，范增发现项羽放慢了攻打荥阳城的节奏，感觉很奇怪，怕贻误军机，特意跑过来督促项羽加大攻击力度。项羽面无表情，默默无言，只有范增独自在那里唠叨。范增以为项羽又心慈手软了，有点着急地说道："古人云，当断不断，反受其乱。一年前鸿门宴时，老臣曾劝大王杀掉刘季，大王没有听老臣的话，养痈遗患，导致二次戡乱。现在天赐良机，好不容易把他困在荥阳城，如果再让他逃脱，必然是放虎归山，后患无穷啊！"

项羽最讨厌别人提鸿门宴的事，那是他的伤疤，被人揭伤疤，谁不心烦啊？所以听到范增絮絮叨叨一直埋怨，项羽忍不住了，再想起昔日楚使的话，不禁勃然大怒道："你叫寡人攻，寡人就要攻吗？寡人偏不攻！只怕荥阳城没有攻下，寡人的脑袋被你送人了！"

此言一出，差点把范增当场给呛晕过去。两人大眼瞪小眼地僵持在那里，谁都不再说话了，整个空气好像凝固了一样。

项羽向来对范增毕恭毕敬，从来没有同范增这样说过话，范增意识到，肯定有人背后进了谗言，胸中不由得烦躁不安起来，赌气说道："好吧，天下事基本已成定局，大王好自为之吧，不要再中了刘邦的奸计就好！臣年老体衰，不中用了，也该隐退了，只希望大王允许老臣回归故里，将这一把老骨头埋在家乡！"

说完，一摇一晃地离开了项羽的营帐。这就是辞职撂挑子不干了！

项羽是个犟脾气，虽然心中多少有点后悔，后悔自己言语过重，但是并没有挽留，任由范增离去。

范增回到营帐，气得连呼哧带喘，万念俱灰，他派人把项羽加封他的历阳侯的印绶给项羽送了过去，然后收拾一下行李，带着几个随从，真的走了。

实际上，范增此时年龄已经很大了，回去安度晚年也未尝不是一个好的选择。但他是一个倔强的老头，有人生追求，如今半途而废，实在不甘心。这几年，他费尽心血辅佐项羽，一心想让项羽雄霸天下，可是一腔热血付诸东流，最后竟然落到这般田地，让他怎能甘心？

一路走，一路想，越想越心痛，越想越憋气，范增胸中怒火无从发泄，气得长吁短叹，难受至极。

俗话说："气大伤身。"已经是七十多岁的老人了，范增哪里还经得住这么气啊！一路上饭也吃不下，觉也睡不着，抵抗力也下降了，开始头痛发热。起初还能勉强支撑，后来精神越来越差。

一天晚上，范增突然感觉背上疼痛难忍，一觉醒来，发现疼痛的地方起了一个恶疮。半路上很难找到好的医生，主要是范增自己也不想活了，只想回去和家人见一面一死了之，所以他趴在车上，一个劲地催促快行。

那么大年龄了，又生了病，再这样颠簸前行，还没到彭城，范增就坚持不住了，背上的恶疮开始腐烂，惨不忍睹，最后陷入昏迷状态，不省人事。随从们知道，再这样赶路，老头非死在路上不可，不得不暂停下来。

过了两天，范增突然苏醒，大叫一声，恶疮迸裂，血流不止，当即身亡。

这一年，范增七十一岁，随从们买了一副棺材板，将其运回老家居鄛埋葬了事。

范增墓位于今安徽省巢湖市亚父山，后人因为范增是个忠臣，被人构陷而死，可歌可泣，在墓地附近专门为他立祠堂纪念。亚父山下有两口井，人称"亚父井"，也是为了纪念范增而保留下来的。

在徐州市乾隆行宫后的土山上，也有一处范增墓，现在是国家级旅游风景区。据传是楚军将士因为敬重范增，特在那里也修了一座墓。

关于范增，民间还有一些传说，传说他当时是诈死，实际上乘船去了今天的浙江省天台县九遮山，在那里隐姓埋名，居住在山洞中，为民治病，造桥铺路，方便行人。但他一直关心着时局的发展，当项羽兵败乌江自刎的消息传来，大哭道："竖子不听吾言，终有今日！"

人们这才知道他就是范增，他却摇摇头说道："范增早已死在彭城，哪里会到这里来啊？"

不久，人去洞空，不知所终。

这明显是一个美丽的传说，人们的美好愿望而已，权当听之。

关于范增，我们就先说到这里。范增死了，项羽听说后会怎么想，又会怎么做呢？

75. 制服诱惑

俗话说："人非草木，孰能无情？"项羽听说范增气死在半路上，意识到自己可能中了刘邦的反间计，错怪了亚父范增，心里翻江倒海，难受至极。

再后悔也迟了，人死不能复生，项羽发誓为亚父范增报仇雪恨。他将之前因为怀疑而被雪藏起来的将军钟离眛叫了过来，好言抚慰，重新起用。

下属被领导误会了，一般都会心怀不满，非常委屈，一旦误会解除了，被领导再次重用，会更加卖力地证明自己的清白。

钟离眛就是如此，接到项羽的命令后，精神倍增，围住荥阳城，夜以继日拼命进攻。汉军苦苦坚守，疲于应付，又加上通往敖仓的粮道被切断很久了，城内储粮越来越少。

眼看荥阳城危在旦夕，刘邦急得坐立不安，整天唉声叹气。张良和陈平两位高参虽然智谋过人，此时也歇菜了，只能在城墙上跑来跑去鼓舞士气。

这时，有位将军认为，这样下去荥阳城迟早要被攻破，他想出来舍命救主，帮助刘邦突围出去。

那么，这位将军会是谁呢？

他名叫纪信，字成。在鸿门宴上，刘邦曾带着四个人中途跑回大营，其中有一个就是纪信。

纪信认为，与其在荥阳城内坐以待毙，身为三军统帅的刘邦不如早点弃城而逃。这天，他跑到刘邦那里，声称有特别重要的事禀报，刘邦闻听，忙将左右人等屏退。纪信略显激动地说道："大王，我们困守在这里好几个月了，楚军攻城越来越急迫，而城内兵少粮尽，很难持久。臣为大王考虑，不如早点脱身，留得青山在，不怕没柴烧啊！"

刘邦心想，放屁，要你说啊，老子何尝不想跑，可这四面围得水泄不通，怎么跑！虽然这么想，但他肯定不能这么说了，刘邦现在对谁都特别客气，骂人的毛病也改了不少，他攥紧拳头说道："纪将军说得有道理啊！不过寡人怎么能丢下兄弟们，独自一个人跑掉呢？何况现在的情况也不是我们想跑出去，就能跑出去的！"

纪信低声劝说道："大王，臣有一计定能让大王安全脱身！我们可以向项羽假意投降，由臣负责装扮成大王的模样去见项羽，大王可以趁机突围而出。"

听到这个主意，刘邦感觉不错，窃喜，但一个劲地摇着头说道："这怎么可以呢？寡人是脱险了，将军岂不是前去冒险吗？不行，绝对不行！"

纪信突然跪倒在地说道："大王对臣有知遇之恩，臣甘愿替大王去死！如果不用臣的办法，城破之后，玉石俱焚，大家肯定都活不成！大王的安危比臣重要啊，涉及全军将士的性命，今臣一个人去死可以换来全军将士脱险，是值得的！"

刘邦站起身来，在那里来回踱步，犹豫不定。纪信从地上站起来决绝地说道："大王不忍心让臣一个人死，那么臣不如现在就去死！"

说完，拔出宝剑就要自尽。

看纪信玩真的，刘邦慌忙上前抓住纪信的手，眼含热泪说道："将军忠心贯日，古今无二，寡人答应你就是了！但愿老天爷保佑，让我们君臣二人都能保全！"

纪信这才把宝剑收起来说道："臣心甘情愿，大王不必多虑！"

刘邦拉着纪信的手坐到自己旁边，一番好言抚慰，纪信感动得眼泪都掉了下来。

既然决定这样和项羽玩，那么计划就需要再周密一些，否则到时候露馅了，鸡飞蛋打，还不如不玩。刘邦马上派人把陈平也叫了过来，把纪信的想法又说了一遍。陈平听完，对纪信的义举深表钦佩，激动地说道："纪将军果真是忠臣良将啊！臣再添一计，保准万无一失！"

说着，他走上前如此这般与刘邦、纪信耳语了一番。刘邦听完，连称妙计。当即由陈平负责起草了一封投降书，派使者给项羽送了过去。

使者见到项羽，浑身哆嗦，将投降书恭恭敬敬呈了上去。项羽看完投降书，半信半疑，担心刘邦又使诈，便一脸严肃地叱问道："刘季准备什么时候出来投降啊？"

使者战战兢兢地回答道："汉王说，今天夜里就可以！"

项羽大喜，他还以为刘邦想拖延时间呢，没想到那么干脆，让使者赶快回去对刘邦说他准了，但不能拖过今晚，否则明天屠城。

不知道项羽怎么想的，人家半夜来投降，他也不问个究竟，估计是太自信了，自信到不用考虑为什么了。

实际上，很多事情之所以功败垂成，都是因为最后一刻掉以轻心了。

当然，项羽再自信，也不是完全没有防备，被刘邦骗了几次，多少会长点记性。他心想，刘邦这老家伙无非又要玩鸿门宴那一套，装可怜，博同情，这次老子无论如何不会再心慈手软了，于是把钟离眜叫过来，叮嘱他带兵专门在城门外守着，刘邦一旦出城，立即抓捕。钟离眜不敢怠慢，振作精神，领命而去。

可是等到了黄昏时分，月亮都出来了，也没见城门有打开的意思。项羽怀疑可能又被刘邦耍了，但想到使者明明说的是夜里出城投降，那就继续耐心等待吧！"三十六拜都拜了，哪差最后一哆嗦"，他派人命令钟离眜严阵以待，密切关注各大城门的动静，不得有误。

差不多到了三更时分，正当大家昏昏欲睡时，突然东门大开，很多人三三两两从城里面缓缓走了出来，由于天太黑，一眼望过去，隐隐约约好像都穿着军装盔甲。楚兵担心是诈降，连忙围了上去，拦住出城的队伍。只听见队伍中有人娇滴滴高声呼叫道："兵哥哥，我们都是女人，不要伤害我们啊！我们无依无靠，趁着汉王开门投降，出来逃命，还望将军大爷们积德行善，放我们一条生路！"

楚兵仔细一辨认，果真全是女人，老少都有，有的白发苍苍，有的年轻貌美，只见她们甲胄在身，扭扭捏捏，别有风味。

估计这是有史以来，第一次集体"制服诱惑"，效果还不错，恐怕也只有帅哥陈平能想得出来。

楚兵哪见过女人这副装扮，很是好奇，便问她们穿着奇装异服要做什么。这帮女人可怜兮兮地回答道："天天打仗，生活困苦，我们衣裳都没得穿了！今天看到城内守兵把盔甲都丢到了路边，就捡来遮身御寒，请将军大爷们不要怪罪啊！"

这么解释，合情合理，楚兵算是放宽了心，认为汉军准备投降了才会丢盔弃甲，所以由着这帮女人陆陆续续走出去。

这些楚兵长期征战在外，很少见到女人，今天正好大饱眼福，口水不禁都流了出来。见到姿色出众的娇娃美女，楚兵嬉皮笑脸，指指点点，恨不得一起上去寻点开心，只是夜里的事情太重要了，不敢大意。

那么，陈平让这些女人出来，究竟要做什么呢？

76. 各有各的死法

刘邦向项羽提出夜里出城投降，可是到了半夜时分，从荥阳城东门，成群结队，三三两两，出来了很多穿着军装的女人。

楚兵不好意思对女人下手，便放她们出城，本以为这帮女人一会儿就出尽了，没想到稀稀拉拉，陆陆续续，没完没了。

这种奇怪的事，很快传到了守候在其他城门外的楚兵那里，大家啧啧称奇，都想一睹为快。他们认为刘邦肯定在东门出城投降，于是一窝蜂竞相跑到东门，既为了抢功，也为了看热闹。

显然，陈平正是利用楚兵的这种双重心理，使用了调虎离山之计，只是办法有点猥琐，拿不到台面上而已。

趁着这个空隙，刘邦带着陈平、张良、樊哙等一帮心腹爱将从西门溜出，扬长而去。临走时，他命御史大夫周苛、副将枞（cōng）公、魏豹和韩王信留下来，继续坚守荥阳城，目的主要是让他们做炮灰，设立一道防火墙，拖延时间。

留守荥阳城的主将名叫周苛，是刘邦的老乡，也是沛县人。他还有个堂弟名叫周昌，有口吃的毛病，俗称结巴嘴，为人耿直，闹了很多笑话，后面也会详细说到。

秦朝时，周苛和周昌兄弟二人在泗水郡做过小官，后来跟随刘邦起事。在军中，周昌做了一名职志，主要负责管理旗帜；周苛在刘邦帐下做门客舍人。

刘邦被封为汉王后，任命周苛为御史大夫，周昌为中尉。从官职可以看出，他们兄弟俩也算得上刘邦的嫡系心腹。

这次留守荥阳城，任务比较艰巨，因为周苛忠心耿耿，且战斗力强，刘邦任命他为主将。

关于枞公，我们就不多介绍了，史书上记载不多，知道他是这次留守荥阳城的副将就可以了。

关于魏豹，前面详细说到过，也就是魏王豹，曾经背汉联楚，被韩信抓了俘虏。刘邦将他赦免后，在军中做了一官半职，这次也被留了下来。

关于韩王信，之前也说到过，大家记住他不是汉初三杰之一的韩信，后面还会详细说到。

楚军哪里会知道刘邦耍了诡计，他们还都聚集在荥阳城东门，一心等着刘邦出来投降呢。

从东门出来的女人队伍差不多有几千人，络绎不绝，到了快天亮的时候，才好不容易走完。正当楚兵不耐烦的时候，人群后面有个车队慢慢悠悠从城里跟了出来，仔细一看，原来是刘邦的车驾，上面还端坐了一个人，前遮后挡，看不清面孔。楚兵楚将兴奋不已，喧声如雷，都以为一定是刘邦。

其实，车上面并不是刘邦，而是将军纪信。

楚兵手持刀枪押着刘邦的车驾，到项羽那里请功，生怕刘邦中途跑掉，但一直到了楚军大营，也不见刘邦主动下车投降，无不诧异。

毕竟刘邦贵为汉王，大家都不敢乱来，赶快报告项羽。听说刘邦被活捉了，在车上赖着不肯下来，项羽便出来看个究竟。他绕着车驾转了一圈，仍不见车中有动静，不由得大怒道："刘季，你喝多了吗？还是装死啊？寡人亲自出来，还不快快滚下来！"

说着，命人高举火把上前仔细察看，只见车中确实端坐着一个人，穿着打扮都和刘邦一模一样，只是长相似像非像。

项羽和刘邦是结拜兄弟，对刘邦太熟悉了，他亲自走上前去，查看辨认，一看，大失所望，这哪里是刘邦啊！于是厉声责问道："你是何人？胆敢冒充汉王刘季！刘季老小子呢？"

车中人这才不紧不慢地大声回答道："我乃汉王帐下将军纪信是也！"

说完又不吭声了，明显是在尽量拖延时间。

项羽闻听，恼羞成怒，暴跳如雷。等项羽骂过瘾了，纪信才哈哈大笑一声说道："项羽匹夫，仔细听好，我们汉王岂能投降你小子，他早已经离开荥阳城了，目前正召集各路人马准备再与你一决雌雄。下次你就没那么好运了，汉王一定会把你生擒活拿！你小子如果聪明的话，赶快撤兵，以免有杀身之祸！"

听说刘邦已经跑了，项羽差点被气昏过去，话都说不出来了，背过头挥了一下手。

　　楚兵纷纷将手中火把抛到车子上，顿时燃起熊熊大火。纪信在车中大声呼喊道："逆贼项羽，弑杀义帝，焚烧忠臣，多行不义必自毙。我纪信能名留青史，你将来必会死无葬身之地！"

　　不久，车子和人化为灰烬。

　　刘邦已经逃跑了，项羽无可奈何，当即下令攻占荥阳城，但不知道什么时候，荥阳城的大门已经重新紧闭了。城墙上，汉军严阵以待，早已准备好滚木礌石，随时等着楚军的进攻。

　　按说，老大刘邦都跑了，而且城中粮草越来越少，这城还守着有什么意思呢？但是周苛和枞公誓死固守，竟然打退了楚军的连番进攻。

　　这天，趁着楚军没有攻城，周苛拉着副将枞公商议道："我们兄弟奉了汉王之命留守荥阳城，城在人在，城亡人亡！现在城中粮草不多了，估计最多可以再支撑半个多月。这期间，我担心魏豹这小子会不老实啊，有可能伺机谋叛，一旦他与楚军里应外合，难免会误了大事，不如干脆把这小子干掉，以绝后患。如果汉王将来问起，我们就如实回答。如果汉王问罪，我们宁可受罚，也比他叛变好啊！"

　　枞公认为有道理，当即表示赞成。于是，两个人以开军事会议的名义，邀请魏豹过来。

　　魏豹自从被刘邦收服后，老实了很多，不敢再有二心，主要也没实力了，可他无论如何想不到，如此危急时刻，周苛和枞公竟然会对他动了杀心。

　　周苛和枞公见魏豹如约而至，假意左右拥着，把他迎到上座。魏豹一下子又有了做王的感觉。

　　正在寒暄客气之际，周苛突然拔出佩剑，向魏豹砍去。魏豹猝不及防，身中一剑，撒腿就要往外跑，哪里还跑得了，枞公从旁边截住，又是几剑，将他劈倒在地，当场毙命。

　　魏豹也真够倒霉的，上次因为背叛刘邦被韩信活捉，老娘受到精神打击一命呜呼，老婆们也被刘邦带走充实了后宫，现在又莫名其妙被同僚给砍死了。

为了掩人耳目，周苛和枞公一不做二不休，给魏豹安了一个"叛国通敌"的罪名，陈尸军中，来威慑守城将士。

汉兵听说汉王刘邦已经逃走了，本来多少有点懈怠，现在看到魏豹因为叛变，被陈尸军中，顿时振作精神，拼命守城。等差不多稳住了军心，周苛才命人将魏豹的尸体找个地方随便埋了。

那么接下来，周苛和枞公究竟能否挡住项羽的猛烈攻势呢？

77. 东奔西跑，终于攻破荥阳城

刘邦采用陈平的计策逃掉后，项羽继续围攻荥阳城，大有不达目的誓不罢休的气势。留守荥阳城的周苛和枞公奋力坚守，竟然让项羽一时无法得逞，这也为刘邦再次反攻争取到宝贵的时间。

那么，刘邦从荥阳城溜出后，逃往哪里去了呢？

他先向西跑到了成皋。成皋这个地方，前面我们已经提到过，英布就是被刘邦打发到这里守城。

刚到成皋，就听说纪信被项羽活活烧死了，刘邦悲愤交加，发誓要为纪信报仇雪恨。不久，又得知荥阳城仍然在汉军控制之中，很是欣慰。

为解荥阳之围，刘邦决定亲自返回关中招兵买马。

此时，关中就体现出了它的地理优势。

自从刘邦占领关中后，关中就像世外净土一样，始终未受到严重侵扰，可以说是要粮有粮，要人有人。

在关中，萧何很快为刘邦招募到大批人马。稍做休整，刘邦准备率兵出关救援荥阳城，这时却有一个人出来阻止刘邦这么干。

　　这个人史书上称为辕生，估计也是刘邦智囊团中的一员。他为刘邦分析道："大王三思啊，汉楚两军在荥阳僵持很久了。在那里，汉军一直处于劣势，现在再过去，肯定还是被动挨打！臣建议，大王应该兵出武关，佯装去攻打彭城，项羽一定会率兵南下拦截，那时，荥阳之围自然就解了。如果再遇到楚军，大王最好高筑营垒，坚守不出，这样既可以让荥阳和成皋得以喘息，还能争取时间让韩信彻底平定赵地、燕地和齐地。如此一来，楚军不得不多面出击，导致力量分散，而汉军得到了充分休整，军力势必增强。最后再跟楚军决战，必胜无疑！"

　　辕生的这条建议绝对好，从战略层面着眼，既有全局性，又有前瞻性，甚至还有战术应对。

　　刘邦心领神会，当即接受，率兵出武关进军宛县和叶县之间。宛县也就是今河南省南阳市宛城区，叶县就是今河南省平顶山市叶县。

　　听说刘邦没来荥阳与自己决战，而是出武关向东去了，项羽心中不免一紧。他担心刘邦会再次釜底抽薪，进攻他的老巢彭城。

　　俗话说："一朝被蛇咬，十年怕井绳。"已经吃过一次大亏，项羽无论如何也不能再让刘邦钻空子了，于是亲自带了一部分军队过来阻击。

　　按照辕生的建议，刘邦早已深挖战壕，竖起栅栏，以逸待劳，专等项羽来攻。项羽到达宛城后，看刘邦凭借着战壕栅栏坚守不出，在城外干着急，天天暴跳如雷却无计可施。

　　正在这时，后方来报，说彭越渡过睢水，攻破下邳，杀死了楚军大将薛公，断了楚军的粮道，这相当于在项羽背后捅了一刀。项羽闻讯，暴跳如雷，大怒道："彭越这家伙不知道天高地厚，总是在寡人背后捣乱，看寡人不先去灭了他，再去捉刘季！"

　　为什么项羽对彭越那么憎恨呢？因为彭越在他背后捅刀子已经不是第一次了。之前，项羽在围攻荥阳城时，彭越奉刘邦之命，就时不时在项羽的后方偷袭粮道，搞得项羽苦不堪言。

　　彭越打的是游击战，玩的是"敌进我退，敌退我进，敌驻我扰，敌疲我打"那一套。套路看似简单，但是往往会让正规军队无所适从。有人说彭越是古代游击战大师，是不无道理的。

由于彭越三番五次在楚军后方侵扰，项羽如芒在背，实在忍无可忍，所以他想一劳永逸地解决问题，于是丢下刘邦，率兵星夜兼程向东进军，以图剿灭彭越。

彭越肯定不是项羽的对手，听说项羽亲自率兵过来打他，跑得比兔子还快，退回睢水，向北狂奔。项羽追之不及，只好回头再去攻打刘邦。

趁项羽东归攻打彭越的空当，刘邦离开宛城，又来到了荥阳旁边的成皋，与英布合兵一处。项羽打不到彭越，只好率兵追击刘邦，进攻成皋。

看看，项羽是不是有点被刘邦牵着鼻子走的味道？打仗最忌讳这样，主动变被动，仗就很难打了。

在到达成皋前，要路过荥阳，项羽顺便再次攻打。

荥阳城内的守将仍然是周苛和枞公。这两人上次防守荥阳城，还是非常成功的。但自从项羽撤军后，他们稍微放松了警惕，谁想项羽这么快又杀了回来，而且比上次进攻更加猛烈。由于准备不足，仓促迎敌，荥阳城被楚军攻破，周苛和枞公成了项羽的俘虏。

项羽和刘邦打仗打久了，也想学刘邦招降那一套。他认为周苛和枞公是人才，竟然能够在缺兵少粮的情况下，坚守荥阳城那么长时间，于是先把主将周苛找来和颜悦色地劝说道："周将军，你很不错嘛！坚守荥阳孤城那么久，至今才被寡人攻破，真可谓将才啊！只可惜你跟错人喽，跟着刘季瞎混，最后还不是被寡人抓了？如果你现在弃暗投明，归顺寡人，还来得及，寡人授予你上将军，封你三万户，不知将军意下如何？"

对项羽来说，能这么招降人，实属不易。但是周苛不买账，怒目而视，厉声说道："你不去降汉，反倒劝我降楚，真是痴心妄想！你怎么可能是汉王的对手呢？我奉劝你一句，不要执迷不悟，还是趁早归顺汉王为好！"

这和纪信对项羽说的话差不多嘛，看来刘邦平时没少对属下做思想工作。

项羽那暴脾气，哪受得了这个，本来劝降就不是他的风格。项羽勃然大怒，倏地一下站起身来，骂道："不识抬举的狗东西，你当你什么玩意儿，在这里给老子装大头鬼。寡人今天把你一刀两段，还是便宜你了，看寡人不烹了你！"

说完，命令左右在外面支起了一口大锅。

我们可以算算，项羽烹过多少人了，有自己的谋士，有敌人的老娘，有战败的将领。反正对项羽来说，"烹"是最解气、最痛快的。

面对烹杀，周苛毫无惧色，任由楚兵上前将他扒个精光，扔入煮沸的大锅中。瞬间，一个大活人变成了一锅肉汤。

烹完周苛，项羽命人把枞公也推了过来，让他目睹一下周苛的下场，那意思是你不投降也会这样。枞公也是条汉子，大义凛然地说道："谢谢大王美意！我与周苛一起奉汉王之命据守荥阳，如今荥阳失守，周苛已死，我还有什么脸面独活呢？悉听尊便，情愿受死！"

看枞公态度还算不错，说得也合乎情理，哪里会有不成全的道理？项羽立即令左右将他拉出去，斩首示众，这比烹杀稍微好些。

拿下荥阳城后，项羽紧跟着进逼成皋。

78. 一夺韩信将印

项羽攻下荥阳城后，紧跟着率兵进逼成皋。消息传到成皋，刘邦吓得魂不附体，上次在纪信的掩护下好不容易脱身，这次还有第二个纪信会为自己献身吗？

他不敢有侥幸心理，还没等项羽大军到来，已经带着车队队长夏侯婴，偷偷打开城门，脚底抹油，溜之大吉。下面诸将听说老大刘邦跑了，也无心留在成皋等死，陆续暗中跑出城，追随过去。

仗还没打，从老大到将军，全做了逃兵，估计历史上也不多见。项羽一个实诚小伙子碰到这帮老滑头也真是没辙！

成皋守将英布独木难支，看到这个情形，心想刘邦这里都是些什么玩意儿，没一个好好打仗的，全是"奇葩"，他自己也坚守不住啊，索性弃城向北逃跑。

项羽没费多大功夫就把成皋也占领了，听说刘邦早就溜了，知道追不上，只好在成皋驻扎下来，然后派出两支军队，分别向东防范彭越，向北追击刘邦。

那么，刘邦逃出成皋，又跑去哪里了呢？

这次没跑回关中，他去了北边赵地修武县，也就是今河南省焦作市修武县，为什么要跑到那里呢？

因为韩信和张耳的军队驻扎在那里。

原本韩信和张耳招降燕国后，准备继续攻打齐国，但是赵地有些地方不太平，不服管，总是起来闹事。韩信打算先把赵地完全平定了再说。

这事刘邦早都知道，现在又被项羽打得无处可逃，便跑到了修武来找韩信和张耳。

刘邦和夏侯婴到达修武时，天色已晚，就在韩信张耳的军营旁边，找了家客栈休息一夜。第二天一大早，他们出了客栈，直接来到军营。

韩信连续打胜仗，在赵地一时找不到对手，放松了警惕。刘邦来到大营门口的时候，营兵们刚刚起床，睡眼惺忪，看到有人在营外叫门，便过去拦住问个究竟。

那时没有电视、网络等视频工具，不像现在，几乎每个人都认识国家的大人物。那时，除了身边一些亲近的人外，谁知道刘邦长什么样啊。营兵自然也不认识刘邦，只见刘邦带了一个人，开了辆马车过来，风尘仆仆，好像还有点失魂落魄的样子，肯定不让进了。

刘邦没有如实通报自己的真实身份，谎称是汉使，奉汉王之命前来，有急事要向韩信通报。营兵看刘邦虽然有点落魄，但穿着气质不俗，说得又煞有介事，不敢怠慢，赶快迎了进来。

在营兵的引导下，刘邦快步进入韩信的营帐。韩信帐内的办事人员中，有人认识刘邦，惊奇万分，忙跪拜施礼。刘邦向这些人摆摆手，那意思是不要声张，接着又径直来到韩信的卧室。

此时，韩信还在酣睡中。

刘邦轻手轻脚走过去，见床榻旁边的几案上摆放着将印兵符，当即拎在手中走了出来，进入中军帐。

端坐在中军帐上座，刘邦传召诸将速速过来开会。诸将还以为韩信有新的军事部署呢，三步并作两步赶了过来。待赶到帐内举目一望，哪里是韩大将军，明明是汉王刘邦驾到，都无不惊愕。

诸将不知道发生了什么情况，纷纷拜倒在地。刘邦也不吭声，等大家都拜完了，才开始发号施令，将原来诸将的工作重新进行了分工安排。

到了这个时候，韩信才被人从睡梦中叫醒，他往几案上扫了一眼，发现将印兵符不见了，顿时大惊失色，听说刘邦已经候在中军帐内，慌忙从床上跳了起来，找到张耳，边整理衣服，边小跑过来。

在全军官兵面前，韩信身为大将军如此狼狈不堪，反衬出刘邦的不同凡响，变相替刘邦立了威。

来到大帐，韩信和张耳匍匐在地，请罪道："臣等不知大王驾到，有失远迎，罪该万死！"

刘邦笑呵呵地说道："二位免礼了！这有什么罪该万死的？不过，行军打仗，无论什么情况下，军营还是应该做好防备的！现在天已大亮，身为军中统帅应该早起才是，不能睡懒觉啊！将印兵符至关重要，怎么能不看管好呢？万一敌人夜袭怎么办？如果有刺客冒充汉使混入营中，恐怕你们两个的脑袋都难保啊！这是不是很危险啊？还是要注意安全啊！"

刘邦这个老江湖套路很深，一番话耐人寻味，说夸不是夸，说骂不是骂，好像很关心，却又像是责备。韩信和张耳闻听，满脸羞愧，无言可对。

刘邦咳嗽了两声，突然收起笑容严肃地问道："寡人原本让你们攻打齐国，为什么还在这里逗留啊？你们究竟是怎么打算的？"

韩信忙答道："回大王，赵地已经被我们拿下了，但尚未完全平定，各地闹事造反的层出不穷，楚军又经常侵扰赵地，如果马上出兵向东进攻齐国，赵地可能会陷入混乱，成为心腹大患。所以臣等暂时在这里屯兵，等待时机。"

刘邦好像不太认可韩信的说法，又问道："寡人不是加封张耳为赵王镇守赵地了吗？"

韩信接着解释道："是的，大王！但是目前兵力不足，一旦分兵，恐难压制赵人。况且我军转战魏地、代地、赵地，已经兵疲马乏，贸然东进，前有强齐阻击，后有乱赵牵制，腹背受敌，会进入比较危险的境地。臣打算多拖延一段时间，差不多将赵地基本平定后，再东进攻齐。这样既可以趁机扩充军队，还可以确保万无一失。如今这些条件基本成熟，臣正在积极准备伐齐，恰好大王驾到，臣才得以当面汇报！臣建议大王先留在此地，伺机收复成皋，仰仗大王神威，臣率军攻打齐国，定能一鼓作气取得成功。到时，臣再乘胜西进与大王会师攻打项羽！"

韩信说得头头是道，虽然有些强词夺理，但总的说来，思路还是很清楚的。刘邦脸色稍微好看一些，说道："好啊，将军的想法很好，起来听令吧！"

韩信和张耳这才松了一口气，拜谢之后，从地上爬了起来。

刘邦大声宣读了三条军令：第一条，张耳带领本部人马速回赵国都城邯郸镇守，安抚赵地；第二条，驻扎在修武的所有精兵，即日起由刘邦自己统领；第三条，韩信率领剩下的老弱病残，就地招兵买马，择日进攻齐国。三条命令简单来说，就是变相收回了韩信的军权。

刘邦这招够狠啊！你韩信不是能打吗？不是擅长带兵吗？那就好好发

挥你的特长，挖掘你的潜力，体现你的价值，让你无中生有去攻打齐国！

韩信和张耳不敢违令，当即辞行，分头行事。这哥俩走了，刘邦坐镇修武大营，没几天，从成皋逃出来的文武百官也陆陆续续投奔过来，声势恢复如初。

这时，项羽正准备从成皋出发，亲自率兵向西打入关中。关中是刘邦的大后方，一旦被项羽攻取，汉军不战自败。刘邦深知其中的利害，准备发兵巩县，也就是今河南省巩义市，试图在那里拦截项羽西进。

79. 谋划反攻，调虎离山

刘邦担心项羽进攻他的大后方关中，准备发兵巩县，试图在那里拦截项羽西进入关。

为什么要选在巩县呢？

因为多次在荥阳和成皋被项羽围困，刘邦有所动摇，想放弃成皋以东的地盘，屯兵距离关中更近的巩县和洛阳之间与项羽周旋。但他心里又不踏实，便召集大家过来商议。

待大家都到了，刘邦不无忧虑地说道："项羽这小子一直往西进攻，无非是想攻取关中。关中是寡人的大后方，无论如何不能让这小子得逞！所以，成皋以东的地盘，寡人打算不要了，干脆退守巩县和洛阳，以确保关中万无一失！大家以为如何？"

话音刚落，就有一个人提出了反对意见。

这个人是谁呢？不是旁人，还是那位我们熟知的"高阳酒徒"，号称"狂生"的郦食其。之前，郦食其刚出过一条馊主意，就是"复立六国后世"，被张良给否了，还导致刘邦大发雷霆。这次，郦食其又跳了出来，又要献计。

什么是人才？这就是人才！

不会因为上级批评和同僚排挤就灰心丧气、牢骚满腹，而是始终如一，越挫越勇，不断改进。

郦食其正是如此！

他走上前，捋着胡须，仍然自信满满地说道："臣以为，大王万万不可这样做！古人云，知天之天者，王事可成；不知天之天者，王事不可成！"

郦食其一上来先捅了这么一句话，充分体现出他这个人的性格特点，是一位非常耿直的人。这样的人，情商往往不高，容易得罪同僚和领导，只有英明的领导才会重用。

这句话究竟是什么意思呢？翻译过来大意是说："知道天之所以为天的人，才可以成就王业；那种不知道天之所以为天的人，是不可能成就王业的！"

说这样的话，感觉有点教训人的味道，好像在说刘邦不懂"顺天之道"。如果放在一般的领导身上，眼睛一翻，肯定会骂一句："给老子走开，老子要你教啊！"

何况郦食其上次出的馊主意对刘邦刺激还是很大的，但刘邦并没有打断郦食其，而是做出一副耐心倾听的样子。郦食其继续说道："想要成就王业的人，必须以民为本，而民以食为天。敖仓这个地方是天下重要的粮仓所在地，据臣所知，那里贮藏了非常丰富的粮草。楚军攻克了荥阳，却不派重兵占领敖仓，而是向东、向北分兵而去，只让一些杂牌军守住成皋，这真是天助汉王啊！目前，成皋楚军比较少，很容易被攻破，而我们反而退守，把要到手的地盘抛出去，臣认为这样做是错的！况且，两个强有力的对手不可能长期并存，只有英勇向前分出高低才行，没有退路！楚汉两国的战争已经持续很久了，百姓骚动不安，海内混乱动荡，现在男人也不种地了，女人也不织布了，大家都在徘徊观望，这说明天下百姓究竟心向哪一方，还没有确定下来。所以，大王不能露怯，而应该再次进军，收复荥阳，抢占敖仓，扼守成皋，堵住太行山上的交通要道，卡住蜚狐关口，把守住黄河白马渡口，以便让诸侯们看清，今天究竟谁强谁弱，那么天下百姓自然也就知道该归顺谁了！"

郦食其的这番话，洋洋洒洒，可能有人看得似懂非懂。通俗地说，他建议刘邦顶住压力，英勇向前，抢占敖仓这个粮食基地，继续在荥阳、成皋一带与项羽周旋，绝不能再后退了。

这显然是真知灼见，郦食其看到了未来形势将要如何发展的关键所在，也就是谁拥有充足的粮草，谁就能够坚持到最后，取得天下。而粮草在敖仓，敖仓又在成皋和荥阳附近，所以必须不惜一切代价拿下这两个战略要地。

看来郦食其这次是经过深思熟虑的，有备而来，不是信口开河。

类似开会、做报告、演讲等正规场合，切记一定要做好充分准备，别以为自己脑子好使，就掉以轻心，想当然地认为到时候可以随机应变。实际上，这种场合一旦说错话，将使自己的形象大打折扣；反之，则会大大提高个人威信。

郦食其应该是汲取了上次的教训，所以这次讲得头头是道，让人不得不信服，没有人敢再站出来反对。

刘邦不由得点头称是，鼓励郦食其继续说下去。郦食其轻咳一声，接着分析道："现在赵国平定了，燕国归顺了，只有齐国还没有攻打下来。而齐国幅员辽阔，齐王派大将田解率领二十万大军屯兵于历下，准备阻挡韩信的进攻。另外，田氏宗族在齐地经营很多年，势力强大。他们东面背靠大海，南面邻近楚国，西面和北面有黄河和济水阻隔，齐人又多诈善变，大王即使是派遣几十万军队，也不可能在一年或几个月内平定齐地。因此，臣想去游说齐王，劝他归顺大王成为藩属国，一旦成功，岂不善哉！"

郦食其这次是豁出去了，上次献的愚蠢计策对他精神的刺激估计有点大，他要拼出老命立一个惊天奇功，恢复自己的名声。

既然有人愿意奉献，刘邦何乐而不为呢？当即答应道："郦老先生，你说得很好，忠心可鉴，就按你说的办吧！"

会后，郦食其马上收拾行囊，只带了几个随从，驾着一辆马车赶赴齐国。这一上路，竟成了不归路，后面我们还会详细再说。

刘邦听取郦食其的建议，准备率兵直取粮草重镇敖仓。但他身边有一个普通工作人员，官居郎中，名叫郑忠，私下里阻止了这次行动。

郑忠认为，直接与项羽硬碰硬，说不定还会惨败，不如想办法把项羽引开后，再去攻打。

我们说过，刘邦这个人有个难能可贵的优点，就是很善于采纳别人的正确意见。无论你什么地位，什么出身，只要说得有道理，就会欣然接受，不会因人废言。

这次也不例外。

那么，怎么才能把项羽这个战神引开呢？

郑忠建议，应该派人在项羽的大后方放一把火，烧绝楚军的粮道，项羽势必回去救援，到那时，再进军敖仓不迟。显然，这也是调虎离山之计，但与陈平利用女人耍阴谋，调动楚军不同，它是阳谋。

什么是阴谋？什么又是阳谋？所谓阴谋，就是采用欺诈手段，让人掉以轻心，上当受骗，本身不能见光，必须秘密进行；所谓阳谋，就是采用公开手段，正大光明进行，让人无计可施，明知有诈，还要老实就范。

烧绝楚军后方粮道就是阳谋，项羽明知有诈，也要回到后方救援。

那么，让谁放这把火呢？

刘邦又想到了游击战大师彭越。

彭越一直在项羽的大后方打游击，上次还害得项羽白跑了一趟，给刘邦争取了时间。

这次，因为玩得更大，刘邦担心彭越力量不够，又派卢绾和刘贾率领步兵两万渡过黄河白马渡口，潜入楚地，会同彭越去截断项羽的粮道。

卢绾是刘邦最好的朋友，后来背叛了刘邦，大家先认识一下，后面还会详细说到；刘贾则是刘邦的远房堂兄。

彭越长期在项羽的后方搞游击战，对项羽的粮草辎重太熟悉了。他和卢绾、刘贾会师后，半夜偷偷跑到项羽的粮草辎重所在地，放了一把火。这把火烧红了半边天，待到楚军发现时，为时已晚。

在卢绾和刘贾的协助下，彭越把项羽的后方闹得天翻地覆，甚至将睢阳和外黄之间的十七座城池全部占为己有。

后方乱成了一锅粥，项羽会善罢甘休吗？他能被调动吗？

80. 外黄少年

为了把项羽从成皋引开，刘邦派卢绾和刘贾配合彭越在项羽的大后方放了一把火，还占领了项羽十七座城池。

项羽人在成皋，听说后院起火，胸中怒火噌地一下就上来了。上次因为粮道被彭越阻断，他回去了一趟，只是把彭越赶跑了，并没有伤及彭越；这次彭越故伎重施，竟然将自己的粮草基地都给烧了，是可忍孰不可忍。

于是，项羽准备亲自再回去走一遭，想彻底剿灭彭越这支神出鬼没的游击队。但是他走了之后，成皋怎么办呢？

项羽也不傻，也知道成皋是战略要地，好不容易攻取的，刘邦之所以让彭越烧绝粮道，目的就是要借他离开之际，伺机攻占。

他把大司马曹咎找了过来，打算让曹咎负责成皋的防卫工作。这么重要的事情，为什么要让曹咎来负责呢？好像也没听说过这个人有什么大能耐啊！

其实，关于曹咎，之前我们说到过，曾经是项梁和项羽叔侄的救命恩人。

大家还记得吗？

秦朝时，在栎阳，项梁被人揭发坐牢，正是做狱掾（yuàn）的曹咎，托关系找到同样做狱掾的司马欣，设法解救了项梁。现在曹咎已经成了项羽帐下的大司马。

项羽用人不是唯才是举，而是唯亲是举、唯友是举，而最终坏项羽大事的全都是这帮亲友。曹咎也不例外。

临走时，项羽可能也意识到了这一点，但对其他人实在不放心，反复叮嘱曹咎道："彭越这个贼徒又在寡人后方捣乱，抢劫焚烧军粮，实在可恶至极！这次寡人必须亲征，彻底剿灭此贼。寡人把成皋交给你了，在寡人回来之前，你切记不要出城作战，只要能固守城池，便是大功一件！寡人此次出征最多十五天，就可以干掉彭越贼徒凯旋。其间，你一定要谨记寡人的命令，千万不能擅作主张！"

曹咎感觉这太简单了，谁愿意出城打仗玩命啊，待在城里多舒服，自然当场满口应允。项羽仍然不踏实，又任命司马欣给曹咎做副将，负责提醒监督曹咎。

关于司马欣，我们就不多说了，前面说过太多，也是一个无能之辈。

待成皋这边一切安排妥当后，项羽才引兵向东去攻打彭越。彭越听说项羽又亲自过来了，顿时心慌，他深知项羽的厉害，不敢硬碰硬，赶快收兵缩进了外黄城，严防死守。

关于外黄城，大家应该很熟悉了，张耳在那里做过县令，位于梁地西面，是彭越占据的十七座城池中最西面的一座。

项羽是带着一腔怒火来的，这火不发出来，非烧死自己不可。来到城下，看到外黄城守得严严实实，胸中的怒火喷薄而出，当即全力攻城。

接连攻了几天，外黄城眼看就要攻破，彭越在半夜时分，带了一支人马从北门突然冲出，突围而去。楚军一时没有追上，回过头继续围攻外黄城。

外黄城没有了主帅，哪里还守得住，只好主动打开城门投降了事。

城虽然破了，但项羽心中的怒火没有消，因为又让彭越给跑掉了，他认为是城中百姓帮助彭越拼命抵抗楚军所致，非要拿外黄城里的老百姓撒气泻火不可。

进城后，项羽立即下了一个命令，差不多就是屠城的意思。他命人清点全城，城中百姓凡是十五岁以上的男人，统统拉到外黄城东面坑杀。

项羽杀人要么烹，要么坑，只有这样他才能泄愤。

消息传开，人心惶惶，城内一下子炸开了锅。谁家没有男人啊？大家惊恐万分，哭喊声响彻全城，但谁都想不出解救亲人的办法。

就在这时，有一个少年挺身而出，他要拯救全城百姓。

这个少年是谁呢？

很可惜，史书中没有记载他的姓名。不过，惜墨如金的司马迁却在《史记·项羽本纪》中花了一段文字，对这个无名少年的救人事迹进行了详细描述。

那么，他究竟是怎么救下全城百姓的呢？

要救人，首先必须见到要杀人的霸王项羽，只有说服他撤销杀人命令才行，否则几乎不可能。

这天，少年精心打扮一番后，去见项羽。当他来到楚军军营门口时，被楚兵给拦了下来。楚兵问他小孩子，擅闯军营，什么来历。少年心里有点紧张，但表现得很镇定，只听他从容答道："我父亲是县令的舍人，我今年十三岁了，有重要的事情向项王禀报，烦请通报一声！"

楚兵看少年口齿伶俐，出口不凡，想必真有重要事情，便通报给了项羽。项羽听说有一不凡少年要见他，很好奇，同意接见。

少年进来后，表现得从容淡定，落落大方，而且还效仿大人的模样向项羽施礼。礼毕，站立一旁，像个小大人一样。

项羽见少年面白唇红，眉清目秀，举止得体，很是喜爱，不由得走上前伸手摸了摸少年的头，和蔼可亲地问道："你小小年纪，竟然敢只身来见寡人，不害怕吗？"

那少年稍微想了一下答道："大王是父母官，小人是大王的子民，哪有父母官不爱子民的呢？所以小人不怕！"

这句话说得相当有水平，把项羽推到了道德的制高点，让项羽有火发不出，为后面的劝说埋下了伏笔。

项羽不禁心中一动，面带喜色，说道："小伙子啊，你究竟有什么事要给寡人讲啊？说来听听。"

少年被项羽这么一问，趁机说道："外黄百姓都久仰大王的贤德，只是因为受了彭越的欺压，敢怒而不敢言，暂时投降了他。实际上，大家天天盼望着大王回来拯救他们，他们的心都向着大王啊！现在大王终于驾临，赶跑了彭越，百姓们都对大王感恩戴德，可是哪里想到，大王刚进城，城里却传说大王要把十五岁以上的壮丁全都活埋。小人以为，大王德同尧舜，威过汤武，英明神勇，绝对不会做出这样的事。如果活埋了全城壮丁，只会给大王带来坏名声，而不会有任何好处。所以小人斗胆进言，请大王发布一条澄清这个传言的命令，以安定民心！"

项羽那暴脾气，一听这话，火噌一下又冒了上来，厉声说道："彭越逼迫外黄百姓，可能是真的！但寡人已经率兵来了，城内百姓为什么还帮助彭越阻挡寡人呢？寡人就不信，杀了城内几个人，能有什么坏处！如果你能把这事给寡人讲明白，寡人就收回成命，否则连你一块坑杀了！"

项羽也许是有感而发，也许有意吓唬那个少年，我们不得而知，总之不肯收回成命。

面对这种情况，少年要如何才能把项羽说服呢？

81. 顾此失彼

外黄少年劝说项羽收回成命，不要屠杀城内壮丁。项羽大怒，非要让少年把道理给他讲明白，否则将少年一起坑杀。少年非但没有被项羽吓到，反倒一脸正气，又不失机智地说道："大王，彭越占据外黄，手握重兵，而外黄百姓手无寸铁，怎么去反抗？彭越听说大王亲征，担心百姓做内应，提前做了周密防范，对各个城门严防死守。百姓有心杀贼，却无能为力啊！彭越知道人心不服，无法坚守，才半夜从北门逃出。如果外黄百姓真是帮助彭越守城的话，那么大王至少还要十天半个月才能进城，哪能彭越刚一逃走，就立即开城迎接大王呢？可见，外黄百姓并不是真心帮助彭越和大王作对。大王刚进城，还没来得及摸清情况，就要活埋全城壮丁，老百姓又能有什么办法，只有等死了！但外黄以东还有十多座城池，那里的百姓一旦听说大王坑杀了投降的百姓，肯定会惊恐万分，今后没有人敢再打开城门迎接大王了！投降是死，不投降也是死，那不如拼命抵抗，说不定还有一线生机。到时，即使大王本领再大，攻占这些地方，也要花费很大代价！这难道不是对大王没有好处，只有坏处吗？"

这番道理再明白不过了，正说到项羽的痛处。项羽确实担心老百姓都与他为敌，何况他和曹咎约定好十五日后一定返回成皋，如果在这里耽搁时间，成皋失守，就得不偿失了。于是，项羽打消了坑杀外黄百姓的念头，笑着说道："好孩子啊，你放心吧！寡人就算有一肚子的火，见了你这么聪明伶俐的孩子，火也消了。寡人这就下令，赦免城内百姓！"

少年看说动了项羽，非常高兴，孩子天真般的笑容洋溢在脸上，连忙跪倒拜谢。临走时，项羽还让人给了他一些赏金。

随后，项羽果真下达了赦免城中百姓的军令。外黄百姓闻听，奔走相告，开始还以为是项羽大发慈悲，后来得知是一个少年说服了项羽，都啧啧称奇。

从此，外黄少年的故事就流传了下来，并被司马迁详细记录到了《史记》中。

赦免了外黄百姓，项羽乘胜继续向东平定其他城池。听说外黄城投降免于屠城，后面的城池也就相继开城投降。

彭越看大事不好，一溜烟逃到谷城，躲了起来。就这样，项羽顺利解决了最后一座城池睢阳。

虽然很顺利，但这一路下来，也差不多快半个月了。当时恰好秋去冬来，前面说过，按照当时历法，十月为岁首，正好也该过年了。项羽认为自己节节胜利，一时太平无事，干脆在睢阳城住下来过年，准备到年后再返回成皋讨伐刘邦。

这天，文武大臣都来到项羽的行宫，庆祝新年到来，大家有说有笑，开怀畅饮，好不开心。

忽然，有人进来报告说，成皋失守了，大司马曹咎阵亡。项羽闻讯，大吃一惊，手中的酒杯险些脱落，怒吼道："寡人不是让曹咎坚守不战吗？怎么会失守呢？"

来报告的人吓得浑身发抖，哆哆嗦嗦地回答道："曹将军违令出战，被汉军围在汜水边，兵败自尽身亡。"

"司马欣呢？"项羽从座位上倏地站起来，跺着脚问道。

"司马将军也殉难了！"那人带着哭腔回答道。

成皋是至关重要的战略要地，项羽花费了一年多的时间才好不容易拿下。现在倒好，刚占领一个多月，屁股都没坐热，又被刘邦夺去了，他能不心痛吗？酒也不喝了，年也不过了，项羽当即下令挥师西进，向成皋进发。

那么，刘邦究竟是怎么夺回成皋的呢？整个过程还是非常有意思的，我们不妨回过头详细述说一番。

前面说过，为了疏通粮道，项羽亲自率兵向东回到后方，讨伐彭越。这期间，他留下两个人负责据守成皋，一个是曹咎，一个是司马欣。

这两个人都曾有恩于项羽家族。项羽生性多疑，对谁都不放心，只重用他们老项家的人或者有恩于他们老项家的人。

其实，有生活阅历的人应该都知道，这两种人最不可靠。他们仗着与老大关系不一般，往往会做出越权或违规的事。一旦捅出了娄子，老大又不忍心或不好意思处理他们，这就形成了恶性循环，对组织发展很不利。

这次项羽任命曹咎为主将据守成皋，还多留了个心眼，他担心曹咎不卖力，临走的时候特意加封曹咎为海春侯，另外又派司马欣辅佐，时刻提醒曹咎。平心而论，如此安排还是比较周到的。

一切安排妥当，项羽就率兵走了。他这边刚走，刘邦立即兵临成皋城下。曹咎开始还能沉住气，无论汉军怎么在城下挑战，他都紧闭城门，坚守不出。

刘邦正要下令强攻，张良和陈平进谏道："大王少安勿躁，强攻不是办法，还是用计比较好！"

刘邦知道这俩小子坏主意多，忙问有什么计策。两人认为曹咎性格暴烈，应该采用激将法诱他出城，然后设伏兵破敌。

于是，刘邦一面派兵去诱骗曹咎出城，一面在城东的汜水两岸设下伏兵，专等曹咎中计前来。

显然，这里最关键的一步，就是要诱骗曹咎出城。那么，如何才能将曹咎诱骗出城呢？

82. 重新夺回成皋城

按照陈平和张良的计策，必须先把曹咎诱骗出城，而项羽已经千叮咛万嘱咐过曹咎，所以无论汉军怎么在城下叫阵，曹咎都不出城迎战。

刘邦那是流氓大亨出身，看曹咎装缩头乌龟，便想出了一个办法刺激曹咎。

什么办法呢？说白了，就是骂阵。一听骂阵，很多人会认为是下三滥的手段，泼妇骂街，算不上高明。但是，这种手段历史上很多人都用过。有的失败了，比如三国时期，在五丈原，诸葛亮骂战司马懿，司马懿却不为所动。有的成功了，比如这次刘邦骂阵。

这种手段能否奏效取决于两方面：一方面是被骂之人的性格特点。像司马懿这种老谋深算，有战略定力的，一般很难奏效。另一方面是骂人者的水平。像诸葛亮这种人，骂人的水平应该是很有限的，毕竟他是文人。

刘邦与诸葛亮不同，流氓出身，他手下那帮将士都得其真传，在城下破口大骂，声声不堪入耳。守城将士听得火冒三丈，纷纷向曹咎请战。

曹咎与司马懿更不同，他性格暴烈，受不得委屈，仗着是项羽家族的恩人，也想开城厮杀。这时，司马欣在旁边提醒道："将军不要忘记了项王临行之前的嘱托，万一中了汉军的诱敌之计，后悔莫及啊！"

曹咎用拳头狠狠砸了一下桌子，只得强压怒火，仍然下令坚守不战。汉兵骂了一天，见城中没有动静，只得撤回大营。

第二天，汉兵一大早又跑到城下叫骂，而且人数更多，指名道姓专骂曹咎。曹咎气得七窍生烟，坐卧不宁。

中午时分，汉兵骂累了，索性解衣松带，席地而坐，取出干粮，当着城上楚兵的面，饱餐一顿，大有不把楚兵放在眼里的意思。待精神恢复，汉兵起身再骂，直到傍晚才回营休息。

这样连续骂了三四天，汉兵骂人的花样不断翻新，最后干脆图文并茂，骂得有声有色。

怎么有声有色呢？

刘邦让汉兵每人手持白布，上面写着曹咎家人的姓名，下面画着猪啊狗啊等畜生，惟妙惟肖，描摹曹咎家人的各种丑态。同时，派嗓门超大的汉兵满嘴污言秽语地进行讲解演示，肆意嘲讽曹咎，句句刻骨铭心。

曹咎登上城墙观望，看到这番景象，一口鲜血差点喷出来。

再看汉兵，有的站着，有的躺着，有的跳，有的舞，手中的兵器不时地猛戳地面，搞得尘土飞扬，好像在戳曹咎家人似的。

曹咎实在忍无可忍，大喝一声，召集兵马杀出城来。副将司马欣来不及劝阻，也只好随着曹咎奔出城外。

汉兵佯装猝不及防，纷纷丢盔弃甲，夺路而逃，逃向汜水方向。曹咎还以为自己英明，打了汉军一个措手不及，下令乘胜追击。临近汜水时，眼见汉兵凫水向对岸逃去，暗自好笑道："游泳谁不会啊？老子的兵都是南方兵，最擅长这个！"

于是，催动人马，下水追杀，也来不及想想是否可能会中埋伏。才渡河一半，忽听一声锣响，两岸伏兵四起。

对岸是樊哙领兵阻击，后边是靳歙（xī）驱兵冲杀。岸上楚军被这突如其来的冲杀，搞得混乱不堪，纷纷抱头鼠窜。

曹咎这才意识到中计了，他身在水中，慌忙下令撤退，哪里还来得及啊，只见两岸箭如飞蝗，大部分将士被射杀。当他跃马登岸和司马欣合兵一处时，身边所剩兵马已经为数不多，又被汉兵团团围住。眼见突围不成，曹咎仰天大叫道："可叹我曹咎，悔不听项王之言啊！"

说完，拔出宝剑自刎身亡。

曹咎自杀了，司马欣深知，无论刘邦还是项羽都不可能轻易饶恕他，于是举剑自刺，断喉毙命。

随即，刘邦挥军直扑成皋城下。

听说成皋的两位守将都自杀了，城中百姓打开城门，迎接刘邦进城。

进城后，刘邦照例对城中百姓进行了安抚，将缴获的大量金银财宝拿出来犒赏三军将士。将士们这几天喉咙都快喊哑了，拿到封赏欢欣鼓舞，士气大振。三天后，刘邦命人重新疏通敖仓的运粮通道，以便军粮供应顺畅。

还没等项羽返回，刘邦已经引兵至旁边的广武城，该城位于今河南省荥阳东北的广武山上。在那里，他准备依靠天险设置营地，阻挡项羽西进。

与项羽打仗打久了，刘邦对付项羽越来越灵活，办法也越来越多，不再拘泥于一城一地。

占据了广武城，刘邦以逸待劳，专等项羽来战，心里坦然很多。此时，他开始关心韩信那边的战况。

韩信那边又是怎样呢？

前面说到，在修武大营，刘邦夺了韩信的军队，让韩信重新招募兵马进攻齐国。刘邦手下的谋士郦食其却认为齐国可以说服，无须韩信强攻，他还自告奋勇前去做说客。

考虑到韩信恢复兵力不是短时间内能完成的，刘邦欣然同意。一文一武两手准备，无论谁得手，对刘邦来说都是胜利。

当时的齐王名叫田广，是田荣的儿子，由田荣的弟弟田横拥立，田横则做齐相辅佐。

前面说过，田荣战死后，田横和田广叔侄被项羽围困在城阳很久，幸亏彭城之战让项羽意识到自己真正的敌人并不是齐王，而是野心勃勃的汉王刘邦。于是，他将围攻城阳的军队全部调回来，专心对付汉军。

从那时起，齐国得到了喘息机会，都城从城阳重新迁回了故都临淄城。

楚汉战争一打就是两年，其间，齐国总算过上了太平日子。

最近，齐王田广和齐相田横听说能征惯战的韩信正在募兵准备前来讨伐，一下子又紧张了起来，赶快派族人田解和部将华无伤率兵到历下一带严阵以待。历下也就是今山东省济南市历下区。

这时，郦食其奉刘邦之命来到齐国。

齐王田广对韩信心存忌惮，出于自保，接见了郦食其，想了解刘邦究竟做何打算。两下相见，互相问候之后，郦食其开门见山对齐王田广说道："如今楚汉相争已有两年，大王认为谁会胜出，这天下最后会归属何人呢？"

齐王田广有心不示弱，没好气地回答道："这种事谁说得准啊？无法预测！"

郦食其碰了一个软钉子，并不以为意，捻着胡须，故作高深地说道："这种事，老朽劝大王还是搞清楚为好啊！大王只有知道了这天下将来会归属于谁，齐国才有可能得以保全，否则齐国离危险就不远了！"

　　说齐国有危险，齐王田广不好再端架子了，好奇地问道："哦，看来郦老先生知道这天下将来会归谁喽，那你给寡人说说看！"

　　郦食其斩钉截铁地回答道："肯定归属汉王刘邦！"

　　齐王田广有点不服气，心想刘邦最近被项羽打得到处乱窜，你还好意思跑到我这里胡说八道，哼了一声问道："是吗，何以见得啊？"

　　显然，齐王田广不相信，那么，郦食其怎么才能说服他呢?

83. 说服齐王归顺

　　郦食其对齐王田广说，将来这天下要归属汉王刘邦。田广不以为然，他让郦食其说出道理来。郦食其分析道："大王应该知道，当年汉王刘邦和楚王项羽奉义帝之命，分兵向西进军，攻打关中，当时说得明白，'先入咸阳者王之'。众所周知，汉王刘邦先攻入了咸阳，但是项羽背弃盟约，不让汉王在关中称王，把他谪迁到汉中为王，这就是背信弃义！后来，项羽竟然还逼着义帝迁移到偏僻的郴州居住，然后又派人暗杀了义帝，这就是大逆不道！既背信弃义，又大逆不道，汉王对项羽忍无可忍，这才还定三秦，兵出函谷关，召集诸侯军队，替义帝报仇雪恨！"

　　俗话说："凡事有因果，万物有轮回。"显然，郦食其这段说辞是在带着齐王田广回顾过去，为现在天下大乱的局面寻找根源。郦食其把责任全推给了项羽，说他背信弃义、大逆不道，才会如此。

　　田氏家族深受项羽所害，齐王田广听到这里，不由得点了点头。郦食其继续说道："汉王为人大气，攻城略地，只要成功了，就会封给有功将领；缴获了金银财宝，也会拿来犒赏大家。这说明，汉王是一位能和天下人同得其利的人，所以天下英雄豪杰无不愿意归顺于他。如今，天下军队从四面八方陆续过来支援汉王，蜀汉粮草源源不断输送到前线，毫不夸张地说，汉王是要人有人，要粮有粮！"

郦食其这段话主要是褒扬刘邦，称赞他懂得分享，因此人心所向，势力越来越强。但齐王田广不一定这样认为，他翻眼看了郦食其一下，没有吭声，那意思好像在说郦食其吹牛，项羽可不是吃干饭的。

郦食其连续咳嗽几声，接着说道："大王可能认为老朽言过其实了，那我们再看看项羽是一个什么样的人。他既有背弃盟约的恶名，又有杀死义帝的不义之举，天下人都恨不得得而诛之。项羽这个人小肚鸡肠，他对别人的功劳向来漠视，对别人的过失却牢记在心。项羽为人还非常小气，将士们打了胜仗很少给予奖赏，攻下城池再多也不愿意搞分封。项羽喜欢任人唯亲，不是他们项氏家族的人甭想得到提拔重用；对于有大功的人，即便刻好了侯印，他宁愿在手中反复把玩，摸平棱角，也不愿意授予人家；如果攻城得到财物，宁可堆积如山，也不肯赏赐给大家。这样的人，谁会跟着他打天下？所以天下人都逐渐背叛了他，没有人愿意再为他效力！"

项羽的这些缺点估计天下皆知了，无论是韩信，还是陈平，都不止一次说过。齐王田广肯定也有所耳闻，于是点头表示认可。郦食其还没完，又说道："反观汉王手下，能人志士众多，由这些人辅佐，汉王率军顺利平定了三秦，占领了关外大片领土。特别是大将军韩信，奉汉王之命活捉魏王豹，一举吞并了魏国三十二座城池，接着井陉之战，杀死陈馀，灭了赵国。这就像传说中蚩尤的军队一样，战无不胜，攻无不克，非人力所为，而是上天保佑的结果！目前，汉王已经控制了天下粮仓敖仓，占据了成皋附近的险要地段，守住了黄河白马渡口，截断了太行山上的重要通道，扼守住了蜚狐关口。天下诸侯，谁如果想最后归顺，谁就会先被灭掉。大王若是尽快与汉王联合，那么齐国社稷还能够保全下来，否则，危险将至啊！"

郦食其这段话主要是运用案例分析，来证明刘邦确实如有神助，同时炫耀武力，搞威胁，威胁齐王田广如果再犹豫不决，齐国随时可能被灭。

齐王田广毕竟年轻，经不起郦食其软硬兼施，不由得露怯，但他多少还是有些顾虑，便笑着问道："寡人如果按照先生的意见归顺汉王，你能保证汉军就一定不会打过来吗？"

郦食其看齐王田广动心了，马上拍着胸脯承诺道："请大王放心，老朽本次过来是奉汉王之命，并非个人行为。汉王正是因为不想与齐国大动干戈，才派老朽过来，如果大王能够诚心归汉，汉王肯定会下令让韩信停止进攻齐国！"

听郦食其这么承诺，齐王田广大喜，正要答应归顺，他的叔叔齐相田横在旁边突然插话道："郦老先生，并非我们信不过您，韩信征战在外，恐怕不一定能与您协同一致啊！麻烦先生最好修书一封，让韩将军也表个态，这样才比较稳妥！"

常言说："姜老辣，人老滑！"不用说，年长一些的田横考虑问题还是更加周全一些。

郦食其心想这有何难，当即索要笔墨纸砚，给韩信写了一封书信。书信内容大概就是说，自己奉汉王刘邦之命，已经说服齐王归顺，不劳你韩信率兵亲征了。

齐王田广和齐相田横看后非常满意，马上派使者带着这封书信去见韩信。韩信此时刚刚在赵地招募好兵马，正准备率兵进攻齐国，接到郦食其的书信，展开一看，才知道齐国已经被郦食其说服归顺了，当时心里也很高兴。

再擅长打仗的将领，也不愿意天天打仗啊，万一有个闪失，一世英名全报废了，况且齐国是个难啃的硬骨头，当年战神项羽就在那里栽了跟头，所以韩信高兴地对齐使说道："好啊，齐国愿意归顺，那就是一家人了，真是求之不得啊，本将军挥师南下直接去打楚国喽！"

于是，欣然回了一封书信，表明了自己的态度。

齐使拿着这封书信，如获至宝，跑回来复命。

收到韩信的回书，郦食其、齐王田广和齐相田横互相传阅，拍手称快，心中那点疑虑彻底打消。

既然韩信明确表态不再进攻齐国了，那也就没必要让军队紧绷着了，于是齐王田广传令历下驻军，降低战备等级。

这样一来，郦食其也就成了齐汉两国的大功臣，好不风光。作为功臣，他被齐王留下来盛情款待，好酒好菜管着。郦食其是出了名的"高阳酒徒"，又有人把他当神供着，于是在齐国流连忘返。

某种程度上，正是因为喜欢喝酒，郦食其才得到刘邦的特别赏识，因为他们都有喝老酒的共同爱好。这个爱好给郦食其带来机遇的同时，也带来了灾难，甚至把郦食其的老命都给搭了进去。

这是为什么呢？

84. 背信弃义害死郦食其

郦食其说服齐国归顺，成了齐汉两国的大功臣。作为功臣，他被齐王留下来盛情款待，好酒好菜管着。郦食其不愧为"高阳酒徒"，今天喝，明天喝，一连喝了几天，也不说要走的事，结果最后把自己的老命给搭进去了。

这是为什么呢？

原来韩信竟然发兵对齐国搞了突然袭击！不是说好的，不进攻齐国了吗？韩信为什么会变卦呢？

这与韩信手下的一个谋士有关。

关于这个谋士，前面我们有说到过，史书上称他为蒯（kuǎi）通，实际原名叫蒯彻。

蒯彻怎么又叫蒯通了呢？

前面说过，主要是因为司马迁写《史记》那会儿是汉武帝时期，汉武帝的名字叫刘彻。为了避汉武帝的名讳，司马迁自作主张给蒯彻改了名字。

这个蒯彻，大家还记得我们在哪里说到过吗？

陈胜吴广起义那会儿，陈胜派武臣平定赵地，在进攻范阳城的时候，就是蒯彻帮助武臣说服了范阳令，从而顺利拿下赵地。

武臣死后，蒯彻曲曲折折，又投到了韩信帐下。

他听说韩信放弃攻打齐国，要与刘邦会师一起攻打楚国，认为韩信坐失良机，实在太可惜了，就跳出来阻止道："将军，千万不能退兵啊，现在我们必须全力以赴攻打齐国！"

韩信知道蒯彻这老头子不是一般人，很有战略眼光，虚心问道："齐国已经归顺，理应会师汉王，有什么不妥吗？"

蒯彻好像有点着急地回答道："将军三思啊！将军是奉汉王之命前来攻打齐国，又是招兵买马，又是日夜谋划，费尽心机，好不容易才准备好，现在怎么能因为郦食其说服齐王就不打了呢？万一齐国反悔了呢？到那时再打就晚了！何况，汉王也没下令让将军停止进攻齐国啊，只是郦食其个人书信一封而已，以后出了问题，汉王追究起来，算谁的责任？再说，郦食其不过一介书生而已，却能凭借三寸不烂之舌，拿下齐国七十余座城池，可将军为将多年，转战各地，才不过平定赵国五十余座城池，这差距是不是有点大啊？将来功劳算谁的？属下为将军未来打算，不如趁齐国现在放松战备，来个突然袭击，长驱直入，扫平齐地，这样一来，功绩必定无疑全归将军了！"

蒯彻从三个方面阐述了韩信必须打齐国的原因：第一，齐国有可能反悔，一旦反悔后果不堪设想，这个是大局；第二，刘邦没有下达停战令，万一出了问题，责任不清，这个是职责；第三，齐国即便真心归顺，功劳也是郦食其的，与他韩信无关，这个就是私心了。

从大局，到职责，再到个人私心，让韩信不得不冷静下来重新审视之前的承诺。他沉吟良久，才略显为难地对蒯彻说道："先生说得非常有道理啊！不过，郦食其还在齐国，我若此时趁虚进攻的话，非害死他不可，这事恐怕使不得啊！"

不管韩信是否真心为郦食其的安危考虑，从这里可以看出，韩信应该是一个比较犹豫的人。

蒯彻可能也看出了韩信的犹豫，呵呵冷笑道："将军不愿意辜负郦食其，只是郦食其早已辜负将军了！如果不是郦食其想独霸功劳，为什么汉王已经派将军伐齐了，他还要私下里请求去说服齐国呢？他考虑过将军的感受吗？肯定是他蛊惑了汉王！"

蒯彻这样说，明明是强词夺理，估计更多的是给韩信台阶下，让他下定决心。

果然，韩信勃然而起，当即乘夜幕掩护，率兵偷袭历下。

在历下驻守的齐将田解和华无伤，刚接到齐王田广命令，降低了战备等级，一下子就被打得七零八落，四处逃散。韩信率兵追击，斩杀了田解，活捉了华无伤，一路杀到齐都临淄城下。

齐王田广听说韩信率兵杀到，大为光火，认定是郦食其要弄了自己。

郦食其这几天纸醉金迷，喝得好不快活。齐兵把他揪出来，押送到齐王田广面前。田广厉声责问道："好你个老家伙，心怀鬼胎，蒙骗寡人撤掉边防，竟然暗中让韩信偷袭，你真行啊！你怎么解释！"

郦食其暗暗叫苦，但他个性很倔，坦然说道："韩信背信弃义，不但出卖了我，而且还欺君罔上，事已至此，我也无话可说，悉听尊便！"

齐王田广叹了一口气，恶狠狠地说道："如果先生现在能让韩信退兵的话，一切好说，如若不然，哼哼……别怪寡人翻脸无情，非烹杀了你不可！"

只见郦食其一挺胸，头一仰，说了一句流传千古的话："举大事不细谨，盛德不辞让。而公不为若更言！"大意是说："干大事的人不会拘泥小节，有大德的人也不怕别人责备。老子不会替你再去游说韩信了！"

齐王田广看郦食其摆出一副死猪不怕开水烫的架势，一怒之下，真的把郦食其给烹杀了。

后人对郦食其的评价，贬多褒少，主要是因为他为人太狂。

事实上，郦食其是一个具有鲜明个性、颇有才干的人。他不仅富于谋略，而且敢作敢为，勇于冒险，为刘邦出谋划策，游说四方，以非凡的政治远见和卓越的军事见解，为汉朝的建立做出了无可替代的贡献，但他的名字并不为后人所熟知。

为什么？

因为在汉朝的开国谋士中，郦食其稳健不如萧何，战略眼光不如张良，机智不如陈平。但他纵酒使气，疏阔狂放，跟刘邦很投缘，很可能是刘邦最喜欢的一个谋士。所以郦食其的死，让刘邦对韩信耿耿于怀，在心中默默记了一笔账，这账迟早要算，只是现在还要指望韩信平定齐国，夺取天下，他只有忍了！

那么，韩信能顺利拿下齐国吗？

85. 没有永远的朋友，只有永远的利益

郦食其被齐王烹杀了，齐汉双方的和谈也就彻底破裂。韩信便毫无顾忌地大举进攻齐国都城临淄。

面对韩信的猛烈进攻，齐国上下无心应战，君臣先后从城东门突围而去。

齐王田广带兵逃到了高密，也就是今山东省潍坊市高密市；齐相田横

带兵逃到了博阳，也就是今天山东省泰安市；齐将田光带兵逃到了城阳，也就是今山东省即墨西南；齐将田既带兵逃到了胶东，也就是今山东平度东南。至此，齐国分崩离析，全面崩溃。

韩信顺利占领都城临淄后，兵分两路继续追击。一路由灌婴率领骑兵，追击齐相田横。在博阳城外，灌婴击败了田横的骑兵部队，田横不得已败走赢下，也就是今山东莱芜地区。另一路由曹参率兵攻取济北郡。

西方有一句著名的名言："没有永远的朋友，只有永远的利益。"这句名言特别适用于当时的政治局势，尤其是国与国之间，为了利益，敌人和朋友会相互转化。

齐国和楚国的关系就是如此。面对韩信的步步紧逼，齐王田广只好向昔日的敌人项羽求救。项羽现在的处境也不太妙，刚刚打跑彭越收复梁地十七座城，但好不容易占领的成皋城，又被刘邦要诡计夺走了。

当收到齐王田广的求救，又听说韩信把齐国灭掉后就要南下与刘邦合围楚国，项羽也顾不上过去的仇恨了，立刻任命龙且为主将，周兰为副将，率军前去救援。

龙且那边刚走，项羽这边就任命钟离眜为前锋，准备攻取成皋。刘邦闻讯，忙派兵前去阻击。在荥阳城东面，楚汉两军遭遇。钟离眜寡不敌众，被汉军团团围住。在千钧一发之际，项羽率军赶到，他一声呐喊，杀进包围圈。汉军看到战神项羽来了，吓得屁滚尿流，慌忙撤退。

救出钟离眜后，项羽驱兵追汉军至广武山边。

广武山以前叫三皇山，后来叫敖山，当地人称邙山，位于今河南省荥阳市黄河南岸。广武山上有一条由西南向东北的巨壑，历史上称为"广武涧"，俗称"鸿沟"。中国象棋盘上的楚河汉界，即指此沟。

刘邦趁项羽东归攻打彭越时，出兵夺取成皋后，便屯兵鸿沟的西边，目的就是凭借天险阻挡项羽西进。项羽率兵到此，在鸿沟的东边安营扎寨，和汉军隔涧对垒。

隔条沟，这仗还怎么打？

双方只有各自驻守。这就是要拼消耗，拼后勤补给。

汉军有敖仓，往来运输粮草，确保了军中粮食供应。而楚军没有，又远离大本营，只好坐吃山空。

两军相持数月，楚军粮草越来越少，军心涣散。为此，项羽忧心忡忡，冥思苦想速战速决的办法。这天，还真让他想到了一个办法。

什么办法呢？

他想到了刘邦的老爸刘太公。

前面说过，彭城一战，刘邦的老爸刘太公和老婆吕雉被项羽抓走作为人质。至今，两人已被关押在楚军大营两年多，还没发挥过人质的作用。

项羽天真地认为，现在正好可以用刘太公要挟刘邦就范。于是，他派人做了一张高腿案板，放在鸿沟旁边，把刘邦的老爸刘太公搁置在上面。

这是不是有点像杀猪啊？

为人父母真不容易啊！刘太公那么大年纪了，还为儿子遭受活罪。这样看来，刘邦为他的帝王事业付出也够大的，不是一般人认为的轻松侥幸成功。

一切准备就绪，项羽骑马来到鸿沟旁，向对面大声呼喊道："刘季听着，你如果再不投降，我立刻烹了你老爹！"

项羽那嗓门多大啊，整个山谷都回荡着他的声音。汉兵都听得清清楚楚，赶快报告给刘邦。

刘邦也是个大孝子，闻报大惊失色，忙问左右道："哎呀……为之奈何？"

张良在旁边抚慰道："大王，别着急！这正说明项羽已经无计可施了，才用下三滥的计策来诱骗大王，大王断然回绝他就可以了！"

刘邦心想，当真不是你老爹，说得多轻松啊。便向张良责问道："这怎么能行呢？项羽这小子可是杀人不眨眼啊！如果他真把寡人的父亲给烹了，让寡人以后怎么做人啊？"

张良沉吟片刻说道："大王放心，现在楚军里面，除项羽外，有一个人权力最大，他或许会阻止项羽的冲动行为。"

刘邦疑惑地问道："哦，是谁啊？"

张良低声回答道："是项伯啊！大王忘记了吗？他不是和大王结成儿女亲家了吗？这个时候他不会坐视不管的！"

刘邦眼睛一亮，面露喜色，认为有道理，虽然有点冒险，但也只有如此了。于是，一咬牙一跺脚，派人给项羽传过去了一句流传千古的口信："吾与项羽俱北面受命怀王，曰'约为兄弟'，吾翁即若翁，必欲烹而翁，则幸分我一杯羹！"

项羽哪里会想到刘邦能说出如此大逆不道的话，气得浑身哆嗦，当即就要烹掉刘太公。正像张良预测的那样，旁边的项伯站了出来，他上前阻止道："天下事未可知啊！再说，要夺天下的人是不会顾及家庭的，即使杀了刘季的父亲也不会有多大用，只会徒增恶名罢了！"

项羽闻听，顿时愣住了，若有所思。他调整了一下情绪，听从了项伯的话，命人将刘太公从案板上拖下，继续软禁。

项伯又一次不动声色地帮助了刘邦，当然更多的是给自己留条后路。

项羽这个损招失效后，实在没辙了，每天唉声叹气。楚军的后勤补给明显跟不上，水陆运输十分艰难，军中年轻人早已厌倦了长期的军旅生活，再僵持下去，不战自乱。思来想去，项羽派人给刘邦传话道："天下战乱好多年了，都是因为我们兄弟啊！我希望跟你单挑，决一雌雄，再也不要让老百姓陪我们白白受苦啦！"

刘邦知道项羽已经黔驴技穷，笑呵呵地回绝道："我宁愿智斗，也不要武斗！"

楚使回报项羽，惹得项羽又是一阵咆哮，但也无可奈何。正所谓："牛犊掉进枯井里，有力使不出啊！"

这天，项羽在营中挑了几十名勇士，命令他们到鸿沟旁边，大声叫骂，向汉军挑战。

那么，刘邦会坐视项羽在那里耍威风吗？他又会怎么应对呢？

86. 十大罪状

项羽和刘邦在鸿沟对峙，由于粮草供应不上，他想尽快结束战事，竟然天真地要求与刘邦单挑。刘邦已经是这么大年纪的人了，怎么可能接他这茬？关键也接不住啊！

项羽按捺不住胸中怒火，在营中挑了几十名勇士，命令他们到鸿沟旁，大声叫骂，向汉军挑战。

汉军中有一个小头目，射箭非常准，来自北方的一个少数民族楼烦。这个民族骁勇善战，精于骑射，后来消失了。

看项羽那么嚣张，怕影响士气，隔着鸿沟，刘邦也不甘示弱，就派这个楼烦人出去应战。这小子的箭法果然不俗，只见他飞身上马，奔向鸿沟旁，开弓搭箭，"嗖"的一声，对面勇士应声而倒。

看到这个情形，可把刘邦给乐坏了，远远地鼓掌助威，将士们也欢呼雀跃。对面楚兵又有几个勇士出来挑战，结果都被这个楼烦人给射死了。

项羽打遍天下无敌手，哪吃过这亏啊？他盛怒之下，亲自披甲持戟，骑着乌骓出营挑战。

那个楼烦人看到项羽骑马出来，正要拉弓射箭。只听项羽面对鸿沟大吼一声，响彻山谷，再加上回音，好似晴天炸雷一般。

楼烦人顿时吓蒙了，他定睛一看，项羽正双目圆睁，凶神恶煞般地盯着自己，不由得身子发抖，手发颤，险些从马上掉下来，慌忙拨马往回跑。见到刘邦，他仍然浑身哆嗦，几乎说不出话来。

刘邦以为他累了，也没怪罪，让他回去好好休息，然后派人上前看看究竟是谁那么大威力，这才知道原来是项羽亲自出马了。

刘邦不禁为之一惊，但是也不能露怯啊，好歹自己也是汉王，露怯多丢脸。于是，他亲自带队来到鸿沟旁。

这时，项羽正在鸿沟边骑着乌骓马，挥舞着画戟，骂骂咧咧，来回游弋。

刘邦和项羽两个人分别在鸿沟东西两边，声音大点，差不多可以勉强互相对话。

看刘邦过来了，项羽收住缰绳，怒吼道："刘季老匹夫，你敢与我单挑三个回合吗？"

刘邦轻轻摸着胡须，坏笑着回应道："项羽你小子不要太逞强，我才不屑于和你这种负罪在身的人动武呢？"

接着，他清了一下嗓子，开始大声历数项羽的罪状："起初，我和你一起受怀王之托，攻打暴秦，怀王当时说得明白，'先入关中者王之'，可是你违背盟约，把我封在蜀汉为王，这就是你的第一条罪状；假托怀王之命，杀死卿子冠军宋义，自封为上将军，这是你的第二条罪状；完成救赵使命，本应当回军向怀王报告，却擅自劫持诸侯，兵入关中，这是你的第三条罪状；怀王曾反复叮嘱，进入关中切记不准烧杀掠夺，可是你公报私仇，不但焚毁秦朝宫室，还盗挖了秦皇陵墓，私藏其中的财物，这是你的第四条罪状；毫无道理地杀死了已经归降的秦王子婴，这是你的第五条罪状；在新安，用诡计坑杀秦兵二十万，却封秦朝的降将为王，这是你的第六条罪状；在关中，仗势乱搞分封，把好地方封给诸侯将领，而迁徙放逐原来的诸侯王，让臣下造反，结果导致君不君臣不臣，这是你的第七条罪状；把义帝赶出彭城，自己则在那里建都，又杀死韩王成，强夺韩地，还兼并了梁地，自私贪婪无度，这是你的第八条罪状；更可恶的是，竟然派人暗杀义帝，这是你的第九条罪状；作为臣子谋杀自己的君主，屠杀已经投降的君王，分封不公，背信弃义，大逆不道，为天下人所不容，这是你的第十条罪状。今天，我率正义之师，联合诸侯，就是要诛灭你这个残暴贼徒！你这样一个十恶不赦的贼徒，不配跟我单挑，让那些受过刑的囚犯击杀你就够了！"

刘邦一口气列举了项羽十大罪状，明显是即兴发挥，前后逻辑有不通的地方。

十大罪状中，刘邦把项羽对自己分封不公，首先提了出来，而把暗杀义帝放在了最后，可见当年鸿门宴对他的心理伤害有多大！

项羽那脑子一时反应不过来，被刘邦批得哑口无言，不由得恼羞成怒，一挥手，一群弓箭手冲了上来，朝刘邦就是一阵乱射。

刘邦正洋洋自得，无论如何没想到项羽这小子也学坏了，竟然搞这么一手，躲闪不及，胸部中了一箭。

实际上，项羽学得还不够坏，没有在箭上下毒，估计事先也没准备来这手，跟刘邦一样，也是即兴而起，临场发挥。

刘邦胸部受伤，疼痛难忍，俯身在马背上，旁边左右护卫赶快冲上去救护。刘邦却摸着脚说道："贼……贼箭，射中了寡人的脚趾！"

我们不得不佩服刘邦的反应速度，天天喝酒，脑子怎么没喝坏呢？用现在的话说，这智商"爆表"啊！那么危急的时刻，他还记得说谎稳定军心。

被人拥着扶进营帐内，刘邦才微微直起腰，解开上衣，展示自己是胸部中箭了。那么，刘邦这次受伤严重吗？会影响军心吗？他又会怎么应对呢？

87. 福无双至，祸不单行

刘邦在鸿沟旁与项羽斗嘴，正说得痛快，结果被项羽暗箭射中胸部。幸好距离隔得远，又有铠甲护身，射入并不深，箭头也没毒，不至于伤及性命。

但刘邦胸部中箭这事，项羽那双重瞳看得千真万确，军中将士也都看得真真切切，不是一句谎话就能轻易蒙混过关的。

项羽回到大营后，第一件事就是派人专门探听刘邦的身体状况，看他是不是被射死了，或者射残废了。其实，汉军将士也非常关心这个问题，虽然刘邦口中喊着射中了脚，但大家心里多少还是有点犯嘀咕。

刘邦卧病在床，专心养病，忽视了这档子事。

这天，张良过来探望刘邦，劝他最好出去溜达一下，目的是安抚军心。刘邦恍然大悟，马上从床上挣扎起来，把胸脯裹好，穿上衣裳，由左右小心扶上车，到营内以慰劳将士的名义，巡视一圈。

在巡视过程中，刘邦再次展现了他出神入化的演技。三军将士看刘邦谈笑自若，安然无恙，总算放下心，继续好好当兵为刘邦打仗。

演技不是靠吹出来的，更不能用替身假摔，必须逼真，否则观众不会买账。

由于太过逼真，刘邦在军营这么巡视一圈，伤势加重，疼痛加剧。所以他没有再回自己营帐，而是干脆直接让人驾车驰入成皋休养。

听说刘邦没死，而且还出来慰劳将士，项羽不免暗自叹息，眼看着军中粮草快要耗尽，难以为继，将士们多有疲态，进退维谷，不由得又焦灼不安起来。

常言说："福无双至，祸不单行。"正在这时，从齐地传来了龙且兵败身亡的消息。项羽闻讯，大惊失色，从座位上倏地一下子站了起来，惊恐地问道："韩信果真这般厉害吗？竟然把寡人的爱将龙且给打败了！他接下来肯定会乘胜而来，与刘季合兵一处，进攻寡人啊！哎呀，这该如何是好啊？"

项羽第一次当众表现出了恐惧。那么大的英雄，那么骄傲的一个人，终于知道害怕了。

这种恐惧并不是后人胡乱揣测的，《史记·高祖本纪》中这样描述：

“项羽闻龙且军破，则恐。”

对项羽的精神状态，用“恐”来形容，这是史书中前所未有的一次。

能让项羽如此恐惧的，显然不是刘邦，而是韩信。那么韩信究竟是如何打败悍将龙且的呢？

前面说过，齐王田广曾向项羽求救。项羽考虑到一旦齐国被韩信完全占领，楚国将腹背受敌，只好摒弃前嫌，委派龙且和周兰带兵二十万前去救援齐国。

龙且接到命令后，立刻率军开赴齐王田广所在的高密城。

听说项羽果真派援军来了，齐王田广欣喜万分，亲自率兵出高密城前去迎接。在潍水东岸，两军相遇。经过商谈，双方决定就地安营扎寨，准备在这里联合阻击韩信。

韩信正向高密城进军，探悉龙且率兵前来救援，知道这是一个劲敌，不禁倒吸一口凉气。于是，他停住前进的步伐，调回正在追击齐相田横的曹参和灌婴两支军队回来支援，待曹参和灌婴归队，方才在潍水西岸驻扎下来。

这天，韩信遥望对岸，只见楚军大营星罗棋布，一眼望不到边，气势逼人。很明显，在兵力上，齐楚联军占有巨大优势。韩信回头对曹参和灌婴说道：“龙且是出了名的悍将，对于这种悍将我们只能智取，不可强攻啊，看本将军怎么用计擒住他！”

曹参和灌婴，早已对韩信佩服得五体投地，连连点头称是。

韩信命令大军后退三里，据险扎寨，按兵不动，表现出有点怯战的样子。这就是骄兵之计！

龙且果然中计，当即就想率兵渡河进击。这时，有人规劝道：“将军，还是当心点啊！汉军远离本国作战，肯定会拼死抵抗，这就是远斗穷战，其势不可当。而齐楚联军在本乡本土作战，士兵恋家，容易逃散。我们不如深沟高垒，坚守不出，以逸待劳。同时，让齐王派人去安抚齐地已经沦陷的城池，这些城池的官吏和百姓知道他们的齐王还活着，楚军又来救援，一定会反叛汉军。汉军不是本地人，从千里之外过来，如果齐地百姓都纷纷起来反抗他们，他们势必得不到粮食供应，到时必然会不战而降！"

这么好的建议，龙且不以为然，反驳道："对于韩信的为人，本将军还是十分了解的。他出身贫贱，穷得叮当响，受过漂母的接济，钻过人家的裤裆，这种人不会有什么大出息，容易对付！况且，本将军奉命援救齐国，如果不战而使韩信投降，那还有什么功劳可言？按照之前约定，若凭武力战胜他，齐国一半土地就可以分封给本将军，为什么不打？"

看看，龙且的这番话多像项羽的口吻。

俗话说："跟着啥人学啥人，跟着巫婆跳大神。"龙且长期跟着刚愎自用的项羽干事，言行和思维模式都差不多了，目空一切，认为武力能解决所有问题。所以，他决定与韩信公开公平对打，这样才对得起他一代悍将的称号。

副将周兰头脑还算比较清醒，他担心龙且轻敌冒进，会导致失败，就上前劝说道："将军，不可轻视韩信啊！这小子自从做了刘邦的大将军，还定三秦，收服魏王豹，灭赵降燕，一路奏凯歌。我听说他足智多谋，神机妙算，不可不防啊，还望将军三思而后行！"

这番话说得有根有据，那么龙且会听周兰的劝告吗？

88. 斩杀龙且，一举荡平齐地

汉军与齐楚联军在潍水两岸对峙，韩信示弱，主动退军几里地，实际上是骄兵之计。龙且果然上当，出现了骄傲轻敌的情绪。副将周兰提醒他不要掉以轻心，他却拍着周兰的肩膀大笑道："周将军多虑了！韩信运气比较好，之前所遇都是碌碌无能之辈，今天碰到我，他就没那么幸运了，定叫他有来无回！"

说完，龙且派使者过河，给韩信下了一封战书。韩信阅完，冷笑一声，在上面写了四个大字："明日决战！"让楚使立即带回。

楚使走后，韩信下了一条奇怪的军令："傍晚前，务必准备一万多条布袋！"

打仗为什么要准备布袋呢？难道要为自己收尸吗？

军中难免有人瞎想，但没人敢问为什么，韩信早已成了军事绝对权威。

那么短时间，从哪里找出那么多布袋呢？

有人想到了运送军粮的布袋，倒出干粮便可使用。所以不到半天时间，一万条布袋全部凑齐。

差不多到了黄昏时分，韩信把部将傅宽叫过来叮嘱道："你率领所部，带着这万余条布袋火速赶往潍水上游，找一处比较窄浅的水面，将布袋装满泥沙沉入其中，阻断流水。明天我军会与楚军交战，待楚军渡河时，我会让人发出信号炮，收到信号，速速将沙袋扒开，疏通水道，让水流下，我要水淹楚军！"

傅宽知名度不高，但战功显赫，是刘邦当皇帝后最早确定的十八侯之一，功劳排行居西汉开国功臣第十位。

傅宽领会了韩信的真实用意，心中暗暗称奇，马上率兵依计行事。

韩信又把诸将召来开战前军事会议，会上他异常严肃地命令道："明日交战，大家以红旗为号，红旗竖起之时，要全力出击，击杀龙且和周兰，不得有误！"

众将精神饱满，齐声响应。

第二天一早，韩信命曹参和灌婴带领所部留守在潍水西岸，分别藏在隐蔽之处，他则亲自率领一半的军队渡过潍水。

本来潍水又深又宽，由于被傅宽半夜率兵用布袋堵住上游，水位陡然变浅了，蹚着水就能过去。

到了河对岸，在楚军大营前面，汉军摆开阵势，做出一副要与楚军决战的样子，大声骂阵。

龙且本以为韩信说"明日开战"是应付自己呢，没想到一大早竟然打上门了。他那暴脾气，是项羽调教出来的，哪里受得了这个，当即飞身上马，率兵出来迎战。两军阵前，龙且大声叱责韩信道："韩信小儿，你原本是楚将，项王待你不薄，你竟然背楚降汉，今日天兵到此，赶快下马投降，否则老子非劈了你不可！"

韩信笑呵呵地答道："龙且匹夫，休得放肆猖狂！项羽大逆不道，背约弑君，天下人无不想诛之而后快，跟着这种人混，就是助纣为虐，今天你的死期到了！"

听韩信如此应对，龙且大怒，也不废话了，挥刀直取韩信。韩信肯定不会接招了，钻裤裆换来的命，他把自己的命看得多金贵啊，最重要的是他自知不是龙且的对手，忙拨马回归本队。后面的武将一窝蜂上来挡住了龙且。

龙且是一员悍将，毫无畏惧，和一群人打斗在一起。副将周兰担心龙且吃亏，一挥手全军杀将过来。

两军激战了好一阵，汉军才佯装不敌，鸣金收兵，向潍水方向退却。龙且以为韩信真的败退了，非常得意地说道："哈哈，果不出本将军所料，韩信就是一个贪生怕死的鼠辈，给我追，今天非活捉了他不可！"

说着，他一马当先率兵奋起直追，副将周兰紧跟其后。

汉军到达潍水岸边后，并不做停留，直接渡河而去。龙且正杀得兴起，看汉军安然无恙渡河，做梦也想不到里面会有猫腻，也骑着马率兵蹚水，追了过去。

副将周兰突然感觉哪里不对头，有心上前去拦阻，可龙且动作实在太麻利了，一转眼已经到了河中央，他只好在后面边喊边跟随。

不大一会儿，龙且和周兰带领约两千多骑兵先行上了河西岸。后面的楚军，有的还在河中，有的还在河东岸。

这个时候，传来一声巨响，是韩信向潍水上游傅宽那里，发出的放水信号。

收到放水信号，傅宽命人迅速扒开拦水沙袋，集聚了一夜的河水如猛兽一般奔腾而下，下游水位陡涨，就像钱塘江大潮一样，突如其来，深不可测。

还在河中行进的楚兵大多被河水冲倒淹死，河东岸的楚军"望河兴叹"，傻傻地观望，只能望河兴叹，下面的战事基本和他们没关系了。

龙且和周兰虽然过了河，但只有两千多人马，能顶什么用？

看计策差不多得逞，韩信命人高高竖起红旗，突然杀了一个回马枪。曹参和灌婴看到红旗，率兵从两边隐蔽处杀将出来。三面夹击，龙且的那点骑兵很快被完全淹没了。

龙且再英勇强悍，也无济于事，最后战死沙场，副将周兰被汉军生擒活拿。

眼睁睁地看着自己的主帅和战友被敌人砍杀，自己却无能为力，河东岸的楚军不寒而栗。齐王田广被眼前突如其来的一幕吓得如惊弓之鸟，赶快率领齐楚联军仓皇逃跑。齐王田广一口气逃到高密附近，本想进城，却发现背后汉军苦苦紧追，他知道高密肯定守不住了，便往城阳方向逃去。

前面说过，城阳由齐将田光驻守。

但还没到城阳，汉军已经追了上来，齐楚联军无心再战，大部投降。齐王田广被汉军七手八脚拖下马，绑到了韩信那里。

韩信因为他下手太狠，烹杀了郦食其，当即下令把他推出去斩首。然后顺势把城阳也攻了下来，活捉了齐将田光。

在城阳，韩信派出两支人马去平定齐国残余势力：一支由灌婴率领，去攻打赢下，继续追击齐相田横；一支由曹参率领，去攻打胶东，因为齐将田既逃到了那里。

田横听说侄子齐王田广已经被韩信杀死，索性自立为齐王，但一仗下来，被灌婴打得落花流水，只带了几十名骑兵逃往梁地，投靠了彭越。

大家可能会奇怪，怎么会投靠彭越呢？彭越不是刘邦的人吗？

其实，彭越和齐国田氏家族还是有点渊源的。

前面说过，当年田横的哥哥齐王田荣对抗项羽的时候，彭越做过齐国的大将军，虽然是形式上的，但那也是有交情的。所以这个时候，彭越暗中保护已无反抗能力的田横，也在情理之中。关于田横，以后我们还会详细说到。

再说曹参那边，也非常顺利，一举荡平胶东，斩杀了守将田既。

之后，韩信又命灌婴追击另外一名齐将田吸。在千乘县，也就是今山东省高青县唐坊镇境内，齐将田吸被灌婴斩杀。

至此，也就是汉四年十一月，韩信将齐地全部平定。

平定齐地后，韩信势力空前强大，对自己的地位就不满足了，那么他会怎么做呢？

89. 都来争取韩信

韩信平定齐地后，势力空前强大。有了势力，他对自己的地位就不太满足了，想弄个齐王头衔。

其实，这也是人之常情，无可厚非，每个人都会如此，谁会安于现状啊？都想"芝麻开花节节高"！

韩信受过那么多屈辱，吃过那么多苦，为了什么？不就是为了能够实现拜将封侯的人生理想吗？

但有时候，理想要顺势而为、巧妙而为才好，勉强行事，到头来可能会鸡飞蛋打。

此时，韩信兵强马壮，考虑不了那么多了，他早已按捺不住那颗称王之心，一激动便派人向刘邦上书道："齐伪诈多变，反复之国也，南边楚，不为假王以镇之，其势不定。愿为假王便。"

所谓齐假王，也就是代理齐王的意思。

很多人认为韩信想做齐王，还找个冠冕堂皇的理由做假王，有点矫情。然而，如果换个角度来看，恰恰说明韩信是个讲交情，拉不下脸的人。试想，换成是刘邦或项羽的话会怎么做？有那么强大的势力，估计早就翻脸不认人了。

类似韩信这样的人，能力一般都不是大问题，最大的问题是脸皮薄、心太软。他们遇事往往狠不下心，做点稍微过分的事，总是找这样或那样牵强附会的借口，才会心安理得，换成别人早就不耐烦了。

常言说："人心不狠，江山不稳。"刘邦对韩信的性格弱点应该看得非常透彻，他一直在利用韩信的心软，又打又哄，想办法满足韩信那点虚荣心。但是收到韩信的这封书信，刘邦还是气得够呛。

前面说过，刘邦受了箭伤，在成皋养病，痊愈后又在栎阳住了几天，刚回到广武前线，正巧韩信派人带着书信过来。展开书信一看，刘邦不禁勃然大怒，脱口骂道："老子困守在这里，日夜盼着他前来助战，他却想自立为王！"

韩信派来的人还在那里跪着，刘邦竟然口无遮拦大骂韩信，明显是失态。站在两边的"心灵导师"张良和陈平，赶快暗中轻轻踢了一下刘邦的脚。

刘邦多机灵啊，马上意识到自己言语不当，顺手把书信展示给张良和陈平看了一眼。两人看罢，凑近刘邦的耳朵轻声说道："目前汉军处境不利，怎么可能挡住韩信称王呢？不如顺他的意，暂时加封他为齐王，让他安心镇守齐国。不然，可能会发生激变啊！"

刘邦老奸巨猾，立即顿悟，仍然面带怒色，故意骂道："大丈夫征战天下，建功立业，要做就做真王，何必要做假王呢？"

说完，命令左右好好招待韩信派来的人，并让他回去后，转告韩信静候佳音。

没过几天，刘邦就派张良带着齐王印赶赴齐地，正式册封韩信为齐王。

为什么要派张良过去呢？

因为张良是刘邦身边最信任的谋臣，只有他过去才会有分量，韩信也才会深信不疑。

张良过来，一方面是送齐王印，更重要的是劝说韩信尽快发兵与刘邦会合，攻打项羽。韩信收到齐王印，心情大好，满口答应张良的要求。

张良完成任务刚刚离开齐国，这天又来了一个人要拜见韩信。

这个人名叫武涉，今江苏省淮安市盱眙（xū yí）县人。他是项羽派来的说客。

项羽这时候为什么会派说客过来呢？

前面说到，听说龙且战败被杀，齐地尽在韩信掌握之中，项羽人生中第一次感到了恐惧。所以，他人生中也第一次真心诚意地派人去游说人家。说穿了，就是服软了。

以前，项羽总是居高临下，无所畏惧，霸气外露。如今，腹背受敌，前途未卜，现实面前能不服软吗？

见到韩信，武涉毕恭毕敬，先替项羽向韩信问好。

韩信这个昔日项羽帐下的执戟郎中，已经贵为齐王了，看到项羽派使者来游说自己，激动兴奋自不用说，终于可以扬眉吐气了，曾经在项羽那里受过的窝囊气一下子得到了释放。武涉顺势一番恭维，然后规劝道："过去，天下人都痛恨秦朝的暴虐统治，大家合力推翻了它。秦朝破灭后，为了休兵罢战，让天下太平，项王根据功劳大小裂土分封。可是，汉王违反分封原则，又兴师东进，侵犯他人边境，侵占他人封地。他攻入三秦，引兵出关，联络诸侯，向东攻打楚国，大有不吞并天下不罢休的意思，可见，汉王是一个贪得无厌的人！而且，汉王还不讲信用，恩将仇报。他多次落到项王手中，都是因为项王大发慈悲放了他，然而一经脱身，就背信弃义，再次进攻项王。这样的人，大王不得不防啊！"

这番话，明显是在褒项羽、贬刘邦。韩信听了，心中莫名开心，但他不动声色，仍然洗耳恭听。看韩信没有制止自己，武涉继续说道："如今，大王自认为和汉王交情深厚，替他竭尽全力与楚军作战，但汉王不一定这么想，功成之后，说不定会将大王抓起来治罪呢！在下可不是危言耸听，大王之所以能够安然无事走到今天，那是因为项王还在。当前，刘项两家争夺天下，胜负未定，而决定胜负的人正是大王您，大王向右边站则汉王胜，向左边站则项王胜。假若项王被汉王消灭了，下一个被消灭的就是大王您！大王和项王曾经还是有交情的，为什么不趁机联合，三分天下，自立为王呢？机不可失，时不再来啊，如果大王错过时机，坚持站到汉王一边攻打项王，肯定不是明智之举！"

作为说客，武涉还是相当厉害的，三言两语，直指要害，把道理说得明明白白：首先，刘邦是个贪得无厌的人，这种人野心很大，容不下项羽，肯定也容不下韩信；其次，刘邦是个毫无信用的人，这种人翻脸如翻书，现在虚情假意利用韩信，将来早晚会搞清算；最后，武涉鼓励韩信应该有更大的理想抱负，不要寄人篱下，要自立为王，三分天下。

这最后一点最能打动人，肯定不是项羽教唆的，应该是武涉根据当时天下形势，自己分析出来的。

那么，韩信能听进去吗？他又会做何打算呢？

90. 人心都是肉长的

武涉奉项羽之命来游说韩信，可以说是情真意切，把道理说得明明白白。武涉毕竟是项羽的说客，道理虽然对，韩信还是有点信不过或者思想上有抵触情绪，于是辞谢道："当年寡人侍奉项王，官不过郎中，位不过执戟，言不听，计不从，只好背楚归汉。而汉王待我甚厚，加封寡人为上将军，凡事对寡人言听计从，所以寡人才能够有今天。可以说，汉王对寡人亲近信赖，恩重如山，寡人如果背叛他，实在是说不过去啊，也不见得是好事！这样跟你说吧，即使到死，寡人也不会再变心了。所以项王的好意，寡人心领了，至于联合就算了！"

显然，韩信还是个恩怨分明的人，有恩报恩，有仇报仇。想当年，落魄之时，好友亭长的老婆嫌弃他，"晨炊蓐食"轰赶过他；漂母也是因为可怜他，才施舍送饭给他；屠户少年更是看不起他，甚至胯下羞辱他。有过如此坎坷经历的人，太需要被关心、被认可了，恰好刘邦满足了韩信的这种心理需求。

俗话说："人心都是肉长的！"背叛有知遇之恩的人不是那么容易，不但要经得起心理折磨，还要面临背叛之后一败涂地、臭名远扬的可能。

所以，韩信的这番话应该是肺腑之言，说白了，他要做个知恩图报的人。

看韩信态度坚决，武涉知道多说无益，只好告辞复命。韩信亲自把他送出门外，再次表示了歉意。

武涉前脚刚走，韩信身边立刻有一个人表示同意武涉的分析，也趁机劝说韩信。这人正是那个曾经劝说韩信攻打齐国的谋士蒯彻。

蒯彻非常认同武涉的观点，也认为天下胜负的关键在于韩信。他知道韩信喝了刘邦的迷魂汤，不会轻易改变想法，便打算换一种方式让韩信开窍。于是，他在韩信背后说道："大王，臣曾经研习过相术，今天发现大王的背特别好！"

韩信多聪明啊，不禁一惊，听出蒯彻话中有话，扭过头顺口问道："是吗？先生给人看相一般用什么方法啊？"

蒯彻煞有介事地回答道："高低贵贱在于骨骼，喜怒哀乐在于面色，成功失败在于决断。用这三项预测一个人的未来，万无一失！"

蒯彻神秘兮兮地说道："在臣看来，大王的面相，不过封侯，而且还隐隐约约藏有危险不安定的征兆。但刚才臣猛然看到大王的背相，那真是贵不可言啊！"

韩信好像听明白了什么，眼睛盯着蒯彻问道："此话怎讲？"

蒯彻这才透露他的真实意思，说道："当初，秦朝暴虐，天下群雄并起，各自建立名号，振臂一呼，有志之士云合雾集，鱼鳞杂沓，如同火焰迸飞、狂风骤起一般。那时，大家最关心的只是怎么灭亡暴秦罢了，而今楚汉两家不顾百姓死活，常年纷争，让天下数不胜数的无辜百姓流离失所，抛尸野外。可以说，天下人无不深受其害！"

蒯彻认为当今天下大乱，正是楚汉两家争夺天下引起。

这是秃子头上的虱子——明摆着的道理，韩信肯定认同，不由得轻轻点点头。

蒯彻接着说道："楚王项羽从彭城发兵，转战各地，席卷四方，追杀汉王刘邦，声势威震天下。然而，楚军在成皋附近受到汉军顽强阻击，止步不前，至今已经有三个年头了吧。汉王刘邦虽然凭借有利地势严防死守，试图反攻，却一点效果也没有，甚至屡战屡败，几乎一败涂地。他在荥阳战败，险些被俘，在成皋受伤，险些丧命，还曾经逃窜到宛县和叶县之间苟延残喘，这就是所谓的智勇俱困，山穷水尽。楚汉两军长期征战，挫伤了军队士气不说，粮草差不多都消耗殆尽了，而天下百姓更是早已疲惫不堪，怨声载道！"

蒯彻这番话意在向韩信点明，天下现在进入了僵局，刘项两家势力旗鼓相当，谁都很难把对方干掉。

韩信是战略家，当今形势，他肯定看得一清二楚，所以没有吭声，没有表态，只是蒯彻没把他放进去分析，很是奇怪。他此时最关心的还是自己究竟能扮演什么样的角色。

蒯彻好像看出了韩信的心思，继续说道："臣判断，如果天下没有圣贤出现的话，就不可能平息现在天下大乱的局面！那么，谁可能成为拯救百姓于水火的圣贤呢？臣明说，就是大王您啊！当今，刘项两家的命运都攥在大王手里，大王助汉则汉胜；大王助楚则楚胜。臣不才，愿意为大王披肝沥胆，鞠躬尽瘁，敬献愚计，只恐怕大王不采纳啊！"

听蒯彻这么高看自己，韩信有点小激动，心脏怦怦乱跳，那么，蒯彻最终能说服韩信吗？

91. 蒯彻的良苦用心

当听蒯彻说到刘邦和项羽的命运攥在自己手中时，韩信有点小激动，心脏怦怦乱跳，汗水不知什么时候已经从脖子上沁了出来。蒯彻看出了韩信的情绪变化，鼓起勇气说道："如果大王能够趁势崛起，设法让楚汉双方并存，以大王的才干，足以和他们三分天下，鼎足而立。一旦形成这种局面，他们谁都不敢再轻举妄动！大王凭借贤能圣德，又拥有庞大的军队，占据着强大的齐国，可以先迫使燕赵两国屈从，再寻机出兵到楚汉两军的空虚地带，控制他们的后方，然后顺应民心，去制止楚汉纷争。到时，天下人都会群起响应，刘项两家谁敢不听从大王的？天下大定后，大王可以再设法分割大国疆域，削弱强国势力，重新分封诸侯。这样的话，天下人肯定会对大王感恩戴德，从而归附听命于齐国。大王只需稳守齐国固有领地，据有胶河和泗水流域，施恩天下，恭谨谦让，天下诸侯自然会相继前来朝拜了！古人云，'天与弗取，反受其咎；时至不行，反受其殃'。希望大王一定要认真考虑这件事啊！"

显然，蒯彻和武涉的观点一致，都是在怂恿韩信三分天下。只是蒯彻的设想更进一步，更加大胆，鼓励韩信最终控制天下。

　　说得露骨一点，那是在撺弄韩信做皇帝，韩信能听不明白吗？

　　但是韩信的理想没那么大，对他来说，封王封侯已经到顶了，所以他被蒯彻的这番话惊得不轻，一时茫然不知所措。在那里沉吟了好一会儿，才好不容易平复了自己的情绪，不紧不慢地说道："汉王遇我甚厚，载我以其车，衣我以其衣，食我以其食。吾闻之，乘人之车者载人之患，衣人之衣者怀人之忧，食人之食者死人之事，吾岂可以乡利倍义乎？"

　　这些话与答复武涉的说辞差不多，只是更加明白无误。韩信在表露心迹，表白忠心，既是说给蒯彻听，也是在告诫自己，告诫自己一定要做个知恩图报的人。

　　毫无疑问，知恩图报是美德，有这种美德的人很难得，但是这种人的善良容易被别有用心的人加以利用。所以，知恩图报要区分对象，要讲究报答方式。对于那种背后藏有不可告人目的的恩惠，还是谨慎处置为好。当然，我们不能总是用恶意去揣摩人家的善意，报恩做到问心无愧就可以了。

　　蒯彻知道韩信理解错了知恩图报的内涵，不禁皱着眉头，使劲摇着头说道："大王自认为和汉王关系不一般，想同他一起建立流传万世的功业，臣认为，这种想法真的错了！想当初，赵王张耳和陈馀还是平民百姓时，那是刎颈之交，结果后来呢，却因为张黡和陈泽的事闹翻了，从此二人势不两立，必欲杀对方而后快。先是张耳被陈馀打得抱头鼠窜，归降了汉王。然后，在汉王的支持下，张耳进行报复，终于在井陉一战中杀死了陈馀。最终，两人成了天下笑柄，大王对此应该一清二楚吧！张耳和陈馀两人的交情，可以说是天下最好的，没有人能比得上，然而到头来还是决裂。为什么会这样呢？这都是因为人心难测啊！如今，大王打算用忠信二字与汉王打交道，肯定没有张耳和陈馀当初的刎颈之交那么稳固，因为大王与汉王之间的误会比张黡陈泽事件要大得多！所以臣认为，大王断定汉王将来不会加害自己，真是大错特错了！"

　　张耳陈馀之间的故事天下皆知，甚至张耳杀死陈馀，某种程度上就是韩信帮忙完成的。血的教训就在眼前，对韩信内心冲击还是很大的。听蒯彻这么说，韩信不由得倒吸一口凉气。蒯彻还以为韩信有所心动了，于是趁热打铁劝说道："张耳陈馀之间的事还不算什么大事，大王听说过文种和范蠡的故事吗？春秋时，越国有个越王名叫勾践，眼看快把国家折腾亡国了，是大夫文种和范蠡辅佐他重振雄风，称霸诸侯，然而国强民富之后，越王勾践却逼死了文种，逼跑了范蠡。为什么会这样？这就是兔死狗烹的道理！"

韩信饱读诗书，这样的典故对他来说耳熟能详。他明白蒯彻说的那条狗，就是暗指自己，虽感不快，但也没反驳。蒯彻实在是太想说服韩信了，顾不得那么多了，又说道："论交情，大王和汉王比不上张耳与陈馀；论忠心，恐怕也赶不上文种和范蠡吧！这些都是前车之鉴，大王一定要从中吸取教训啊！希望大王能够深思熟虑，再做决断。"

蒯彻都这么说了，韩信还在那里发呆，仍然没有表态，估计还在想着兔死狗烹的事。蒯彻有点急了，他想再加把火，说道："古人云：'勇略震主者身危，功盖天下者不赏。'大王现在就是功高盖主！大王横渡西河，俘虏魏王，生擒夏说，攻取井陉，杀死陈馀，占领赵地，降服燕国，平定齐国，摧毁楚军二十万，诛灭楚悍将龙且，向汉王捷报不断，功劳天下无二！而且，大王谋略超群，才华出众，当世无人可比！如今，若大王戴震主之威，挟不赏之功，归附楚国，项王不会信任。归附汉国，汉王也不敢信任。像大王这样的人，哪里还会有安身之地啊？身为臣子，却有着震主之威，大王目前的处境已经很危险了！"

蒯彻苦口婆心，吐沫横飞，洋洋洒洒又说了这么一大通话，搞得韩信都插不进嘴，他太想成就韩信了，同时也是为了成就自己。

说完，蒯彻眼巴巴地望着韩信，等待韩信重新表态。

述说到这里，我要特别说明一下，以上蒯彻对项羽说的话，均出自《史记·淮阴侯列传》，这里只是分析转述而已。司马迁向来惜墨如金，却花那么大的篇幅写这件事，在整个《史记》中都是罕见的，可见司马迁对韩信的遭遇很是惋惜。

那么，听完蒯彻的话，韩信会怎么表态呢？

92. 游说失败

蒯彻苦口婆心，吐沫横飞，洋洋洒洒说了一大通话，本以为韩信会有明确态度。结果，韩信却不冷不热地说道："先生暂且说到这儿吧！让寡人考虑考虑再说！"

然后，挥了挥手，让蒯彻先回去，蒯彻只好悻悻离开。

过了几天，看韩信还没表态，蒯彻不免焦躁起来，但心有不甘，便又来找韩信。韩信这几天也没休息好，辗转反侧，犹豫不决，见蒯彻又来了，知道还是那档子事，忙把左右支了出去。

这次，蒯彻没有再提"兔死狗烹"，而是语重心长地对韩信说道："夫听者事之候也，计者事之机也，听过计失而能久安者，鲜矣。听不失一二者，不可乱以言；计不失本末者，不可纷以辞。夫随厮养之役者，失万乘之权；守儋石之禄者，阙卿相之位。故知者决之断也，疑者事之害也，审毫厘之小计，遗天下之大数，智诚知之，决弗敢行者，百事之祸也。故曰'猛虎之犹豫，不若蜂虿之致螫；骐骥之局躅，不如驽马之安步；孟贲之狐疑，不如庸夫之必至也；虽有舜禹之智，吟而不言，不如喑聋之指麾也'。此言贵能行之。夫功者难成而易败，时者难得而易失也。时乎时，不再来。原足下详察之。"

一言以蔽之，蒯彻主要是告诫韩信，机不可失，时不再来，做人要有远大的理想抱负，事不宜迟，必须马上下定决心，否则当断不断，反受其乱。

别看韩信在战场上谋略过人，但搞这种事，他就有点婆婆妈妈、无所适从了，说穿了，还是不忍心背叛刘邦。他自认为功勋卓著，刘邦应该不至于翻脸无情，于是终究婉拒了蒯彻的好意。

这种挑唆人家背叛造反的建议一旦不被采纳，提建议的人就很危险了。蒯彻是老江湖，深知这一点。过了几天，他开始装疯卖傻，最后干脆偷偷跑掉，到其他地方隐姓埋名去做了一名巫师，靠给人算命为生。韩信是明白人，装聋作哑，由着他自顾离去。

蒯彻走后，韩信心里不免忐忑不安起来，蒯彻的话对他影响还是很大的。于是，他收住兵马，静观局势发展，有意向刘邦要筹码，要定心丸。

这种做法实在是低级幼稚，体现出了韩信谋略低下的一面。

作为下属，要么背叛刘邦，要么服从刘邦，给刘邦来这一套，无疑是在给自己预设了一颗定时炸弹。刘邦落魄之时，拿你没办法，只好迁就，一旦翻过身，肯定会秋后算账。

刘邦固守在广武山又是几个月，盼星星、盼月亮，天天盼望着韩信率兵早日过来，一起合围项羽。但左盼右盼，就是不见韩信过来一起干。

总不能在这里干耗着啊，最后关键时刻，一定要多拉拢人才行。于是，刘邦加封英布为淮南王，封地还是英布之前做九江王时的地盘，只是换了一下名号而已。然后，派英布和刘贾，率兵重返九江，目的是抄项羽后路。

同时，刘邦又修书一封给彭越，命令他率兵侵入梁地，截断项羽粮道，与自己会师围攻项羽。

这一切布置就绪，专等项羽粮草用尽，随时反攻。不过，刘邦一直有个心病，让他对反攻很有顾虑。

什么心病呢？

就是他的老爸刘太公和老婆吕雉还在项羽手里做人质，一旦双方决战，项羽很可能会来个鱼死网破，杀掉刘太公和吕雉。

为了这事，刘邦特意把张良和陈平召来，商议提前营救的办法。这俩人俨然是黄金搭档，珠联璧合，坏主意一个接一个。他们宽慰刘邦道：
"大王不用担心！项羽军中粮草越来越少，坚持不多久了，如果大王趁机
主动与他讲和，项羽应该会妥协，到时，要求他送回太公和王后即可。"

刘邦认为有道理，说道："二位说得不错，只是项羽性情暴戾，一言
不合，就要杀人啊！如果找他讲和，必须选择一个合适人选过去才行。"

说到用人，张良和陈平不说话了，他们俩都是项羽的眼中钉、肉中
刺，肯定不能过去。

那么，派谁去呢？

如果郦食其没死的话，肯定是不二人选，只可惜成了一锅肉汤。刘邦
思虑再三，想到了一个人。

这个人名叫陆贾。

关于陆贾，很多人应该听说过，能言善辩，当时被誉为"有口辩
士"，深得刘邦赏识。

听说去游说项羽放还刘邦的老爸刘太公和老婆吕雉，陆贾欣然领命，
越过鸿沟，来见项羽。但是，项羽好像不太买陆贾的账，当即把他给轰走
了。

陆贾那么大的名气，那么会给人洗脑，竟然碰了一鼻子灰，无功而
返。这让刘邦很是揪心，整天忧心忡忡。但刘邦性格中有个显著特点，就
是韧性特别强，他没有因为陆贾游说项羽失败而放弃，相反，准备寻找一
个更为合适的人再过去一试。

恰好，有个人主动请命。

这个人史书中称他为侯公，是今河南省洛阳人，来刘邦军中工作很久
了，擅长交际应酬，平时也没立过什么大功。

侯公是个江湖派，不像陆贾那么有学问，不过忽悠人还是有一套的。
刘邦认为他可堪大任，叮嘱一番后，派去楚军大营游说项羽。

这段时间，因为粮草将尽，项羽心烦意乱，特别是武涉从韩信那里回
来之后，更是愁上加愁。陆贾前几天过来，他正在气头上，听陆贾在那里

给他讲大道理，一上火把陆贾给赶跑了。

面对不断恶化的局势，陆贾被赶走没多久，项羽就有点后悔了，后悔没留余地，把和谈的大门给关上了。

这天，突然有人报告说，刘邦派使臣侯公过来，还是讲和，项羽多少有点意外。

那么，他和侯公又是怎么谈的呢？能谈成功吗？

93. 鸿沟议和，一家团聚

项羽这段时间因为粮草将尽，心烦意乱，特别是武涉从韩信那里回来之后，更是愁上加愁。面对不断恶化的局势，项羽还是有点后悔，后悔把之前过来和谈的陆贾给赶跑了。

这天，突然有人报告说，刘邦又派使臣侯公过来。项羽多少有点意外，但他不甘示弱，为了彰显自己的威严，手持宝剑，高居上座，一脸杀气，传令侯公进来。

但凡一个人貌似威风凛凛、杀气腾腾的时候，多半有心虚的地方，这就叫色厉内荏。见到这种人，首先不要慌，因为他可能比你更慌，慌到不能用正常态度对待别人。

侯公经常在江湖上行走，不是一般的书生，见得多了，看项羽这副想打架的样子，心里反倒淡定了几分。他从容缓步走向前，不卑不亢，向项羽鞠躬行礼。项羽居高临下，怒目而视，责问道："你家汉王刘季既不敢出战，又不肯退却，前几天还派个书呆子来索要他老爹刘太公，简直是痴心妄想！今天刘季派你来又想干什么？"

侯公冷笑了一声，说道："好的，那在下就有话直说，敢问大王是想战呢，还是想和呢？"

"啪"的一声，项羽把剑拍在桌子上说道："废话，寡人当然愿一战！"

侯公皱了皱眉，轻轻摇摇头说道："大王，千万不可啊！战，两败俱伤，胜负难料。何况，两军打那么久了，兵困马乏，何必呢？臣今天奉汉王之命，主要是来谈和的！"

听到侯公说又是来谈和，项羽有点绷不住了，脱口而出说道："真的吗？不会是刘季让你来哄骗寡人吧？"

侯公微笑着答道："怎么会呢？大王多虑了！说句老实话，楚汉两军打到现在还没有结果，继续打下去也不会有结果，只会徒耗双方实力，时间久了，难保有人会趁火打劫刘项两家啊！我家汉王无意再与大王争锋，如果大王为了天下苍生，愿意议和停战，汉王哪里又敢不从命呢？"

项羽心中不由地一震，韩信异军突起，态度暧昧，对刘项两家无疑都是巨大威胁，侯公的分析不无道理啊。他脸色稍微舒展，略显平和，把剑收起来问道："如果议和，汉王是怎么设想的呢？"

看项羽松口了，侯公顺势回答道："汉王认为，如果楚汉双方真能停战修好，首先要把两国的边界划分清楚，以后和平相处，互不再侵犯。"

"那汉王认为边界线划在哪里为好呢？"

"就以鸿沟为界！"侯公明确表态道。

项羽若有所思，然后以天下苍生为由，好像很勉强似的点头答应。实际上，他是真的耗不下去了，又加上担心韩信从背后杀过来，早都想满口答应，只是要装得矜持一些。

侯公又说道："既然两家修好了，汉王希望大王能把刘太公和吕氏释放回去，让他们骨肉团聚。大王若能成人之美，汉王一定会对大王感恩戴德，永不背叛！"

绕了一大圈，侯公的真实意图还是要回刘太公和吕雉，其他只是幌子而已。

一般，双方谈判或谈条件，经验老到的人往往会把最重要的内容，最后说出，或者以附带非正式的方式说出。这样做有什么好处呢？一方面，可以避免泄露自己的真实用意，让对方提高警惕，导致谈判破裂；另一方面，重要的事往往不好拿到台面上正式来说，因为有可能会伤及双方的面子，没有回旋余地。

项羽不是三岁小孩，跟刘邦打交道那么多年了，这个套路，应该还是懂的，只见他摸了一把胡须，狞笑道："你家汉王又想来耍寡人啊！他只是想要回他老父亲刘太公而已，所以才让你来编这么一套说辞诓骗寡人！"

侯公也笑了，他接过项羽的话题说道："大王言之有理啊！谁又不顾及自己的父母妻子呢？汉王有这个想法再正常不过了。大王知道汉王当年为什么非要东征吗？不瞒大王，正是这个原因！他听说刘太公被大王抓走了，生死未卜，才一时着急上火，与大王为敌，导致现在累战不休。今天如果大王不肯停战，坚持对峙，汉王也没话说；如果大王同意言归于好，为什么不可以将汉王的家眷放还呢？这样不但能让汉王对大王感激不尽，再不会向东进军，而且也会让天下诸侯对大王敬佩有加，歌颂称道。大王不杀人父，那是明孝；不辱人妻，那是明义；已经抓住，又大度放还，那是明仁。孝、义、仁三德具备，大王的声名必定远扬。汉王胆敢再次负约，那么就是汉王理屈，而大王则是理直。古人云：'师直为壮，曲为老。'大王直道而行，天下无敌，汉王自然就不在话下了！"

项羽最喜欢人家奉承他了，把面子看得比生命都重要，他装腔作势只是想要个台阶下而已。听侯公这么说，顿时释然，心花怒放，当即将他那个叔父项伯叫了出来，让项伯负责与侯公谈判边界划分问题。

关于项伯，前面说过很多次，早都成了刘邦安插在项羽身边的卧底，而且还曾与刘邦口盟，成了儿女亲家。

项伯表面上跟着侄子项羽在混，实际上他脚踩两只船，两边下注，心里有意袒护刘邦。

所以，侯公和项伯的边界谈判很快达成一致，议定以荥阳东面的鸿沟为界，沟东归楚，沟西归汉。项羽本来也急着停战，懒得分辨是非，马上派使臣跟着侯公回报刘邦。

刘邦当然爽快答应了，当即签字画押，边界协议就算生效了。

以上侯公游说项羽的过程，还是比较精彩的，但是正史中并没有记载，这里是综合几个野史版本来述说的，大家了解就可以了。

既然协议生效，项羽只好放还了刘太公和吕雉，还有与吕雉有私情的审食其。

说到审食其，我多说一句。

一篇文章说刘邦的老婆吕雉之所以非要杀掉韩信，是因为韩信进攻齐国，导致齐国烹杀了吕雉的情人郦食其。

这真是风马牛不相及，令人啼笑皆非！

大家记住，郦食其和审食其不是一个人，完全没有交集，只是名字相近而已。关于审食其，后面我们还会反复详细说到，大家稍微留意一下。

刘邦听说老爸刘太公和老婆吕雉都回来了，十分高兴，亲自到大营外面迎接。父子相见，夫妻相拥，让刘邦悲喜交加，眼泪差点都涌了出来。

这场面确实太感人了，汉军将士在一旁高呼"万岁"庆祝。

那么，作为促成这件事的头号功臣侯公，刘邦又会怎么对待呢？

第九章

一决雌雄

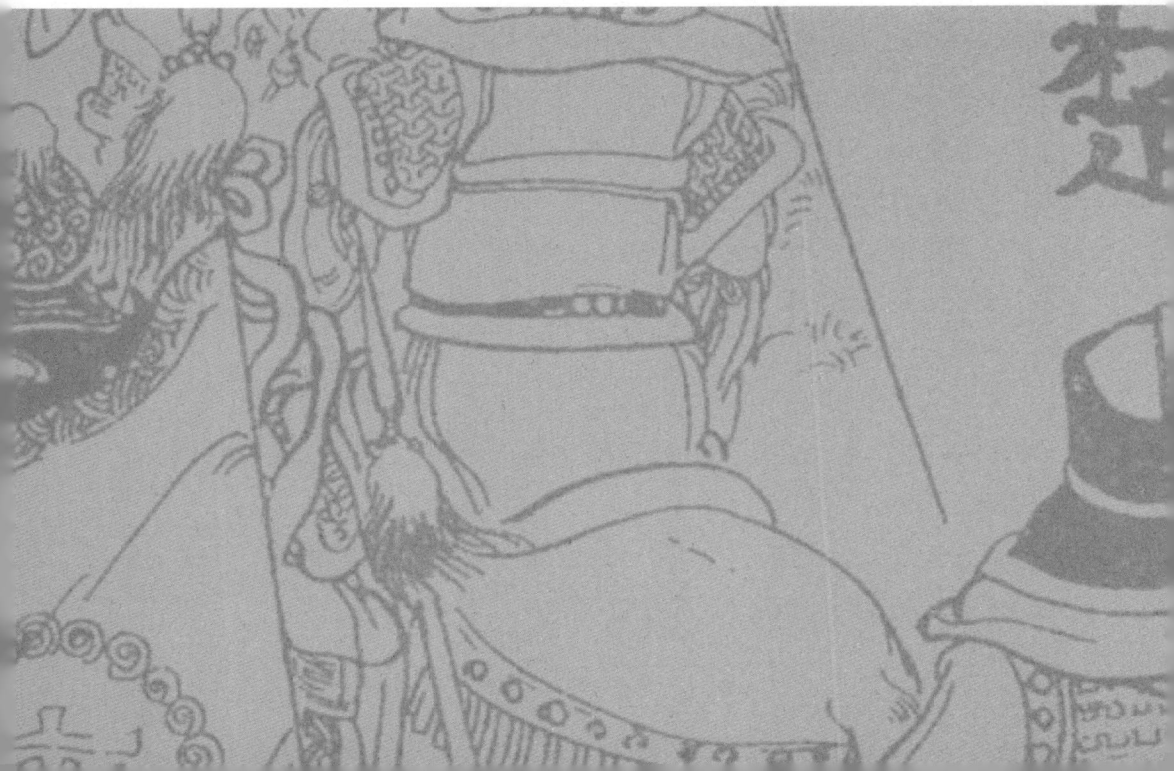

94. 人心难测，负约追击

项羽同意鸿沟议和，放还了刘邦的老爸刘太公和老婆吕雉。

对于促成这件好事的头号大功臣侯公，刘邦也没忘记加封他为平国君，并特意解释道："此天下辩士，所居倾国，故号为平国君。"

从这句解释可以看出，刘邦对侯公的评价非常之高。

"天下辩士"，不是谁都能够获得的殊荣，那是口才天下第一的意思。

"所居倾国，故号为平国君"，更是把侯公的口才上升到社稷安全层面，说他凭借口才，无论在哪个国家都能平定，所以封为"平国君"。

刘邦为什么会给侯公如此高的赞誉呢？

很简单，救了他老爸和老婆嘛！他老爸和老婆的救命恩人，那是恩重如山的。而且连享有"有口辩士"美誉的陆贾都无功而返，更加凸显出侯公的非同一般。

其实，如果不是项羽在战场上越来越被动，可能无论侯公再怎么能巧舌如簧，也不可能说服自负的项羽。当然，我们也不能因此就否定侯公的能力。

按道理，在刘邦看来，侯公那么厉害，又立了那么大的功，应该重用才是。可是，两人从此"匿弗肯复见"。

什么叫"匿弗肯复见"呢？

司马迁在《史记》中写得比较含糊，后人一般有两种解释：

一种解释认为，是侯公藏起来不愿意再见刘邦；还有一种解释认为，是刘邦不愿意再见到侯公。

无论谁不愿意见谁，出现这样的结果都令人不可思议，也不符合我们的常规思维。实际上，这样的结果应该是刘邦和侯公之间的默契，充分体现了两个人的智慧。

项羽和刘邦之间的鸿沟议和，大概发生在汉四年九月。因为粮草短缺，协议签订后不久，项羽便主动先行撤军。

刘邦闻讯，也准备西返关中。当他正要下达军令时，有两个人跑过来阻止。

这两个人是谁呢？

不用说，还是张良和陈平！这俩人对刘邦说道："大王当真要回关中吗？难道不想一统天下吗？"

不知道刘邦是真不明白，还是假不明白，总之是一脸疑惑地问道："寡人与项羽已经议和，停战修好了。现在项羽拔寨起营，东归彭城，寡人还在这里干什么？喝西北风吗？"

张良和陈平对视一眼，一起上前劝说道："臣等前些日子建议大王跟项羽议和，主要是为了太公和王后两人。现在他们已经安全回来了，大王正好可以放手与项羽决战。况且，大王占有天下大半，四方诸侯大都归顺。那项羽人困马乏，粮草短缺，众叛亲离，此乃天意啊！如果任由项羽东归，而不去追击，岂不是养虎为患吗？"

很可能刘邦本来也是这样想的，只是在那里装模作样，不想自己独自承担负约的骂名而已。现在听张良和陈平这么说，他便装作很勉强的样子，改变了主意，着手准备追击项羽。

不过，按照当时的历法，又要过年了。在追击项羽之前，刘邦在营中大摆宴席，既是庆祝新年的到来，也是庆贺老爸刘太公和老婆吕雉回来，更是鼓舞军心士气。

刘太公和吕雉长期生活在农村，又被软禁在项羽那里两年多，哪里见过这场面？自然欣喜万分。

这个年，对刘邦一家来说，是甜蜜幸福的，意味着苦尽甘来；但对项羽来说，是五味杂陈的，很可能意味着大难将至。

过完年，就是汉五年了。

这天，刘邦把张良和陈平找来商议军事，决定派出两路使者，一路去韩信那里，一路去彭越那里。

去干什么？

很显然，是催促他们发兵一起围攻项羽。

考虑到接下来的战事可能异常惨烈，第二天，刘邦派人将老爸刘太公和老婆吕雉送回关中栎阳。他自己则亲率二十万大军向东进发，追击项羽。

一直追到固陵，也就是今河南省太康县南边，有负责侦查的探子回报说，楚军已经距离不远了。

说是追击，但真的追上了，刘邦又不敢上前发起进攻，而是收住军队，择险安营扎寨。

为什么呢？因为他担心自己不是项羽的对手，只能等韩信和彭越率兵过来一起合围项羽。可是这两人此时装聋作哑，迟迟不来。

项羽听说刘邦违背停战约定，在后面尾随而来，知道又被刘邦耍了，顿时火冒三丈。

此时，楚军约有十万人，而汉军约有二十万人。但项羽毫不畏惧，甚至根本没把刘邦放在眼里。他命令三军立即掉转马头，进攻汉军大营。

刘邦虽然心慌，但仗着人多势众，出营列队迎战。

汉军还没完全列队到位，项羽已经拍动乌骓马，挥舞着手中画戟，带头冲向了汉军中路，直取刘邦。刘邦手下这帮将领怎么可能眼看着项羽冲杀过来呢？一窝蜂扑上去拦截。

项羽憋着一口气，手中画戟挥舞得呼呼生风，无论汉军将领如何阻挡都阻挡不住。有倒霉的家伙，甚至被他一戟给戳下了马。

眼见打不过，刘邦拨马便跑。

老大跑了，下面的将士自然没了斗志。项羽一阵冲杀，直到把汉军逼入固陵城。汉军被打得稀里哗啦，一下子损失几千人马，躲在固陵城中，坚守不出，做起了缩头乌龟。

楚汉两军又在固陵城对峙起来。

面对眼看到手的胜利，可就是无法取胜，刘邦好不难受。

为此，刘邦闷坐在营帐中，苦苦思索取胜之道。这天，他派人去找张良过来商议破敌良策。

那么，张良会用什么办法来打破现在的局面呢？

95. 合围垓下

两军对阵，排兵打仗，并不是张良的强项。刘邦找张良，更多的是诉苦。张良应召来到中军帐，正准备向刘邦施君臣之礼，刘邦忙摆手止住，请他坐在自己身边，急切问道："子房啊，这仗打得实在是太窝囊了！韩信和彭越这两个家伙太不像话，翅膀硬了，就不听寡人的命令了，为之奈何？"

张良好像早料到刘邦会有如此一问，答道："大王，不用担心！楚军虽胜一仗，但无法扭转败局。只是韩信和彭越迟迟不来助战，倒是让人忧心啊！"

"这俩小子究竟几个意思？寡人从没有亏待过他们啊！"刘邦狠狠地说道。

　　张良沉吟了一会儿答道："现在局势已经明朗，项羽眼看就要垮了，但是韩信和彭越还没有得到分封，所以他们不来，是很自然的事啊！大王如果能和他们共分天下，臣相信，他们马上就会赶过来。否则，形势难料！"

　　听张良这么说，刘邦很是疑惑，问道："寡人刚封韩信为齐王，也曾封彭越为魏相国，怎么能说没有分封呢？"

　　张良耐心给刘邦解释道："话虽如此，但是大王加封韩信为齐王，并非本意啊！他韩信那么聪明一个人，这点岂能不知？所以他不甘心啊！至于彭越，一直在梁地一带偷袭楚军后方，功不可没。大王曾经封他为魏相，辅佐魏豹，但是魏豹早死了，他只是挂个空名而已。所以彭越肯定也不甘心了，也想裂地分封啊！现在大王只字不提这事，他难免会有所失望。"

　　张良之所以能称得上一流谋士，就是因为他洞若观火，深刻了解当时各路英雄豪杰的心思，这是非常了不起的！

　　常言说，知人者智，自知者明。张良正是这样一个人。

　　刘邦被张良这么一点拨，恍然大悟，不住地点头称是。又问道："子房啊，你看寡人究竟怎么做，才能打消这俩小子的顾虑，好让他们安心过来围攻项羽？"

　　张良指着旁边桌子上的地图说道："很简单，只要大王明确表态，把从陈县以东到大海的地方都封给韩信；把睢阳以北到谷城的地方都封给彭越，这事就能成！有了明确封地，就相当于给他们吃了定心丸，让他们感觉到在为自己而战。如果今天大王下定决心这样做，那么明天他们就会赶过来。到时，项羽必败无疑！"

　　刘邦一拍大腿说道："好，就按子房你说的办！"

　　于是，当即派出使者携带任命状，去见韩信和彭越。

　　韩信和彭越收到任命状，十分高兴，都摩拳擦掌地对使者承诺道："即日发兵！"

差不多同一时刻，还有一路人马正前来接应刘邦。这路人马由英布、刘贾和周殷率领。

关于英布，大家很熟悉了，我们就不多做介绍了。

关于刘贾，前面也多次提到过，他是刘邦的远房堂兄弟，曾经和刘邦的发小卢绾一起协助彭越，烧绝项羽的粮草辎重。

周殷则是一名降将。刘邦追击项羽之前，命英布和刘贾率兵分别进入九江和楚地南边开辟南方战场，防止项羽战败南归。

渡过淮河，刘贾先是包围了寿春，也就是今安徽省淮南市寿县。负责守卫寿春的将领是项羽的大司马周殷，最终经不住威逼利诱，宣布投降。

在周殷的协助下，刘贾攻下了九江，与英布的军队会合。然后，他们三人分别率领本部人马向刘邦靠近，准备合围项羽。

这样一来，三路大军对项羽的战略包围基本形成：

韩信率领三十万军队自齐地南下，阻断项羽向彭城的退路；彭越率领几万兵马到达固陵，与刘邦会师，担任正面主攻；刘贾、英布和周殷，自寿春率兵北上，阻断项羽南逃之路。

虽然在固陵一战中项羽又一次打败了刘邦，但是面对三路大军即将合围，又加上粮草短缺，项羽无心恋战，一心想着早日回到江东重整旗鼓。所以不得已，他率领楚军从固陵引兵向南撤退。撤退时，因为担心刘邦会发动突然进攻，楚军只能步步为营，依次慢慢退去。

好不容易退到了垓下，也就是今安徽省灵璧东南沱河北岸，汉军又一次从后面追了上来。

项羽骑马登高，举目一望，只见汉兵密密麻麻，像蚂蚁一样，不禁倒吸了一口凉气，仰天长叹道："怎么那么多汉兵啊？寡人真后悔当年没有杀掉刘季啊，竟然让他发展到如此壮大！"

项羽毕竟是战神，面对危局，总能转危为安，他抖擞精神，仗着手中还有十万军队，倒也气定神闲。

面对面地打，项羽什么时候怕过？又怕过谁？当年三万骑兵就能把刘邦五十六万联军给干趴下，何况现在手中还有十万军队呢。

于是，项羽在垓下安营扎寨，修筑营垒，准备在此与刘邦决一死战。

不久，韩信、彭越、英布、刘贾、周殷等军队，从四面八方赶了过来，协同刘邦，将项羽的营盘团团围住。

对于围困项羽的汉军数量，我们不妨粗算一下：刘邦自带二十万军队；韩信手下三十万军队；彭越三年前进攻彭城时，就已经有三万军队，现在至少三万；刘贾、英布和周殷的军队由汉军、九江兵和投降的楚军组成，肯定不下十万。合计起来，刘邦此时的总兵力，应该不下六十万。

六十万对十万，其实胜负已定。

有人会说，彭城之战，项羽是三万对五十六万，不也大获全胜了吗？

不错，但此一时彼一时。那个时候，刘邦的军队是由诸侯联军组成。诸侯们各怀鬼胎，可以说是乌合之众、一盘散沙，而且军队多以步兵为主，战斗力可想而知。

现在，经过长达三年的浴火淬炼，刘邦的军队绝大部分都是嫡系，训练有素，而且拥有自己的骑兵军团。更可怕的是，刘邦任命军事奇才韩信为大将军，统领全军。

韩信和项羽应该是当时最顶尖的两个军事天才。论战绩，旗鼓相当，都是百战百胜。但是，韩信曾经给项羽做过执戟郎中，对项羽的打法应该非常熟知；而项羽对韩信的战法，认识相对要肤浅很多，说不定是一无所知，只是有所耳闻而已。从这一点来看，韩信已经胜项羽一筹。何况，项羽所率领的楚军是疲敝之师，已然是强弩之末。

尽管如此，韩信还是比较谨慎的。他知道项羽骁勇善战，单纯硬碰硬地拼杀，即便胜利了，估计也是惨胜，所以他为项羽量身定做了一套打法。

那么，这究竟是怎么一个打法呢？

96. 十面埋伏

韩信知道单纯硬碰硬地拼杀，太没技术含量了，也有辱他军事天才的称号。所以在垓下之战中，韩信决定采用"十面埋伏"的战法，来彻底打垮项羽的战斗意志。

关于"十面埋伏"的故事，在民间流传很广。后来还被编成了歌曲，拍成了电影，但很遗憾，正史只字未提。

《史记》中，司马迁对垓下之战的描写，也是非常简单。为了便于大家更好地了解"十面埋伏"，我们不妨把《史记·高祖本纪》中关于垓下之战的过程先简述一下。

汉五年，也就是公元前202年，刘邦率领各路人马，追击项羽于垓下。在这里，双方展开决战。

韩信率领三十万大军，在楚军正面列阵，其中他的部将孔将军在左翼，费将军在右翼；刘邦率领二十万大军，紧随其后压阵；周勃和柴将军跟在刘邦军队的后面，随时策应。

韩信亲率大军首先跟楚军交锋，被打败，向后退却。他的两位部将孔将军和费将军，率兵从左右两翼纵兵攻上前去接应，楚军战败。韩信乘势反攻，大败楚军于垓下。

以上，就是司马迁在《史记》中对垓下之战的记载。战斗过程比较粗线条，具体细节没有展开。

下面，我们再说说另外一个版本。这个版本民间流传最广，影响面最大，超过正史记载，也就是所谓的"十面埋伏"。

在决战之前，韩信将他的三十万军队分成十队，每队约三万人。其中九队又各自分成两小队，分头进行埋伏，做到可以回环接应。然后，他请刘邦率领二十万大军守住大本营，防止项羽绕到后面偷袭，自己则亲率三万军队前去挑战项羽。

项羽那是吃软不吃硬的主。一般都是他挑战人家，哪有人家挑战他的道理？一听韩信前来叫阵，项羽勃然大怒，飞身上马，手持画戟，率军倾巢而出，迎击汉军。

两军相接，如火花迸射，厮杀在一起。厮杀了一段时间，韩信佯装不敌撤退。其实也不用装，根本也打不过。他且战且退，诱骗项羽进入事先准备好的十面埋伏圈。

项羽平日里所向无敌，有进无退，这次决战更是如此。

旁边有人看破了韩信的诱敌之计，提醒项羽应该稳扎稳打，不要轻易追击。项羽不肯罢休，非要杀将过去，活捉韩信。估计他也是想一战定乾坤，再现奇迹，尽快扭转被动局面。

大约追了几里地，项羽进入了汉军"十面埋伏"的包围圈。

眼看项羽中计，韩信命人放了第一声信号炮。炮声刚响，突然从两侧冲出两小队人马，拦截项羽。项羽毫不畏惧，左冲右闯，激战了不长时间，便突破了这道防线，继续追击韩信。

没多久，韩信放了第二声信号炮，又从两侧冲出两小队人马，截住项羽，展开厮杀。这次花了较长时间，项羽才冲破了防线。但他杀得兴起，仍旧向前快速推进。

就这样，冲破一队，又来一队，好像杀不到头一样。

项羽能打能拼，体力好，能坚持下去。但是他手下将士，未必跟得上。韩信就是利用这一点，仗着兵多将广，玩车轮战。

差不多冲杀到第七八轮时，项羽手下那些将士已经筋疲力尽，打不下去了。这个时候，项羽也略感体力不支，只好引兵撤退。

那还能退得了？

最后，韩信将信号炮全部放完，十面埋伏，数十万大军一齐朝楚军围拢过来。楚军轮番作战，哪里还有战斗力，只得纷纷逃窜。

项羽此时才知道上当，只得命钟离眜、季布等人断后，他率领一队楚兵，凭着胯下乌骓宝马，大喝一声，吓退了围拢上来的汉兵，然后挥舞着画戟杀开一条血路，逃回垓下大营。

自从项羽起兵以来，这是他第一次在战场上受到如此大的挫折，而且还险些回不来。

以上，就是传说中韩信用"十面埋伏"的方法击败项羽的全过程。

如果大家细心的话，会发现，这个过程与《史记》中的记载，有类似之处，只是更详尽一些，更传神一些。

我个人比较相信，韩信确实是通过"十面埋伏"，击败了项羽。

项羽作战勇敢，喜欢带头冲杀，利用气势，以少胜多，无论是巨鹿之战，还是彭城之战，都是如此。韩信曾经跟随在项羽身边，对项羽的性格特点和打仗套路应该非常熟悉，所以采用不断挫伤楚军气势的"十面埋伏"打法，让楚军丧失战斗力，最终打败项羽。

经此一役，项羽的十万军队被击杀了三四万，逃跑了三四万，最后只剩下两三万残兵败将，跟随项羽回到大营。

回到营中后，项羽又恼又忧，便去心爱的女人虞姬那里。

虞姬貌美如花，能歌善舞，而且知书达理，文采飞扬，所以又被称为"虞美人"。她长期跟随项羽，形影不离。但正史对她的记载非常少，只是在《史记·项羽本纪》中提到"有美人名虞，常幸从"项羽。

从这句话可以看出，虞姬应该是项羽最心爱的女人。试想，哪个男人会经常带个不怎么喜欢的女人在身边呢？何况又是长期在外征战。

有人说，看一个男人是否真心爱一个女人，就看他是否愿意带着这个女人去见他的同事、朋友和家人。这是非常有道理的！如果天天都带在身边，肯定是爱入骨髓了。

那么，项羽最心爱的虞姬究竟姓甚名谁？家住何方呢？

说法很多，即使"虞姬"这个名字也是众说纷纭。

先说"虞"字：一种说法是名，也就是《史记·项羽本纪》中记载的"有美人名虞"；另一种说法是姓，也就是在《汉书》中记载的"有美人姓虞"。

再说"姬"字：一种认为是姓；另一种认为是古代妇女的美称。

关于虞姬的出生地也有三个说法：一个是今江苏省沭阳县颜集镇虞溪村人；一个是今浙江省绍兴市柯桥区漓渚镇塔石村人；一个是今江苏省常熟市虞山镇虞溪村人。

关于虞姬的传说故事很多，主要是她和项羽之间的爱情故事，一个坚贞守节，一个专一体贴，反正是典型的英雄美人组合。

在这些爱情故事中，最著名的莫过于"霸王别姬"。这是正史中唯一记载有虞姬的故事，我们这里必须详细述说一下。

那么，"霸王别姬"究竟是怎么一回事呢？

97. 霸王别姬（一）

前面说到，项羽中了韩信的"十面埋伏"后大败而归，去虞姬帐内寻求安慰。

虞姬正在那里焦急候着。她知道，项羽此战非常关键，一旦战败，将名誉扫地。项羽进入帐内，面色憔悴，神色仓皇，没了往日的风采。这让虞姬的心不由地一紧，昔日心目中的大英雄，今天好像是被斗败的大公鸡一样。

待项羽坐定，稍微平静了一会儿，虞姬才上前询问战况如何。项羽唏嘘道："哎……败了！打败了！"

虞姬秀外慧中，看到项羽这个状态，心中隐隐作痛，紧紧抱着项羽抚慰道："胜败乃兵家常事，大王不必烦心啦！"

项羽轻轻叹了一口气说道："你一个女人家，不了解其中的利害啊，寡人从来没遇到过如此恶战啊！"

虞姬安慰道："大王，不要多想了，臣妾陪你喝几杯，休息一下，再做打算！"

说着，她向侍从招了招手。

每次有战事，虞姬都会让人准备一桌丰盛的酒菜，专等项羽凯旋庆贺，这次也不例外。例外的是，这次项羽竟然打败了。

侍从们看到虞姬招手，赶快把酒菜陆续呈上来。项羽此时哪里还有心思吃菜饮酒啊？但面对着自己心爱的女人，也强作欢颜，与虞姬对饮。

才饮了几杯，突然有士兵进来报告说，汉军将大营层层包围了。项羽心中一惊，但仍然表现得很镇定，挥了一下手说道："不要慌！你去对将士们说，今天夜里一定要小心坚守，不要轻举妄动，寡人明日再出营与汉军决战！"

显然，这个时候的项羽应该还是信心满满，充满斗志的，毕竟手中还有三万精兵。

到了晚上，他与虞姬仍然在借酒浇愁。你一杯，我一杯，越饮越愁，人一愁，喝酒就容易醉，醉了就容易犯困。虞姬比较善解人意，扶项羽上榻休息。

项羽实在是太累了，自起兵以来，他哪里有好好休息过啊？今日一战，更是令他疲惫不堪，刚躺榻上一会儿，就安然入睡，鼾声如雷。

不知道什么时候，从外面传来凄凄惨惨的声音，如泣如诉，如怨如慕，一声高，一声低，一声长，一声短，听得人心底一阵阵发凉。虞姬是一个多愁善感的女人，被这声音搞得心事重重，泪眼婆娑。

这歌声是从哪里来的呢？

原来是汉兵唱的。张良根据楚地韵律编纂的一首曲子，由汉兵反复吟唱，最后传入楚军大营。

不用说，这就是心理战，目的是削弱楚军的战斗意志。

用歌曲当武器，估计是张良首创。

别看这些军人，平时野蛮生猛，杀气腾腾，搞起大合唱，其力量也是很深入人心的。所以，张良的这首歌经过汉兵四面唱和，很是"走心"，走进了楚兵的心。这就是历史上著名的"四面楚歌"。

大半夜里，这样的声音太有穿透力了，很多楚军将士从梦中惊醒。他们竖着耳朵倾听，好像听到了家人的召唤，无不感慨万千，军心无形中已经动摇。

如果说"十面埋伏"让楚军从身体上疲惫不堪，那么"四面楚歌"是让楚军从精神上彻底崩溃。韩信和张良，一文一武，又一次不经意间做了天衣无缝的配合，而上次是"烧修栈道"。

熟睡中的项羽也被惊醒了。他听到楚歌从四面而来，不禁大惊失色。从床上一跃而起，跑到营帐外细听，只听见歌声是从周围汉营中传过来的。项羽回头问虞姬："汉军难道已经完全占领楚地了吗？汉营中怎么会有那么多楚人呢？"

虞姬呆立在一旁，再也无法克制自己的情绪，轻声哭泣起来。看到虞姬楚楚可怜，项羽心如刀绞，拥着她重新坐到桌旁，继续对饮。刚饮了一会儿，项羽好像想到了什么，信口唱道：

> 力拔山兮气盖世！
> 时不利兮骓不逝！
> 骓不逝兮可奈何！
> 虞兮虞兮奈若何！

这首歌是项羽唯一传世的文学作品，名字叫《垓下歌》。

项羽一生之中应该有三样最爱：一个是乌骓马，伴随他走天涯；一个是虞美人，永远心中牵挂；一个是大江山，让他爱恨交加。

现在，他自知战败在所难免，但最割舍不下的还是美人虞姬。

这首歌在《史记·项羽本纪》中有明确记载，流传至今。今天读来，我们也能感受到项羽这个盖世英雄的末路心境，可以说感人至深。试想，项羽用心、用血、用爱谱写的歌曲，能不感人吗？

虞姬虽然是女流之辈，但也是识文断字、才华横溢的人。面对心上人如此走心的抒情歌曲，肯定也要来一首对唱了，否则项羽的真挚情感不是要碎一地了吗？

那么，虞姬会怎么回应项羽这首走心的歌呢？

98. 霸王别姬（二）

项羽一首《垓下歌》，在那里反复吟唱，唱得如痴如醉。面对心上人的抒情歌曲，虞姬泪流满面。她听出了项羽对自己的牵挂，于是轻拭眼泪，顺口占了一首诗：

> 汉兵已略地，
> 四面楚歌声。
> 大王意气尽，
> 贱妾何聊生。

这首诗也非常著名，史称《复垓下歌》或《和垓下歌》。但很遗憾，无论是在《史记》，还是在《汉书》中，都没有记载这首五言诗，而该诗最早是在唐朝学者张守节的《史记正义》中出现。

据说，这首诗是张守节从《楚汉春秋》中引用过来的，所以得以流传下来。

那么，《楚汉春秋》又是谁写的呢？它是汉初著名学者陆贾所撰，在唐朝时期失传了。

这位陆贾，就是那个游说项羽放还刘太公和吕雉失败的"有口辩士"。

如果该诗当真是从《楚汉春秋》中引用过来的，那么很有可能确实是虞姬所作。因为陆贾和虞姬是同一个时代的人。但也有人认为，汉初不可能有如此成熟的五言诗，纯属后人伪作。

实际上，这种观点过于绝对了。

从《汉书·外戚传》中记载的《戚夫人歌》和郦道元《水经注·河水注》中记载的《长城歌》来看，秦汉时期的民间歌谣，不仅不乏五言诗，而且已经比较成熟。

所以，现在很多人认为，此诗应该是由虞姬所作，而且很可能是我国最早有文字记载的一首五言诗，在中国诗歌史上有举足轻重的地位。

我个人出于感情考虑，宁愿相信这种说法，只有这样，"霸王别姬"才显得完美。

吟罢这首诗，虞姬不禁又潸然泪下。项羽的感情也完全失控，陪着流了很多眼泪，这是一个盖世英雄的泪，让人为之心动不已。

旁边左右侍从，看到此情此景，都情不自禁地低头失声悲泣，不忍直视项羽和虞姬。

突然，从帐外传来了打更的声音，已经是五更天了，也就是大概凌晨三点到五点的样子。项羽抹干眼泪，双手扶着虞姬的肩膀说道："天快亮了，我打算冒死突围出去，你可怎么办啊？"

虞姬也止住了哭泣，毅然决然地回答道："臣妾蒙大王宠爱，甘愿追随，与大王生死相依！"

项羽轻轻推开虞姬，扭过头说道："不行！你一女流之辈，弱不禁风，怎么能跟随突围呢？你还是自谋生路吧！我们永别吧！"

虞姬双眉竖起，抽泣着说道："贱妾无论生死都不会离开大王，愿大王保重！"

说着，伸手将项羽腰间佩剑拔出，在脖子上一抹，顿时血流如注，香消玉殒。

项羽无论如何都没有想到虞姬会来这么一手。本想施救，但已来不及，他怀抱着虞姬的尸体失声痛哭起来。

哭罢，项羽带着虞姬的尸体，向南逃跑。带着一具尸体，肯定跑不快，项羽不得已将虞姬临时安葬。这临时安葬尸体的地方，后人称为"霸离铺"，意思就是霸王别姬之处。

项羽突围后，虞姬的尸体被来不及突围的楚兵移葬"霸离铺"东五里的地方。后来，这里出现的村庄就叫"虞姬村"，位于今安徽省宿州市灵璧县城东虞姬文化园内。

据说历代文人墨客为了纪念虞姬贞节可嘉，谱写词曲并以"虞美人"三字作为词牌名，流传至今。

葬完虞姬，项羽飞身骑上乌骓宝马，趁着天色未亮，带了八百骑兵，偷偷溜过汉军大营，向南逃去。

逃跑路上，又会发生哪些令人啧啧称奇的事情呢？

99. 非战之罪也

项羽葬完虞姬，飞身骑上乌骓宝马，趁着天色未亮，带了八百骑兵，偷偷溜过汉军大营，向南逃去。等到汉军发现时，差不多已经天亮了。

听说项羽逃跑，刘邦的心一下子提到了嗓子眼，急令灌婴率领五千骑兵前去追赶。项羽毕竟早出发了将近半天时间，又加上带走的八百骑兵都是精兵强将，想追上，谈何容易？

项羽也担心汉兵追上来，马不停蹄，一口气跑到了淮河旁边，慌忙找了些船只渡河。八百骑兵一起过河还是很困难的，船也不可能有那么多、那么大，只勉强渡过去一二百人马，其余四散逃走，各寻生路。

过了河，到达阴陵，也就是今安徽省定远县西北，遇到了一个双岔路口，项羽这帮人迷路了。

这时，田间正好有一个老农在那里干活，项羽便上前去问路。可能是项羽当老大当久了，习惯性摆谱，还摆着楚王的臭架子，问路时不太礼貌。老农便哄骗他说道："向左边走！"

其实左边通向一片大沼泽地。

也有人说，老农之所以哄骗项羽，是因为他认出了项羽。老农平时痛恨项羽太过暴虐，才故意指错路。

很有可能！

项羽没少屠城，难免让百姓记恨在心，趁机报复。项羽那双大眼，关键还是重瞳，标志太过明显，很容易被认出。

无论怎样吧，这个老农成了压死项羽的"最后一根稻草"。

项羽按照他的指点，带人向左奔逃，却碰到了一片大沼泽地，这才知道上当受骗了，只好重新折回。

这一去一回，把提前出发的半天时间全给耽误掉了，灌婴的骑兵部队从而得以追上了他们。

项羽率领手下两百多人马与汉兵奋力一战，最终摆脱围追堵截，向东到达了东城。

关于东城位于哪里，有两种说法：一说，东城位于今滁河以南的江苏；一说，东城位于今滁河以北的安徽。

总之，没有定论。

到达东城后，前面正好有一座土山，挡住了去路。项羽停下来，清点了一下人马，手下还仅剩下二十八个骑兵跟随。而此时，紧追其后的汉军骑兵多达上千人。项羽估计这次在劫难逃，便对他的骑兵说道："我起兵至今，已经八年了，打了七十多仗。所挡者破，所击者服，从来没有失败过，因而能够称霸天下！可是如今却被困在这里，看来是上天要灭亡我啊，非战之罪也！今天在这里决一死战，我愿意同诸位一起再痛痛快快打它一仗，一定能够冲破重围，斩杀汉将，砍倒汉旗，获得至少三次胜利。到时，诸位就会明白，的确是上天要灭亡我，非战之罪也！"

死到临头，项羽还想着别人怎么看待他，这自尊心该有多强啊！最可气的是，他还死不承认自己有任何过错，反复强调"非战之罪也"，也就是说他作战本身没有过错，明显是自信过头了。

看项羽已经无路可逃，汉兵将土山团团围住，从四面慢慢压了上来。

面对周围密密麻麻的汉兵，项羽从容不迫，他将手下二十八个骑兵分成四个方队，朝四个方向，每队正好七人。

恰在此时，东边有一个汉军骑将，不知死活，竟然率先登上了山岗。项羽画戟一挥，对骑兵们说道："你们看我怎么刺死这员汉将！"

说罢，猛拉缰绳冲了过去，边冲边回头喊道："你们四面冲下，在山的东面，分三处会合！"

然后，一声呐喊，冲到那个汉将面前。那个汉将还没反应过来，已经被项羽一戟挑落下马，滚下山坡，当场毙命。

汉兵顿时被项羽的气势给镇住了，像草木随风倒伏一样，哗的一声，退了下去。项羽顺势继续往下冲。

汉军骑将中，有一个名叫杨喜的将领，在后面紧追不舍。只见项羽突然收住乌骓宝马，扭转头，瞪大双眼，对他一声怒吼，如下山猛虎一般，吓得杨喜连人带马倒退了几里地。

这种描述是不是有点夸张？怎么可能后退几里地呢？

但《史记·项羽本纪》中就是这样描写的，说杨喜"人马俱惊，辟易数里"。

冲到山的东边，项羽与他的骑兵在三处会合。汉兵不知项羽在哪一处，便兵分三路，再次包围上来。

项羽又驱马率先冲了上去，斩杀了一名汉军都尉，杀死百八十个汉军骑兵，迫使其他汉兵纷纷退后，远远望着。

项羽趁机将骑兵聚拢到一起，再次清点人数，结果仅仅损失了两名骑兵。项羽哈哈大笑道："怎么样？我说得没错吧？非战之罪也！"

骑兵们无不佩服地齐声回答道："正像大王说的那样！"

据说，项羽在这座土山上，来回冲杀了九次，每次都把汉兵冲杀得四散溃逃。为此，后人称这座山为九头山，也叫四溃山或四马山，位于今安徽省和县北七十里处。

成功突围后，项羽来到了乌江边。乌江边刚好有一人一船停靠。这个人史书上称为"乌江亭长"。

乌江亭长好像认得项羽，专门等着一样，远远地招呼他们。听到招呼，项羽这帮人都欣喜万分，感叹总算老天开眼，也帮了他们一次。

走到跟前，在登船那一刹那，项羽突然止住了脚步，犹豫不决起来。乌江亭长看出了项羽的心事，就劝说道："江东虽小，但也纵横千里，百姓有几十万，足够称王啦！希望大王快快渡江，现在只有我这里有船，汉兵到了，就无法脱身了！"

项羽会上船吗？如果不上船，又是为什么呢？

100. 乌江自刎

乌江亭长好心劝项羽登船去江东称王。不知道项羽当时突然想到了什么，竟然临时起意，决定不再回江东了。

这就奇怪了，费了那么大劲，好不容易逃出来，不就是为了寻一条生路，好东山再起吗？难道是因为看到乌江亭长的船太小，一个人过江不好意思？抑或乌江亭长的那句话触碰了他哪一根敏感神经？反正，项羽笑了笑，拒绝道："上天要亡我，我还渡江东去干什么呢？再说，我率领江东子弟八千人，渡江西征，如今只有我一个人回去，纵使江东父老兄弟怜悯我，让我做王，我又有何脸面去见他们呢？即使他们不说什么，我项籍难道心中没有愧吗？"

项羽一直以大怒示人，绝境之时却温和一笑。这个笑里，藏了项羽多少心事和无奈，只有他自己知道。

那么，项羽究竟应该不应该再回江东呢？回去又能怎样呢？

众说纷纭。有遗憾，有庆幸，也有哀叹。后来有人写了很多文学作品，抒发自己的感情和看法。其中有三首诗，比较有代表性，我们不妨简单分析一下。

第一首诗是唐朝诗人杜牧写的《题乌江亭》：

> 胜败兵家事不期，
> 包羞忍耻是男儿。
> 江东子弟多才俊，
> 卷土重来未可知。

第二首诗是北宋诗人王安石写的《乌江亭》：

> 百战疲劳壮士哀，
> 中原一败势难回。
> 江东子弟今虽在，
> 肯为君王卷土来？

第三首诗是南宋女词人李清照写的《夏日绝句》：

> 生当作人杰，
> 死亦为鬼雄。
> 至今思项羽，
> 不肯过江东。

这三首诗都提到了项羽要不要过江东的问题，但三首诗对这个问题的看法并不一致，甚至相反。

第一首诗怀有某种遗憾。

作者杜牧认为，胜败乃兵家常事，只要忍辱负重，重整旗鼓，定能东山再起。简单地说，就是项羽应该还有机会翻盘，只是他放弃了。

显然，杜牧是支持项羽过江东的。

第二首诗怀有某种庆幸。

作者王安石并不看好项羽到江东发展。他认为，项羽已经没有机会了，因为民心不在他这边，而民心和大势决定了战争的胜负，历史规律不可违背。

第三首诗怀有某种哀叹。

作者李清照是女中另类，温柔感性，才气过人，对项羽这样的盖世英雄充满仰慕之情。她认为，人活着就应该像项羽那样，干一番轰轰烈烈的事业，死了也要气壮山河。当然，对于项羽"不肯过江东"，她也是非常惋惜的。

至于该不该过江东，历史不容假设，谁也说不好。至于为什么不肯过江东，恐怕只有项羽自己知道，其他人无论如何都无从得知。

但有一点应该是共识，也就是项羽最后说的那段话，后人总结成了一句典故，"无颜见江东父老"。这可能就是当时项羽心境最真实的写照，也非常符合项羽的气质秉性。

当项羽与乌江亭长还在纠结是否登船过江时，身后尘土飞扬，汉军骑兵已经追了上来。乌江亭长慌忙再次催促项羽上船。项羽轻轻抚摸着身边的乌骓宝马，对亭长毅然说道："我知道您是位忠厚长者，但您的好意我心领了！这匹宝马跟随我征战了五年，所向无敌，曾经日行千里，我实在不忍心杀掉它，就把它送给您吧！"

说完，他让人把乌骓马牵上了船，然后又命令骑兵都下马步行，手持短兵器，准备与追兵做最后的交战。

这是真不想活了，要搞自杀式攻击！

只见项羽高举宝剑，怒吼一声，率先冲向围拢过来的汉兵，一阵砍杀后，竟然又被他杀掉了几百人。

我们不得不佩服项羽膂力过人，不愧为中国历史上排名第一的战将，不愧"战神"的称号。跑了那么久，一路上打了那么多仗，还能手刃几百人。

这是什么概念？

我们常人无法想象，也无法进行常规的逻辑推理。不过再能打，他自己也已经身负十几处伤了。

汉兵被项羽砍杀得不敢近前，只好将项羽围在中央，等待援兵到来。

这时，有一队汉军骑兵飞驰过来增援。项羽抬头一看，为首的将领很面熟。此人名叫吕马童，曾经在项羽军中做事，后来投靠了刘邦。他看项羽正盯着自己，不由得扭过了脸。项羽提剑指着吕马童大声说道："我如果没有认错的话，你应该是故人吧？"

吕马童这才厚着脸皮转过头，跟项羽打了个照面，算是回应。然后侧头对旁边一位名叫王翳的骑将说道："他就是项王！"

项羽用手擦拭掉满脸的血污，轻蔑地说道："我听说刘季用黄金千斤、封邑万户来悬赏我的脑袋，看在故人的面上，我就把这份好礼送给你吧！"

说完，挥剑自刎，鲜血迸射，仰面朝天而死。

项羽自刎的地方是乌江亭，也就是今安徽省马鞍山市和县东北的乌江浦。后人为了纪念项羽，在附近修有祠庙，就是"霸王祠"，位于今安徽省马鞍山市和县乌江镇的凤凰山上。

这一年，项羽年仅三十一岁。

项羽的生命是短暂的，但又是精彩纷呈的。历史上的长寿老人不计其数，又有几个如项羽一般光彩照人，将人生挥洒到极致呢？

说到这里，楚汉相争差不多也该结束了。可能很多人会有疑问，项羽与刘邦争夺天下，为什么会由强变弱，最终败亡呢？

其实，这个问题也一直是后来政治家、军事家以及历史学家热衷探讨的课题，并且得出了各种各样的结论。

有人认为，项羽思想意识陈腐落后，抱着分封制那一套不放，逆势而行；有人认为，项羽刚愎自用，不纳忠言，众叛亲离；有人认为，项羽为人小气，不舍得封赏，导致人才流失；有人认为，项羽年轻气盛，天真幼稚，缺乏政治头脑；有人认为，项羽崇尚暴力，以暴易暴，天怒人怨，不得民心；有人认为，项羽不善于发现和使用人才，唯亲是举；有人认为，项羽时运不济，屡战屡胜，但总是不能置对手于死地；有人认为，项羽出身贵族，太好面子，手段不够流氓；有人认为，项羽分封不公，诸侯不服，群起攻之……

关于项羽失败原因的说法，不胜枚举。司马迁在《史记·项羽本纪》片尾也作了精辟的分析："及羽背关怀楚，放逐义帝而自立，怨王侯叛己，难矣。自矜功伐，奋其私智而不师古，谓霸王之业，欲以力征经营天下。"

什么意思呢？

司马迁认为，项羽败亡的原因有四点：其一是弃关回楚，失去地利。也就是说，项羽放弃了关中这一战略要地，回到了无险可守的楚地。其二是大逆不道，失去天时。也就是说，项羽杀害义帝，陷自己于不仁不义，导致政治上的被动。其三是众叛亲离，失去人和。也就是说，项羽分封不当，没有处理好自己与诸侯之间的关系，结果"三侯叛己"。其四是迷信暴力，以暴易暴，不能像古代圣贤那样，以德服人。

以上，简单罗列了人们分析项羽失败原因的主要观点，好像有点似是而非，让人无所适从。

那么，我们应该怎么看待这些观点呢？从中又能获得什么启示呢？

101．众说纷纭

项羽垓下战败，乌江自刎了，但关于项羽失败的原因仍众说纷纭，观点层出不穷。为了更深刻地挖掘项羽失败的原因，我们不妨把这些观点大致分成七个角度来分析一下。

第一个角度，社会大势。

什么叫社会大势呢？就是不以个人意志为转移，由社会发展规律来决定一切事物。

那么当时的社会大势又是什么呢？刘邦是先进生产力的代表，主张集权制，应该是社会大势；项羽是腐朽生产力的代表，主张分封制，应该是逆社会大势。

事实上，并非如此。项羽在关中分封诸侯后，除了杀掉韩王成，改封郑昌为韩王外，没有再搞过分封，而刘邦在整个楚汉战争中，分封了一批诸侯王。

在自己直接控制的地方，项羽和刘邦不约而同地都推行了郡县制，也就是集权制。但对比较偏远的地方，如赵国、燕国、齐国，因控制不便，刘邦则实行了分封制。

这说明，项羽并没有坚持和发展分封制，而刘邦不但推行了分封制，而且把它当作拉拢人心的手段。也正是因为项羽没有利用好分封这个手段，才导致他失去天下诸侯的支持。

所以，项羽失败的原因，不能简单归结于他所代表的生产力比刘邦落后，更不是什么所谓的社会大势。有可能，恰恰相反！

当然，从后来的历史发展趋势来看，集权制确实最终取代了分封制。刘邦战胜项羽后，之所以逐步改分封制为集权制，是实践教育了他，使他意识到了分封制的弊端。如果项羽是胜利者，客观形势也会逼着他改变看法，走集权制的道路。

第二个角度，出身背景。

大家都知道，项羽出身贵族，先辈世代为楚将。

那么，什么叫贵族？一般有三种说法：一种是指富贵家族，说白了，有钱人；一种是指权贵家族，说白了，有权人；一种是指德贵家族，说白了，有德人。

那么，项羽的出身属于哪一种呢？

显然，属于前两种情况，家族曾经既有钱，又有权。

这种家族一般有庞大的关系网和号召力。所以项梁起事时，天下仁人志士趋之若鹜，像韩信、陈平等当时最杰出的人才，无不蜂拥而至。

可见，贵族出身不能也不应该成为项羽失败的原因。相反，应该是项羽能够迅速崛起的直接原因。

有人狡辩说，因为项羽是贵族出身，不会使用下三滥手段；刘邦是流氓出身，道德败坏，手段卑劣。所以项羽和刘邦之间的斗争，类似"狐狸同狮子的斗争，是小人同君子的斗争"，必败无疑。

这明显带着某种偏见来看待问题，简直是无稽之谈！

刘邦德行的确不怎么样，但是项羽也好不到哪去。

项羽冒充义帝之名擅杀宋义，是君子所为吗？项羽掌握军权后擅封诸侯，放逐杀掉义帝，是狮子的品行吗？项羽动不动烧杀抢掠，动不动搞屠城，是有德行吗？

这些在当时的人看来，都是大逆不道！

政治斗争中，没有谁比谁更高尚，只有谁比谁更高明。而高明主要反映在谁能够获得更多人的支持，也就是所谓的民心向背。如果做不到这一点，无论什么出身，都很难获得最终胜利。

另外，就成功几率而言，古今中外历史上，出身贵族的人远比普通人高很多。

所以，出身背景对项羽来说应该不是劣势，也恰恰相反。

第三个角度，性格缺陷。

谈到性格缺陷，有人会想得很可怕，认为是神经病，不正常。其实，每个人都有性格缺陷，但是性格缺陷有大有小，有的致命，有的不致命。

虽然最后刘邦胜出了，但他也有性格缺陷，比如嗜酒如命、不讲规矩、污言秽语、慢待他人等。我们不能因为他成了胜利者，就说他这些都是好的，那是不客观的。

不过，这些缺陷，对一个人的事业来说算不上致命，充其量说，草根出身的刘邦，习性不好。而这些不良习性，如果巧妙加以利用，反倒会变劣势为优势。

比如嗜酒如命，可以让郦食其这种狂傲酒徒与刘邦臭味相投。

比如不讲规矩，污言秽语，可以让一帮早期跟随刘邦打天下的穷哥们，如樊哙、萧何等人，显得亲近，不分彼此。

比如慢待他人，刘邦实际上是区别对待的，主要是慢待那些他压根看不起的人，而对于类似张良这样的高人，他又是格外尊重的，见面就是"子房"长"子房"短。

显然，刘邦充分利用了他的性格缺陷，这不能不说是一种聪明，甚至是高明。

我们再看看项羽的性格缺陷，很多应该都是致命的。

第一，刚愎自用。

什么叫刚愎自用？通俗点说，就是自信过度，完全不能听取别人的意见，十分固执。一个刚愎自用的人，他的思想就如同铜墙铁壁铸成，针插不进，水泼不进。试想，谁愿意和这样的人打交道呢？肯定唯恐避之不及吧？更谈不上誓死跟随。这种性格会导致那种以实现人生价值为理想的人才流失，而这类人才往往是大才。

反观刘邦，常常说四个字"为之奈何"，广开言路，从谏如流，充分调动了这类人的工作积极性。

所以有人说，刚愎自用是项羽性格中的最大缺陷，是不无道理的。

第二，不够大气。

项羽的这个性格特点，主要出自韩信和陈平之口，后来被广为传播。

韩信和陈平说项羽有功不赏、占地不封，这肯定有所夸张，怎么可能呢？英布不是被封王了么？

类似韩信和陈平这种"跳槽"的人，不排除有诋毁老东家的嫌疑。但是从另外一个侧面也反映出，项羽在这方面做得应该不够好，或者不够妥。否则，不会有那么多人背楚降汉，毕竟大家都是冲着封赏而去卖命的。

第三，生性多疑。

有怀疑精神应该是领导的优点，而不是缺点。

俗话说："用人不疑，是无知；疑人不用，是无能。"但是，多疑就成了领导的毛病。所谓多疑，就是疑心太重，分辨是非的能力比较差，容易偏听偏信。具有这种性格的领导，会让下属工作时，身上像长满刺一样，浑身不自在。

陈平的反间计，正是针对项羽的多疑性格下的药，效果也出奇地好，导致钟离昧被雪藏，范增被气死。虽然项羽及时幡然醒悟，但是代价惨重，某种程度上也坐失了良机。

第四，太要面子。

要面子，基本在每个年轻人性格中都有体现，这未尝不是好事，说明有自尊心，可以激发自己进步。但是，太要面子，就是心智不成熟的表现。

项羽视面子如生命，总是高高在上，不能放低姿态，很少主动拉拢诸侯。即便去拉拢了，也多半是无功而返。

为什么？这与他太要面子，不肯求人，应该有一定关系。

试想，在处理英布的问题上，少点责怪，多点包容，主动缓和关系，结果又会怎么样？最起码，英布不会那么干脆地向刚刚战败的刘邦投降，毕竟英布是靠项羽才分封为王的。

项羽太要面子了，在战败时，表现得更为淋漓尽致。他始终不肯承认自己有问题，非说时运不济，宁愿乌江自刎，也不肯过江东。

太要面子是一个人成功路上最大的拦路虎，不知道多少人因此中途放弃理想，导致人生失败。

第五，脾气火暴。

每个人都有脾气，控制住自己的脾气，不由着性子说话做事，那叫情商高。显然，项羽情商不高。

在司马迁的《史记》中很少有描述项羽对人客气的态度，大多是"怒""大怒"，处理人总是"烹""坑""屠"。

司马迁对项羽是怀着某种惋惜之情的，但他还是大量使用这些词汇，说明项羽的脾气的确不太好，应该是"霸道总裁"。

"霸道总裁"在美丽温柔的女人眼中，可能意味着性感；但在才华横溢的男人眼中，可能意味着装蒜。

所以，那个给项羽提建议留在关中建都的儒生，形容项羽是"沐猴而冠"，其实就是在骂项羽装蒜。

实际上，项羽的暴脾气确实没少吓跑真正的人才，陈平就是一个典型例子。

关于项羽的性格缺陷，大致反映在以上五个方面，每个都很致命。

常言说，性格决定命运。项羽最终失败的命运和他的性格应该有很大的关系。

第四个角度，政治幼稚。

什么叫政治幼稚？所谓政治幼稚，就是不懂得权衡大局和利害关系，感情用事，意气用事。用韩信的话来说，就是"妇人之仁"。

"妇人之仁"应该是中性词，没有侮辱女人的意思。因为女人考虑问题比较感性，而政治本质上是利害和竞争，需要理性对待，忍辱负重，一切以大局为重。简单来说，搞政治不能太有人情味。

政治成熟的基本技能是人际关系的娴熟。没有对人性的熟谙，不能洞察出时局的微妙变化，平衡不好各方复杂的利益关系，就不能成为一位卓越的政治领袖。

可是项羽呢？

首先，讲哥们义气。没有及时识破刘邦的野心，错失鸿门宴杀掉政敌刘邦的良机。

有人试图为项羽的政治幼稚洗白，说鸿门宴放跑刘邦，是从当时的政治形势考虑的。这种解释太过苍白了，如果项羽真能想那么复杂，也不会一步步由强变弱，由胜转败。

其次，倚重亲朋好友。放任项伯两边周旋，将无能的亲人朋友安置在关键岗位上，结果这些人要么出卖他，要么耽误他。令人不可思议的是，直到失败，项羽也没有责怪过项伯等人，甚至让项伯安然脱身，到刘邦那里领赏封侯。

再次，有强烈的复仇心理。为了复仇，不顾政治大局，火烧咸阳宫，怒杀秦王子婴，暗杀义帝熊心，将自己推到了天怒人怨的不利境地。

项羽是怀着国仇家恨的精神负担长大的，对秦朝的仇恨是从小培养的，深入骨髓。复仇让项羽迷失了心智，分不清谁才是自己真正的敌人，误入歧途。

最后，崇尚暴力，以暴易暴，一切都想通过武力来解决。这一点是造成项羽脱离百姓，失去天下人支持，愈来愈孤立的一个重要原因。

对于百姓和士兵来说，战争是残酷的。作为一个政治首脑，虽然无法摆脱战争的残酷性，但应当尽力减少战争所带来的伤害。

可是项羽恰恰相反，他通过加强战争的残酷性，来威慑敌人，恐吓百姓。他的屠城，他的杀降，以及他的四处烧抢，都是为了达到这个目的。

加强战争的残酷性，虽然可以暂时吓住弱者，但从长远来看，它只能强化弱者的反抗，把弱者推向自己的对立面。

以上种种，都反映了项羽的政治幼稚。这种幼稚应该跟项羽的年龄和阅历有关。

项羽实在是太年轻了。分封诸侯时，不过二十五六岁的样子，充其量算个大孩子。项羽经历太顺了。一出道就是军中副统帅，后来虽然因为叔叔项梁死了，被义帝架空，但一场军事政变，又让他轻松成为军中统帅。

由于成功来得太容易，项羽目空一切，考虑政治问题过于简单粗放。殊不知，他的这些成就，某种程度上都是建立在叔叔项梁打下的坚实政治基础之上。

而刘邦呢，年长持重，人情练达，白手起家，小心翼翼，考虑政治问题面面俱到。

所以，从这个角度来看，项羽的失败也是在情理之中。

第五个角度，军事斗争。

项羽无疑是那个时代最杰出的军事天才，能跟他比肩的只有韩信。

在军事斗争方面，项羽和刘邦侧重点明显不同。项羽侧重战术攻击，总想毕其功于一役，也就是现在流行的说法，叫"斩首行动"。刘邦侧重战略布局，避免硬碰硬，采用迂回包抄，逐渐瓦解对手，最后一举成功。

战术和战略是两个层面的问题，没有孰优孰劣，都非常重要，都可能获得成功。不要一听战略就显得高大上，其实每一个战略都是靠战术一步步完成的。

两个人之所以在战术和战略上侧重点不一样，不是因为刘邦比项羽更高明，而是因为刘邦刚开始不具备项羽的实力和战斗力，不得已才绕一大圈搞战略布局。

谁不想一招制敌？多省事啊！

所以，军事斗争并不是项羽失败的主要原因，正像项羽自己说的"非战之罪也"。

第六个角度，用人问题。

任何一个组织，在发展目标确定后，最大的问题都是人才使用问题。

首先，要有人可用，就是能够吸引人才为己所用。在继承叔叔项梁的家底时，项羽手下原本还是人才济济的，但是从分封诸侯开始，人才开始流失。

为什么？一方面与项羽的性格缺陷有关，年纪轻，情商低，缺乏领导力；另一方面与项羽的用人理念有关，他崇尚武力，喜欢使用悍将。

所以，项羽身边缺乏智囊性人才，只有一个范增，老态龙钟，性格耿直。从脾气秉性来看，项羽内心中对范增并不满意，只是碍于范增是叔叔项梁所看重的人，不得已当"亚父"对待。

再看看刘邦这边，开始的时候只有几个亲戚朋友和同事老乡跟着混，但是一路打下来，不断吸纳新鲜血液，直至后来人才济济。

俗话说，人往高处走，水往低处流。真正的人才，肯定会选择发展前景好的组织工作。从人才流动可以看出，项羽和刘邦之间有显著差距。

当然有人会说，刘邦也不过如此，韩信和陈平都差点也从刘邦那里跑掉。不错，但毕竟没跑掉，虽然有运气的成分。这说明从主观上，刘邦是重视招揽人才的，否则萧何不会月下追韩信，魏无知不会冒死挺陈平。

再说人才如何使用。

人才要想使用好，必须知人善任。知人善任，不是件容易的事。首先，需要领导人情练达，阅历丰富，善于琢磨人，研究人；其次，能够根据不同的对手，不同的工作，使用不同的人来应付。

项羽并不是如此，他对人的了解非常肤浅，基本上是以在战场上是否能够冲锋陷阵为标准来使用人才。所以在战事中，连续发生几次重大用人失误，特别是派龙且救援齐国对战韩信，是一大败笔，彻底让项羽走向衰败。

刘邦恰好与项羽相反，天天在琢磨人，每次打仗，他都要搞清楚自己与对手孰优孰劣。所以在刘邦那里，基本没有发生过重大用人失误。

总之，在人才使用方面，项羽也要比刘邦差很多。

第七个角度，时运不济。

不能否定，每个人的命运的确不同。有些人从一出生就比一般人要有优势，但是又有多少人能够一直保持这种优势呢？所以，我们既不能无视命运的差别，也不能盲目放大这种差别。

项羽天生膂力，又是"将二代"，可以说先天命运并不差，后来却被刘邦一步步追平，直到超越。

当然，我们也要看到，在刘邦和项羽两军对战过程中，刘邦的运气确实要好过项羽。项羽的"斩首行动"几次差点置刘邦于死地，却都被刘邦侥幸逃生。

但总的来说，上天对他们两人还是相对公平的。

也有人完全无视命运的差别，贬低项羽的能力，认为即便刘邦不幸被项羽干死了，也会有"李邦""王邦"出现，最终干败项羽。

这就有点夸张了，项羽有那么弱吗？

我个人不这样认为，项羽还是非常优秀的，只是他遇到了人生中最大的克星刘邦而已。

没有刘邦，说不定项羽真的能够一统天下。事实上，在刘邦之前，也确实没有人能撼动项羽的绝对权威。

好了，戏说的东西，我们就不要说了，就此为止。

从以上七个角度，我们总结分析了有关评说项羽失败原因的观点。可能还不够全面。如果有兴趣的话，大家也可以去仔细分析一番，我这里权当抛砖引玉。

下面我们接着述说历史。

项羽乌江自刎了，但楚汉的斗争还没有结束。鲁地遗书，刘邦悬赏重金，封地封侯，索取项羽的首级。

那么，现在项羽自杀了，那么他的尸首又会发生怎样的事呢？